parcours interactifs

Bac Pro 2de

GESTION ADMINISTRATION

ACTIVITÉS DE GESTION

CLIENTS FOURNISSEURS ET AUTRES PARTENAIRES

2e ÉDITION

PÔLE 1

L. Fages

C. Habouzit

Avec scénarios PGI OpenERP et EBP

FOUCHER

ISBN 978-2-216-13181-5

SOMMAIRE

Découvrir la diversité des organisations

- Le paysage économique et social qui nous entoure est composé d'innombrables entreprises, petites, moyennes et grandes, d'organisations publiques et d'associations.
- Pour toutes ces organisations, il s'agit de répondre à des besoins et d'offrir à chacun d'entre nous des biens et des services grâce au déroulement d'une ou de plusieurs activités.

PRÉSENTATION

Servinet
entreprise de nettoyage

✔ Installée à Nanterre en Île-de-France, la société Servinet est spécialisée dans le nettoyage des locaux.

✔ Elle propose à ses clients des prestations sur mesure dans de nombreux secteurs d'activité.

✔ Les agents de propreté interviennent principalement dans les Hauts-de-Seine, le Val-de-Marne et la Seine-Saint-Denis.

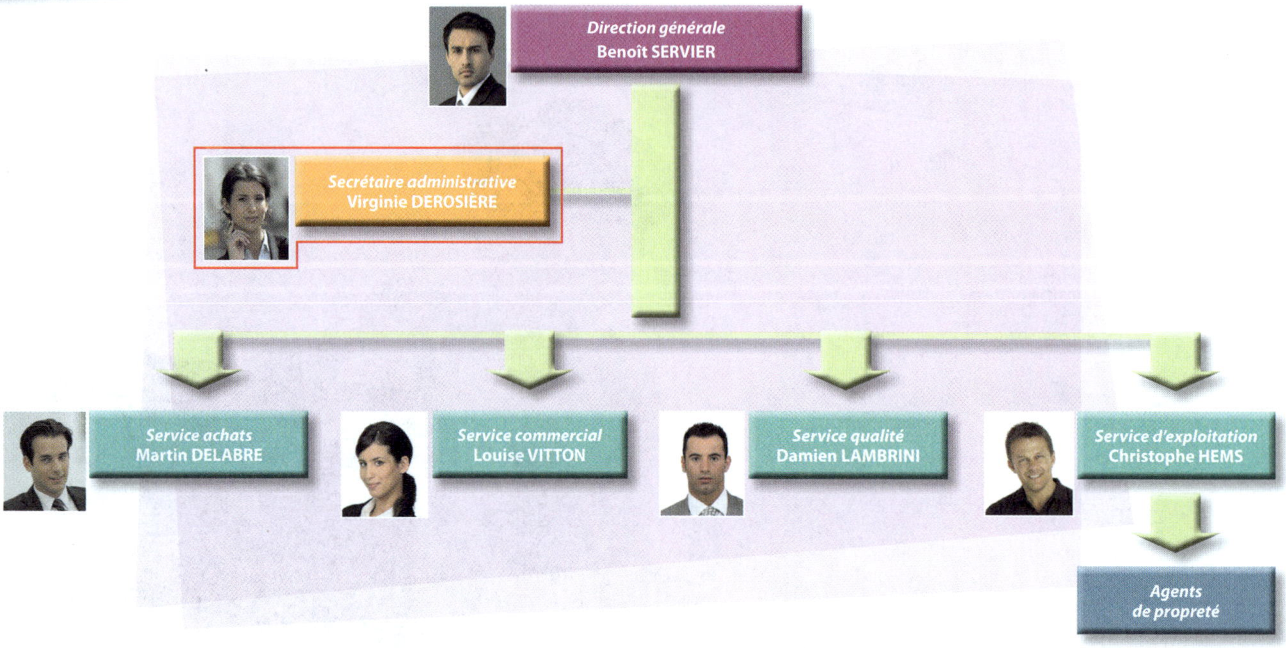

MISE EN SITUATION

■ La société Servinet propose à ses clients des travaux de nettoyage d'espaces professionnels tels que les locaux commerciaux, les bâtiments publics, les bureaux, les espaces sportifs...

■ Elle s'adresse à des clients très différents tels que les entreprises commerciales et industrielles, les administrations, les collectivités locales et les associations.

■ Vous êtes en formation sous la responsabilité de Virginie Derosière, secrétaire administrative. Pour mieux connaître la société, elle vous charge d'observer la clientèle.

VOS MISSIONS

septembre 13

Mme Derosière vous confie plusieurs missions :

Mission 1 : Repérer les différents types d'organisations

Mission 2 : Repérer la diversité des entreprises

MISSION 1 Repérer les différentes organisations

À votre arrivée dans le service de Mme Derosière, elle vous remet une documentation pour vous permettre d'appréhender les notions d'organisations.

1 À l'aide de la documentation fournie (doc. 1), relevez les éléments qui vous permettent de distinguer les organisations et complétez le tableau (annexe 1).

DOC 1 Quelques organisations partenaires de l'entreprise Servinet

▸ BULLETIN MUNICIPAL

Inscription aux accueils de loisirs de la Toussaint

Vacances de Toussaint : inscrivez vos enfants du 15 septembre au 3 octobre

Procédure d'inscription

. Inscriptions en ligne sur l'Espace famille. C'est simple rapide et sécurisé.

. Sur papier : téléchargez le formulaire et retournez-le complété et signé.

Attention !

Les réponses doivent nous parvenir impérativement avant le 3 octobre. Passé ce délai, les enfants seront inscrits sur liste d'attente.

Démarches administratives – Info pratique

Créez votre compte famille sur notre site

Pour faciliter vos démarches et limiter vos déplacements, la ville de Bagneux met à votre disposition son nouveau portail des familles. Créez votre compte maintenant.

Mairie de Bagneux

NOUVEAUX HORAIRES

Ouverture de l'accueil :
Lundi au vendredi : 8h30-17h
Samedi : 9h-11h30

Économie ■

Du nouveau chez BONZY !

C'est hier que la société BONZY organisait sa journée portes ouvertes pour présenter à la presse sa nouvelle gamme d'emballages verts.

À la pointe de l'innovation et de l'écologie, cette entreprise fabrique maintenant de nouveaux emballages alimentaires en PLA. Il s'agit d'un matériau de synthèse réalisé à partir d'amidon. Ressemblant à des produits en plastique traditionnel, avec le même aspect et la même résistance, ce matériau est 100 % biodégradable. Après deux années difficiles, la société Bonzi a su renouer avec les bénéfices et compte bien mettre en avant son savoir-faire pour séduire l'industrie agro-alimentaire en France et en Europe...

rejoué le jouet solidaire

Naissance de Rejoué

L'idée de Rejoué est née dans la tête d'une maman... Passée du monde de la communication et de l'événementiel à celui du bénévolat pour la Croix-Rouge, elle s'étonnait chaque année de voir quantité de jouets provenant des dons, mis de côté faute de mains pour les trier. D'où l'idée de créer une activité d'insertion pour que le réemploi des jouets mène à l'emploi et que les jouets retrouvent de nouveaux propriétaires !...

L'association

Rejoué est une association à but non lucratif porteuse d'un chantier d'insertion. Son objectif est de favoriser le retour à l'emploi de personnes en difficulté, donner une seconde vie aux jouets et de limiter le gaspillage et enchanter de nombreux enfants.

L'association

rejoue.asso.fr

ANNEXE 1 Organisations

Les organisations et leur finalité		
Les organisations		
Les finalités		

Pour se faire connaître et promouvoir son activité, la société Servinet a un site internet.

Mme Derosière vous demande d'observer l'une des pages du site pour y découvrir quelques-uns de ses clients afin de les classer par nature.

2 Observez la page web du site de l'entreprise (**doc. 2**) et poursuivez le classement des organisations par nature en complétant le tableau (**annexe 2**).

DOC 2 Page web du site internet de la société Servinet

ANNEXE 2 Organisations classées par nature

Organisations	Entreprises	Associations	Organisations publiques
REJOUÉ		✓	
GÉMO			
EDF			
UNIVERSITÉ PARIS SUD			
BNP PARIBAS			
CONSEIL RÉGIONAL			
DARTY			
PÔLE EMPLOI			
ALLOCATIONS FAMILLIALES			
HÔTEL IBIS			
RESTAURANTS DU CŒUR			
FNAC			
MAIRIE DE BAGNEUX			
BONZI EMBALLAGES			
APF			
CIMM IMMOBILIER			
VINCI CONSTRUCTION			

MISSION 2 Repérer la diversité des entreprises

Pour se rendre compte de la diversité des entreprises qui travaillent avec notre société, Mme Derosière vous invite à rechercher leur secteur d'activité.

3 Recherchez le secteur d'activité de chaque entreprise et complétez le tableau (doc. 3 et 4) (annexe 3).

DOC 3 Nature de l'activité des entreprises

Nature d'activité des entreprises

Les entreprises peuvent être classées selon la nature de leurs activités :
- les entreprises industrielles (ou de production) qui transforment des matières en produits finis ou semi-finis ;
- les entreprises commerciales (ou de négoce) qui achètent des biens pour les revendre sans transformation ;
- les entreprises prestataires de services qui vendent des services, des savoirs-faire, des compétences.

DOC 4 Liste des secteurs d'activité selon l'INSEE (extrait)

Secteurs d'activité *(Nomenclature économique adoptée par l'INSEE)*

Agriculture, sylviculture, pêche	Métallurgie et transformation des métaux
Industries agricoles et alimentaires	Eau, gaz, électricité
Habillement, cuir (industrie)	Construction
Édition, imprimerie, reproduction	Commerce et réparation automobile
Pharmacie, parfumerie et entretien	Commerce de gros, intermédiaires
Industries des équipements du foyer	Commerce de détail, réparations
Industrie automobile	Transports
Industries des équipements mécaniques	Activités financières
Industries des équipements électriques et électroniques	Activités immobilières
Industrie textile	Postes et télécommunications
Industries du bois et du papier	Conseils et assistance
Chimie, caoutchouc, plastiques	Hôtels et restaurants

(*) *Institut national de la statistique et des études économiques*

ANNEXE 3 Entreprises classées par nature et par secteur d'activité

Entreprises	Nature d'activité	Secteur d'activité selon l'INSEE
BNP PARIBAS	Prestataire de services	Activités financières
CIMM IMMOBILIER		
DARTY		
EDF		
BONZI EMBALLAGES		
FNAC		
HÔTEL IBIS		
KIABI		

Les différentes organisations

Les organisations → ______ / ______ / ______

La diversité des entreprises

Les entreprises → Nature d'activité →
- ______
- ______
- ______

Découvrir la diversité des organisations

1 Les différentes organisations

Une **organisation** est un ensemble d'individus, regroupés au sein d'une structure organisée, dans le but de répondre à des besoins et d'atteindre des objectifs déterminés.

■ L'**entreprise** est une organisation qui a pour objet la production et la vente de biens ou de services destinés à un ensemble de clients ou d'usagers afin de réaliser du profit.

■ Une **association** est une organisation qui réunit des personnes volontaires autour d'un projet commun pour partager des activités sans chercher un enrichissement.

■ Une **organisation publique** a pour mission de satisfaire des besoins sociaux, de produire des services publics et de garantir l'intérêt général.

2 La diversité des entreprises

■ Les **entreprises** peuvent se distinguer selon la nature de leur activité :
– les **entreprises industrielles** (ou de fabrication) qui transforment des matières en produits finis ou semi-finis destinés à être vendus ;
– les **entreprises commerciales** (ou entreprises de négoce) qui achètent des biens pour les revendre en l'état ;
– les **entreprises prestataires de services** qui proposent aux clients une capacité technique ou intellectuelle.

■ Pour distinguer et classer avec précision **les entreprises**, l'INSEE a mis en place une **nomenclature des activités**. Cette nomenclature a été élaborée principalement pour faciliter l'organisation de l'information économique et sociale. Sa finalité est donc essentiellement statistique et permet de regrouper les entreprises selon des **secteurs d'activité** précis.

ENTRAÎNEMENT

EXO

Découvrir la diversité des organisations

Vous effectuez votre première formation dans une association sportive. Plusieurs organisations locales participent à son financement (doc. 1). Au cours de la première journée, vous questionnez le président, M. Domergue, sur les ressources de l'organisation (doc. 2).

1 Indiquez, pour chaque type d'organisation, les ressources financières et humaines (**annexe 1**).

2 Classez par nature les organisations qui participent au financement de l'association (**annexe 2**).

3 Classez les entreprises par secteur principal d'activité (**annexe 3**).

DOC 1 Page web du site ASJU de Bains-les-Bains (Vosges)

DOC 2 Entretien avec M. Domergue, président de l'association

M. Domergue
Président de l'association

Quelles sont vos sources de financement ?

En tant qu'association, nous bénéficions de subventions et nos adhérents nous versent une cotisation annuelle de 40 euros par an. De plus, nous organisons chaque année des manifestations sportives pour nous permettre de réaliser des recettes financières. Et puis, nous bénéficions aussi des dons de nos sponsors.

Est-ce très différent pour les entreprises et les organisations publiques ?

Oui bien sûr ! Les entreprises disposent de l'apport des propriétaires, elles se développent par l'emprunt et utilisent une partie de leurs bénéfices. Quant aux organismes publics, ils sont financés par l'impôt, les taxes, les cotisations sociales et le prix de certains services facturés.

Quelles sont vos ressources humaines ?

Comme la plupart des associations, la direction, nos adhérents et les bénévoles organisent et participent à la gestion de nos activités.
Évidemment c'est bien différent pour une entreprise qui est constituée d'une équipe dirigeante et de salariés liés par contrats de travail. Dans les organisations publiques ce sont des fonctionnaires, des élus ou des contractuels qui ont une mission de service public.

ANNEXE 1 Organisations : ressources financières et ressources humaines

Organisations	Entreprises	Associations	Organisations publiques
Ressources financières			
Ressources humaines			

ANNEXE 2 Classement des organisations

Organisations	Entreprises	Associations	Organisations publiques

ANNEXE 3 Classement des entreprises

Entreprises	Industrielles	Commerciales	Prestataires de services

PÔLE 1	Gestion administrative des relations externes
	Classe de situation 1.1 Gestion administrative des relations avec les fournisseurs
	Situation de travail 1.1.1 Tenue des dossiers fournisseurs et sous-traitants

1

Identifier et classer les fournisseurs

Référentiel

SAVOIS ASSOCIÉS	PERFORMANCE ATTENDUE
• Les types de fournisseurs • Le processus automatisé des informations fournisseurs à l'aide d'un PGI	**Complexité** • Cas d'un fournisseur également client **Aléa** • Informations incertaines sur un fournisseur
COMPÉTENCE	**RÉSULTATS ATTENDUS**
• Actualiser une base de données fournisseurs	• Les dossiers fournisseurs et sous-traitants sont mis à jour en permanence.

Transversalité : PÔLE 3 **Situation 3.1.1**
Collecte et recherche d'informations

PRÉSENTATION

Situation de travail 1.1.1
Tenue des dossiers fournisseurs et sous-traitants

top design
Chaises & salons

✔ Depuis plus de 30 ans à Nancy, **Top design** commercialise des **chaises** et des **salons** qu'elle **achète**, ainsi que des meubles qu'elle **fabrique**. Située dans la région Lorraine, Top design s'est spécialisée dans la distribution de meubles contemporains.

✔ Les étagères et les tables basses sont fabriquées dans les ateliers à partir de verre, d'acier et de bois laqué.

✔ L'entreprise propose également à ses clients des sièges conçus par les plus prestigieux designers contemporains. Ces sièges sont achetés auprès d'autres fabricants.

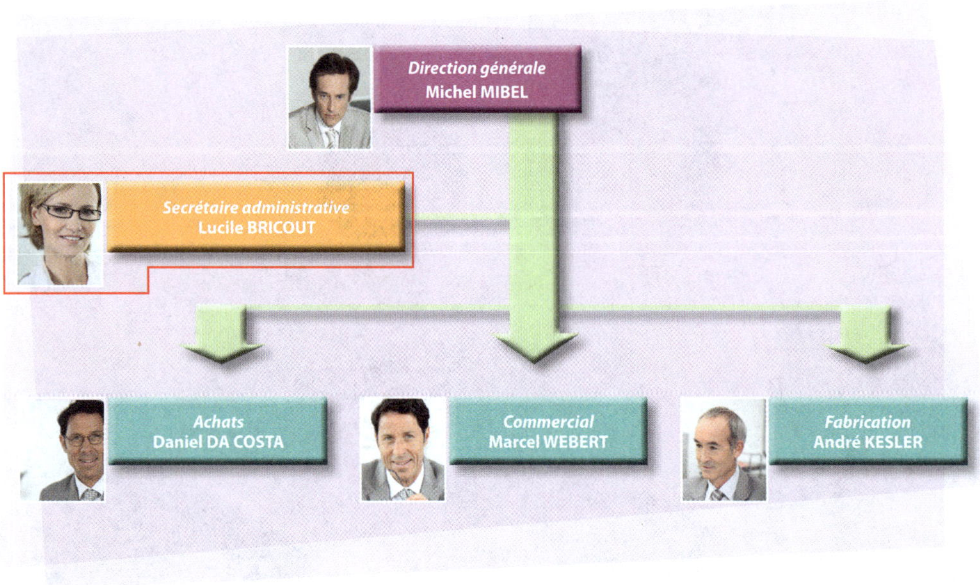

MISE EN SITUATION

- Pour exercer son activité, la société Top design doit s'approvisionner auprès de fournisseurs.
- Avant d'acheter, il est indispensable de bien connaître ces fournisseurs.
- Il faut les identifier, connaître leurs adresses, leur importance. Il faut également savoir ce que l'entreprise leur achète.
- Vous êtes en formation au service administratif sous la responsabilité de Mme Bricout.

VOS MISSIONS

septembre 13

Mme Bricout vous confie plusieurs missions :

Mission 1 : Identifier et domicilier les fournisseurs
Mission 2 : Classer les fournisseurs selon leur importance
Mission 3 : Classer les fournisseurs selon le type d'achat
Mission 4 : Classer les fournisseurs selon leur situation géographique
Mission 5 : Classer les fournisseurs selon leur activité

MISSION 1 Identifier et domicilier les fournisseurs

Mme Bricout vous a remis un document reçu d'un fournisseur (doc. 1) et des informations (doc. 2). Elle vous demande de relever les éléments d'identification et de domiciliation de ce partenaire qui figureront dans son dossier.

1 Relevez les éléments qui permettent d'identifier un fournisseur (annexe 1).

DOC 1 En-tête d'une lettre reçue d'un fournisseur

SARL SANIDIS
Capital : 140 000 euros
RCS Nancy B 351 986 078 – SIRET 35198607800012
APE 4322B (Travaux d'installation d'équipements thermiques et de climatisation)

Siège : 4 rue Ste-Anne 54000 Nancy
Adresse postale : BP 70089 - NANCY Cedex
Tél. : 03 83 83 97 98 – Télécopie : 03 83 83 97 99
http://www.sanidis.com
adresse mail : contact@sanidis.com
Banque : BPO Saint-Brieux centre - Compte 12897565120

INFO
Il est indispensable de bien connaître ses fournisseurs. En cas de litige avec l'un d'entre eux, il faut avoir pris toutes ses précautions ; il est nécessaire de connaître tout ce qui le concerne.

DOC 2 Identification d'une entreprise

Éléments d'identification :

- Raison sociale
  Dénomination d'une société.
- Logotype ou logo
  Représentation graphique d'une marque commerciale, du sigle d'une entreprise.
- Registre du commerce et des sociétés (RCS)
  Numéro identifiant l'entreprise et précisant le tribunal de commerce de rattachement.
- Siège social
  Domicile d'une société.
- APE ou code NAF
  Code attribué selon l'activité principale exercée.

Toute entreprise nouvelle déclare son existence auprès du CFE (Centre de formalité des entreprises). Un numéro unique est attribué à cette entreprise (SIREN) et à chaque établissement (SIRET). Le CFE communique également le registre du commerce et le code APE.

ANNEXE 1 Éléments d'identification du fournisseur

→ Raison sociale	→ SARL Sanidis

2 Relevez les éléments qui permettent de domicilier un fournisseur (**annexe 2**).

INFO
Les éléments de domiciliation permettent aux organisations de communiquer entre elles :
- soit par courrier (lettre, télécopie, mail) ;
- soit par oral (téléphone).

ANNEXE 2 Éléments de domiciliation du fournisseur

→ Adresse du siège	→ 4 rue Ste-Anne 54000 Nancy

FAIRE LE POINT

Identification et domiciliation des fournisseurs

Les créateurs d'une entreprise fournisseur ont choisi une raison sociale et un logo. Ils ont effectué une déclaration auprès :

....

....

Cet organisme va attribuer :

- ....
- ....
- ....
- ....

Afin de communiquer avec les fournisseurs, il est nécessaire de connaître leurs adresses :

- ....
- ....
- ....
- ....

MISSION 2 Classer les fournisseurs selon leur importance

Mme Bricout vous demande de rechercher les fournisseurs stratégiques.

3 Indiquez, sur l'étude des fournisseurs (doc. 3), si le fournisseur est « stratégique » ou non.

INFO

Certains fournisseurs sont dit « stratégiques », ils effectuent une production ou un service essentiel pour l'entreprise,
– soit parce que l'entreprise traite un volume important d'affaires avec ce fournisseur ;
– soit parce que ce fournisseur livre des biens ou des services sans lesquels l'activité de l'entreprise ne peut s'exercer.
Il est nécessaire de définir sa communication et ses risques face à ce type de fournisseur.

DOC 3 Étude des fournisseurs

TOP DESIGN – Étude des fournisseurs

Nom du fournisseur	Caractéristique des achats	Stratégique OUI/NON
Schneider bois	Fournit 80 % du bois utilisé dans l'atelier de fabrication et a de nombreux contacts avec l'entreprise pour améliorer sans cesse les relations commerciales	
Sanidis	Entretient et répare le chauffage	
Est huiles	Fournit une ou deux fois par an l'huile pour les machines	
In-architech	A fourni une seule fois une étude d'aménagement du magasin	
Indoor quincaillerie	Fournit la quincaillerie pour l'atelier mais il y a plusieurs fournisseurs possibles pour ce type d'achat que l'on peut immédiatement contacter	
Novameubles	Fournit 70 % des sièges de design italien achetés par l'entreprise ; un contact permanent avec ce fournisseur permet à l'entreprise de proposer le dernier cri des sièges design	

FAIRE LE POINT

Le classement des fournisseurs selon leur importance

•

•

MISSION 3 Classer les fournisseurs selon le type d'achat

Les achats auprès des fournisseurs sont de plusieurs types. Mme Bricout vous remet un état décrivant les factures du 7/09 reçues des fournisseurs (doc. 4) et vous charge de les reclasser selon le type d'achat concerné (doc. 5).

4 Complétez le tableau d'analyse des factures reçues en date du 7/09 (**annexe 3**).

DOC 4 État des factures fournisseurs

TOP DESIGN – État des factures datées du 7/09/..

N° facture	Nom du fournisseur	Objet de la facture	N° interne
09-2248	Schneider bois	Planches prélaquées utilisées dans la fabrication des étagères	09-102
1248	Novameubles	Chaises type Costes acajou de Stark pour la vente	09-103
22456	EDF Suez	Abonnement et consommation d'électricité	09-104
09-436	Sanidis	Entretien de la chaudière	09-105
2248	BNP Paribas	Frais de tenue du compte bancaire	09-106
3945	Est huiles	Huile pour les machines de l'atelier	09-107
09/3749	In-architech	Frais d'étude pour l'aménagement intérieur du magasin	09-108
258	Indoor quincaillerie	Serrures et fournitures pour la fabrication des étagères	09-109
7101	Lurem	Machine à bois pour l'atelier	09-110

DOC 5 Les types d'achats

On distingue :
- les achats de biens ;
- et les achats de services.

Un bien, en économie, désigne une chose, un objet, et s'oppose souvent à la notion de service, qui est immatériel (réparation, études, transport, entretien, conseil...).

Une entreprise achète différents types de biens :
- les marchandises qui sont achetées pour être revendues en l'état ;
- les matières premières qui sont transformées lors de la fabrication de produits finis ;
- les matières consommables qui sont nécessaires à la fabrication mais qui n'entrent pas dans la composition du produit fini ;
- les biens non stockés, comme l'eau, l'électricité ;
- les biens immobilisés qui sont destinés à durer dans l'entreprise ; ils permettent à l'entreprise de bénéficier d'avantages économiques futurs (machines, bâtiments, mobilier, matériel informatique...).

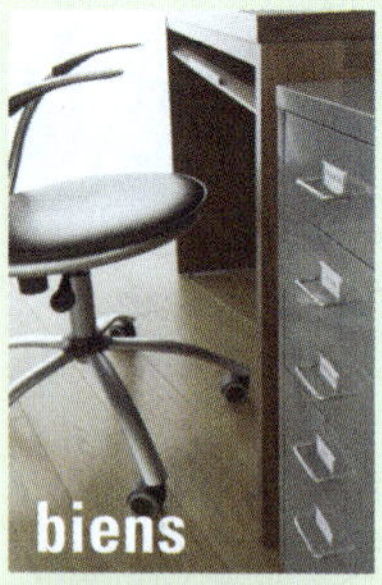

ANNEXE 3 Reclassement des fournisseurs en fonction du type d'achat

Nom du fournisseur	Biens ou services	Type d'achat effectué chez ce fournisseur (à compléter uniquement pour les biens)
→ Schneider bois	→ Biens	→ Matières premières
→ Novameubles		
→ EDF Suez		
→ Sanidis		
→ BNP Paribas		
→ Est huiles		
→ In-architech		
→ Indoor quincaillerie		
→ Lurem		

5 Comparez la première et la dernière colonne de l'état des factures fournisseurs (doc. 3) et indiquez pourquoi les documents reçus des fournisseurs possèdent un numéro interne.

FAIRE LE POINT

Le classement des fournisseurs selon le type d'achat

Fournisseurs

de biens

•
•
•
•
•

MISSION 4 Classer les fournisseurs selon leur situation géographique

Les lois et règlements, les taxes, sont des éléments qui peuvent varier selon que le fournisseur se situe en France, dans un pays de l'Union européenne ou en dehors de l'Union européenne. Le transport qui accompagne l'achat varie fortement selon le lieu où est situé le fournisseur.

6 Indiquez, sur l'étude des fournisseurs, la situation géographique des fournisseurs proposés (**annexe 4**).

ANNEXE 4 Types de relations avec les fournisseurs selon leur situation géographique

MULTIFLUIDE SA – Étude des fournisseurs

Nom du fournisseur	Domicile du fournisseur	Achats en France	Acquisitions intracommunautaires	Importations (hors UE)
Schneider bois	Strasbourg	X		
Sanidis	Nancy			
Est huiles	Nancy			
Interwood	Akmenes – Lituanie			
Barroco design	Jakarta – Indonésie			
Novameubles	Rome – Italie			

INFO
Une acquisition intracommunautaire est un achat effectué par une entreprise auprès d'une autre entreprise située dans un autre pays de l'Union européenne.

FAIRE LE POINT

Le classement des fournisseurs selon leur situation géographique

- .... → **Achats France**
- .... → **Acquisitions intracommunautaires**
- .... → **Importations**

MISSION 5 Classer les fournisseurs selon leur activité

Les fournisseurs peuvent être classés selon leur type. On distingue principalement les détaillants, les grossistes, les prestataires de services.

Vous devez rechercher sur Internet un fournisseur de poignées de porte.

7 Indiquez ce que vous allez saisir sur l'écran pour rechercher les fournisseurs grossistes en France puis notez par une flèche la zone à cliquer pour lancer la recherche (annexe 5).

ANNEXE 5 Recherche de fournisseurs

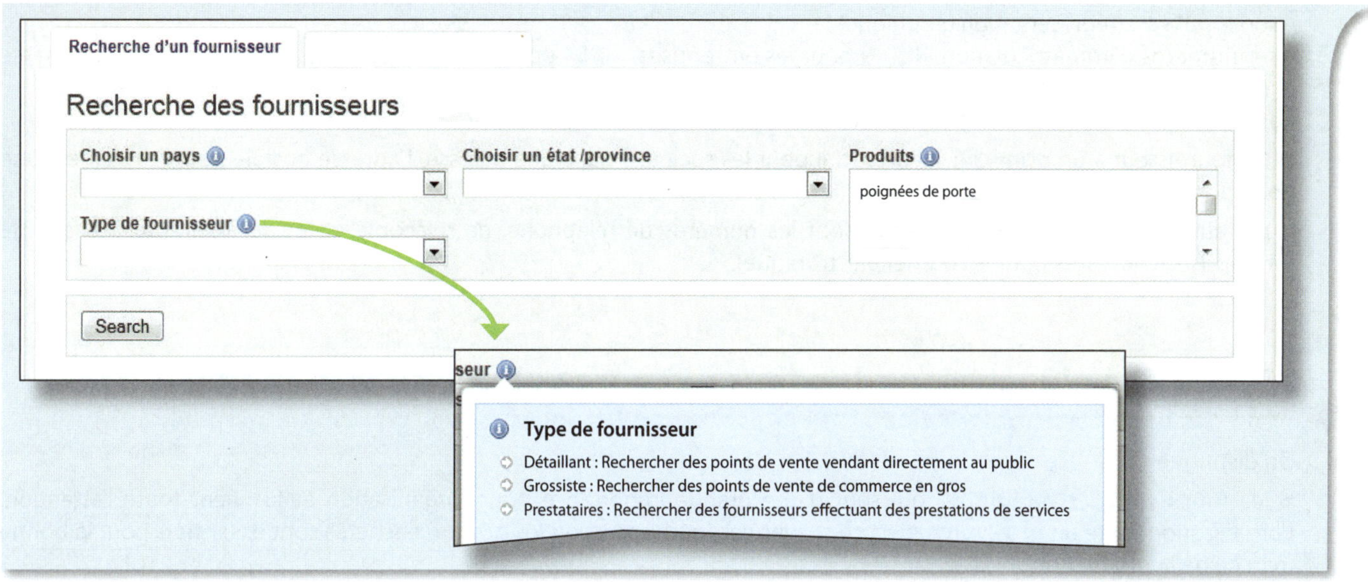

8 Recherchez ce que signifie l'expression « commerce en gros ».

....

....

....

FAIRE LE POINT

Le classement des fournisseurs selon leur activité

- **Détaillant** ➔
  - ....
  - ....
  - ....
- **Grossiste** ➔
  - ....
  - ....
  - ....
- **Prestataire** ➔
  - ....
  - ....
  - ....

Identifier et classer les fournisseurs

1 L'identification et la domiciliation des fournisseurs

■ Un fournisseur est identifié par :
– sa **raison sociale** ou son nom commercial ;
– son **logotype** (représentation graphique) ;
– ses numéros d'immatriculation (**SIREN** pour les entreprises, **SIRET** pour les établissements, **RCS** registre du commerce et des sociétés) et son code d'activité principale selon la codification française (**NAF**).
Ces données d'identification figurent sur tous les documents du fournisseur.

■ Un fournisseur a un **domicile** (siège social pour les sociétés) qui a une adresse. L'adresse postale permet l'usage d'une boîte postale.

■ Les autres éléments de domiciliation sont les numéros de téléphone, de télécopie et les adresses Internet (site de l'entreprise et adresses pour le courrier électronique).

2 Le classement des fournisseurs selon leur importance

On distingue :

■ les **fournisseurs stratégiques** qui sont d'une grande importance pour l'organisation et justifient toute l'attention. L'organisation traite un **gros volume d'achat** avec ces fournisseurs ou les **produits** achetés sont **essentiels** pour la bonne marche de la production ;

■ les fournisseurs ordinaires qui ne sont pas stragégiques pour l'organisation et peuvent être remplacés facilement.

3 Le classement des fournisseurs selon le type d'achat

Une organisation achète à ses fournisseurs :

■ des **biens** (marchandises revendues en l'état, matières premières entrant dans la composition des produits finis fabriqués, matières consommables servant à la fabrication, biens non stockés et biens immobilisés) ;

■ des **services** (prestations immatérielles telles que réparation, études, transport...).

4 Le classement des fournisseurs selon leur situation géographique

On distingue :

■ les fournisseurs domiciliés en **France** ;
■ les fournisseurs domiciliés dans l'**Union européenne** ;
■ les fournisseurs domiciliés dans le **reste du monde**.

5 Le classement des fournisseurs selon leur activité

On distingue :

■ les **détaillants** qui vendent des biens en petite quantité aux particuliers, aux entreprises et aux administrations ;
■ les **grossistes** qui vendent des biens en grande quantité à des entreprises ou des administrations ;
■ les **prestataires** qui vendent des services.

EXO Identifier et classer les fournisseurs

Vous êtes en formation dans l'entreprise Créabois spécialisée dans la fabrication de jouets en bois. Installée depuis 35 ans dans les Ardennes, elle travaille avec de nombreux fournisseurs (doc.).

■ Complétez le document d'analyse des fournisseurs (**annexe**).

DOC Principaux partenaires de la société Créabois

ANNEXE Analyse des fournisseurs

Fournisseurs et activité	Type d'achat (biens, services)	Localisation (France, UE, hors UE)	Fournisseur stratégique (oui / non)

2

Tenir les dossiers fournisseurs

Référentiel

SAVOIRS ASSOCIÉS	PERFORMANCE ATTENDUE
• Les méthodes de classement et d'archivage avec la gestion électronique des documents (GED) • Le processus automatisé des informations fournisseurs à l'aide d'un PGI	**Aléa** • Informations incertaines sur un fournisseur
COMPÉTENCE	**RÉSULTATS ATTENDUS**
• Actualiser une base de données fournisseurs	• Les dossiers fournisseurs et sous-traitants sont mis à jour en permanence.

Transversalité : PÔLE 3 Situation 3.1.1
Collecte et recherche d'informations
Situation 3.1.3
Organisation et mise à disposition des informations

Situation de travail 1.1.1
Tenue des dossiers fournisseurs et sous-traitants

- L' activité de l'entreprise a débuté en mai 2010 dans la région de **Toulouse**. Les commandes émanent d'associations, de particuliers, d'épiceries, de salons de thé et de restaurants.
- L'entreprise **produit des limonades et des sirops** sans sucres. Le sucre est remplacé par de la Stévia (plante à fort pouvoir sucrant originaire du Paraguay).
- Les produits sont à la fois **diététiques et naturels** (sans édulcorants chimiques). Prochainement, l'entreprise va distribuer une gamme d'infusions glacées (thés, tisanes...).
- Beaucoup de commandes clients sont reçues par internet.

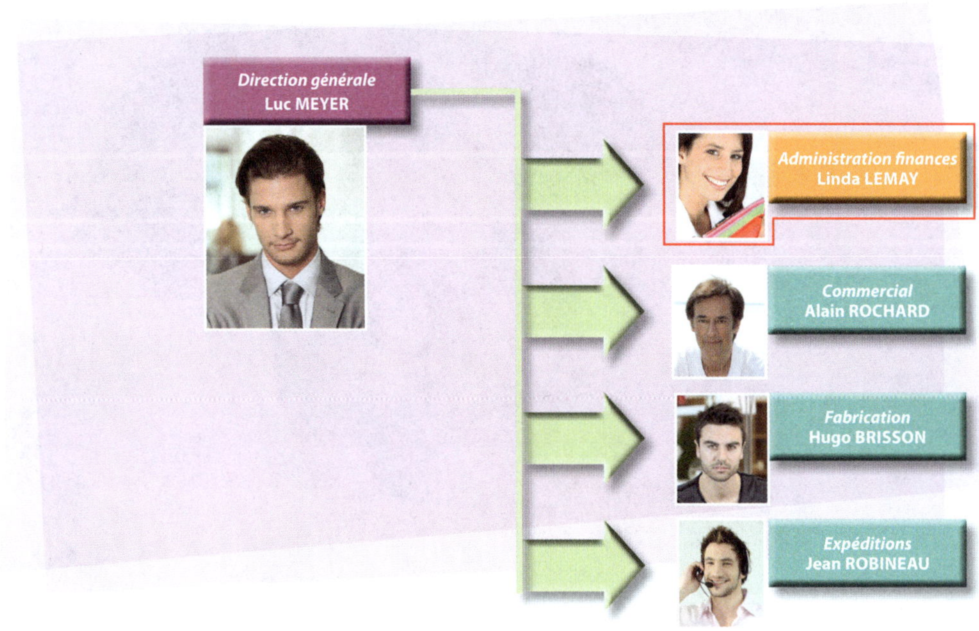

- Pour exercer son activité, la société Limodiet doit s'approvisionner auprès de fournisseurs et il convient de veiller à toujours actualiser le fichier.
- Le responsable des expéditions vous demande de rechercher un fournisseur susceptible de fournir à l'entreprise de nouvelles palettes .
- Vous êtes en formation au service administratif sous la responsabilité de Mme Lemay.

VOS MISSIONS

Mme Lemay vous confie plusieurs missions :

Mission 1 : Rechercher des fournisseurs
Mission 2 : Rechercher des informations sur les fournisseurs
Mission 3 : Archiver les documents provenant des fournisseurs

MISSION 1 Rechercher des fournisseurs

Vous avez reçu une note de M. Robineau concernant la recherche de fournisseurs (doc. 1). Vous avez effectué la recherche demandée (doc. 2).

1 Indiquez la démarche utilisée pour rechercher des fournisseurs (**annexe 1**).

DOC 1 Recherche de fournisseurs

Boissons **Limodiet**

Le : *17 septembre ..*

Demande d'achat

Destinataire : *Services administratifs et financiers*
Objet : *Recherche fournisseurs*

Demandeur : *ROBINEAU Jean*
Service : *Expéditions*

Les palettes en bois que nous utilisons pour transporter la marchandise sont fortement abîmées.

Nous devons trouver un fournisseur proche de Toulouse (31) pour les remplacer rapidement.

DOC 2 Recherches effectuées sur Internet

pagespro®
Annuaire de professionnels pour les professionnels

Rechercher par... Activité | Raison sociale | Code NAF | SIREN/SIRET | Téléphone

Palettes, Conditionnements bois — Haute-Garonne — **Trouver**

Ex : maçonnerie, transport routier, claustras (guide) — Ex : paca, alsace, 69, yvelines, 44200, lille (guide)

Résultat de votre recherche — Affiner l'activité | Affiner le lieu | imprimer

STPM (Sté Toulousaine Palettes de Manut)

sélectionner ☐

STPM — Société Toulousaine de Palettes de Manutention

Fabricant palettes, caisses et pupitres bois
Tous emballages bois sur mesure. Agrément NIMP 15 HT pour l'export. Certifié PEFC

site web

ZAC de Lacaze
31410 Capens

tél : 05 61 76 91 44

Site Web : www.palettes-stpm.com

Effectif établ : 20 à 49 salariés — **Siret :** 35310541400026 — **Code NAF :** 1624Z

- **Emballages et conditionnements en bois** - Commerce de gros - Emballages sur mesure - Fabrication - Boîtes en bois - Cageots et cagettes - palette

Plus d'infos sur l'entreprise — Plan / Itinéraire — Envoyer vers : Mail | Carnet d'adresses

Express Palettes (SARL)

sélectionner ☐

zi La Mouscane
82700 MONTECH

tél : 05 63 64 82 17
fax : 05 63 64 73 80

Effectif établ : 1 ou 2 salariés — **Siret :** 37957923800039 — **Code NAF :** 1624Z

- **Emballages et conditionnements en bois**

Plus d'infos sur l'entreprise — Plan / Itinéraire — Envoyer vers : Mail | Carnet d'adresses

ANNEXE 1 Démarche adoptée pour rechercher des fournisseurs

Liste des tâches effectuées
→ Se connecter au site www.pagespro.com
→
→
→

2 Proposez d'autres moyens pour rechercher de nouveaux fournisseurs.

MISSION 2 Rechercher des informations sur les fournisseurs

Vous avez décidé d'examiner de plus près la situation financière du fournisseur STMP domicilié dans le département de la Haute-Garonne (31). Vous utilisez pour cela le site internet score3.fr.

3 Commentez succinctement le résultat de votre recherche (doc. 3).

DOC 3 Résultat de la recherche sur Internet

INFO

Le SCORE est une technique de notation.

Le SCORE POUEY, élaboré à partir de ratios de gestion, permet de classer les entreprises en 4 catégories de A (situation bonne) à D (situation inquiétante).

Le SCORE FIN, dérivé de scores de référence, prend en compte l'activité (code NAF de l'entreprise), ainsi que sa taille. La note va de 1 à 8, de la moins bonne à la meilleure.

Après avoir évalué la santé financière du fournisseur, vous consultez son site web.

4 Indiquez les moyens de communication dont vous disposez pour le contacter.

....

....

....

DOC 4 Consultation sur Internet

STPM

Spécialiste de la fabrication de palettes

ACCUEIL

PALETTES DE MANUTENTION

EMBALLAGES

PHOTOS

PLAN

NOUS CONTACTER

SOCIÉTÉ TOULOUSAINE DE PALETTES DE MANUTENTION

Société Toulousaine de Palettes de Manutention » Contact Société Toulousaine de Palettes de Manutention

NOUS CONTACTER

CONTACT SOCIÉTÉ TOULOUSAINE DE PALETTES DE MANUTENTION

Appel gratuit

1 imp des Merisiers - ZA Lacaze
31410 Capens

Tél. : 05 61 90 98 00
Fax : 05 61 90 18 37
Mail : commercial@stpm-palettes.com

HORAIRES

Horaires de chargement

- Ouverture(s)

du Lundi au Jeudi de 08h à 12h et de 14h à 18h
le Vendredi de 08h à 12h et de 14h à 17h

- Fermeture(s)

les samedi et dimanche toute la journée

DEMANDE DE CONTACT

Merci de bien vouloir préciser vos coordonnées et votre demande.

Votre nom* | Votre prénom*

Votre e-mail* | Votre numéro de téléphone*

Titre

Votre message*

NOS PETITS PLUS

Etudes techniques gratuites
Stockage sur parc STPM

LIENS UTILES

Société Toulousaine de Palettes et de Manutention

vivre ici

EN DIRECT DE CAPENS

Aujourd'hui
4 C° min
18 C° max

À PROXIMITÉ

- Parquets Verdier [0.99Km]
Activité(s) : Parquets (pose entretien vitrification), Terrasses en bois
- Ambulances Amtals Assistance [1.16Km]
Activité(s) : Ambulances
- Garage Aspe [2.95Km]

FAIRE LE POINT

La recherche de fournisseurs

Besoin d'achat

Recherche de fournisseurs

Moyens utilisés :

- ....
- ....
- ....
- ....

Recherche d'informations

Types d'informations :

- ....
- ....

MISSION 3 Archiver les documents provenant des fournisseurs

Votre tuteur vous demande d'utiliser la GED (gestion électronique des documents) de l'entreprise. Il vous confie celle des fournisseurs.

5 Recherchez et définissez ce qu'est la gestion électronique des documents (doc. 5 et 6).

DOC 5 Notice sur la GED

GED : Gestion Électronique des Documents.
Le logiciel de **GED** est un outil qui permet l'acquisition, le stockage et l'archivage de documents.
Mettre en place une GED, c'est mettre en place une méthodologie de travail collaboratif. Ce type de solution est source de gains de productivité tout aussi bien pour les grandes entreprises que pour les TPE et les PME.

Les 4 pivots d'une solution de GED

L'acquisition des documents
Cette étape recouvre les étapes de **numérisation de document**, c'est-à-dire la transformation du document papier en un format électronique.
À cette première étape, on ajoutera également **la capture des flux** mails, télécopies ainsi que les flux issus des applications tierces.

La codification et le classement des documents
Le classement des documents s'effectuera selon différentes approches :
- **Classement par type** : ce document est une facture, ce document est un bon de commande
- **Classement par métadonnées** : ce document émane du tiers « DUPONT », du fournisseur « DURANT »...
- **Classement par contenu** : ce document contient la phrase « emballages par palettes ».

Le stockage des documents
Le stockage des documents doit être organisé via une **politique de stockage** cohérente qui devra appréhender les problématiques de **durée de conservation**, de support de stockage et d'organisation de stockage.

La diffusion des documents
La **concentration en un seul lieu** d'une masse importante de documents doit s'accompagner de **règles strictes de confidentialité**.
Les habilitations et droits d'accès devront pouvoir être facilement alloués ou restreints pour chaque utilisateur selon le **niveau d'autorisation** qui lui a été attribué.

DOC 6 Organisation du classement des documents fournisseurs

Les documents papier reçus des fournisseurs seront codifiés de la façon suivante :

– Type du document :
F : facture
C : courrier
L : livraison
D : divers

– Nom du fournisseur :
les 6 premières lettres du nom

–Type de produits concernés :
MPR : matières premières
SER : services
MSE : marchandises
MCO : matières consommables
BNS : biens non stockés
EMB : emballages
DIV : divers

– Numéro d'ordre :
2 caractères pour l'année
2 caractères pour le mois
6 caractères pour l'ordre chronologique.

La codification est notée sur le document dans un cadre permettant l'OCR (reconnaissance optique de caractères).
Après codification, le document est numérisé afin d'être incorporé à la GED puis archivé.

6 Codifiez deux documents papier reçus de fournisseurs.

– Facture reçue le 25 septembre du fournisseur STPM concernant l'achat de palettes (le dernier ordre chronologique utilisé avait pour numéro 001204).

– Lettre reçue le même jour du fournisseur Lemarchant, indiquant une modification de son adresse postale.

7 Précisez ce que veut dire « numériser un document » et indiquez l'intérêt pour l'entreprise.

FAIRE LE POINT

L'archivage des documents provenant des fournisseurs et la GED

Organiser et gérer intelligement l'ensemble des documents de l'entreprise permet de les retrouver et de les réutiliser efficacement.

Cette organisation doit être prévue dès le début du cycle de vie d'une information.

Cela nécessite de penser à ……………………………………

Un document à numériser doit contenir dans son corps de texte les éléments nécessaires pour son classement intelligent (code-barres, champs repérables par reconnaissance optique de caractères...).

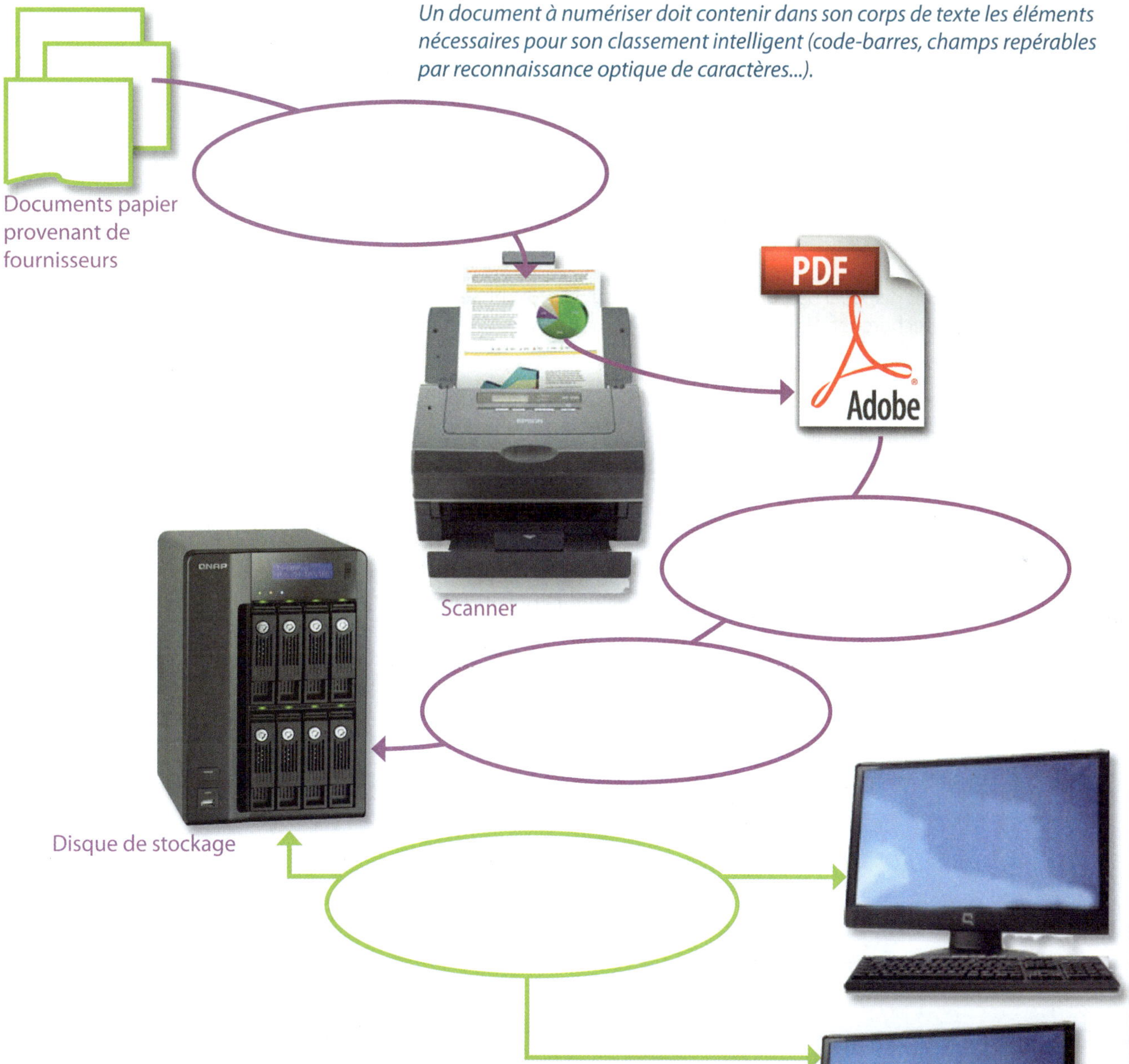

La GED est un outil qui permet :

- ……………………………………
- ……………………………………
- ……………………………………

Tenir les dossiers fournisseurs

1 La recherche de fournisseurs

- Les fournisseurs peuvent être recherchés :
  - dans la **base de données fournisseurs** de l'entreprise ;
  - sur **Internet** (Pages jaunes, Pages pro...) ;
  - dans des **annuaires** ou des **revues** professionnels ;
  - dans des **salons**, des **expositions**.
- Le **sourcing** est une démarche systématique de recherche de fournisseurs.

2 La recherche d'informations sur les fournisseurs

Une organisation doit disposer d'informations fiables sur ses fournisseurs.
Il est nécessaire de rechercher :

- des **informations financières** ;
- des **informations spécialisées** sur le fournisseur (type d'activité, appartenance à un groupe, certifications...).

3 L'archivage des documents provenant des fournisseurs

- Tout document provenant des fournisseurs doit être numéroté et classé.
- Un **plan de classement** doit être élaboré.
- La GED est une **gestion électronique des documents** organisée autour du plan de classement.
- Chaque document est numérisé pour devenir un document informatique, il est ensuite indexé selon le plan de classement et mémorisé sur un support informatique (disque dur).
- Tout utilisateur autorisé peut retrouver facilement le document sur son ordinateur et l'utiliser dans son travail.

EXO Classer dans la GED un document fournisseur

Vous êtes en formation dans l'entreprise Up Treuils qui vend en gros du matériel de levage. L'entreprise utilise un logiciel de GED (gestion électronique des documents) assez simple dont le nom est M-Files *(présentation du logiciel sur http://www.m-files.com/fra/guidedtour.asp)*. **Chaque document de l'entreprise est indexé manuellement lors de la sauvegarde. Les caractéristiques du document, que l'on appelle métadonnées (source, nature et contenu du document), sont organisées par la GED mise en place et sont saisies.**

■ Indexez le document reçu d'un fournisseur de matériel de bureau : éléments saisis lors de la sauvegarde du document après numérisation (**doc.** et **annexe**).

DOC Document reçu du fournisseur Burotop

BUROTOP

69 rue d'Italie
13006 MARSEILLE
RCS Marseille 414734525 00010
APE 3312Z
SARL au capital de 200 000 euros

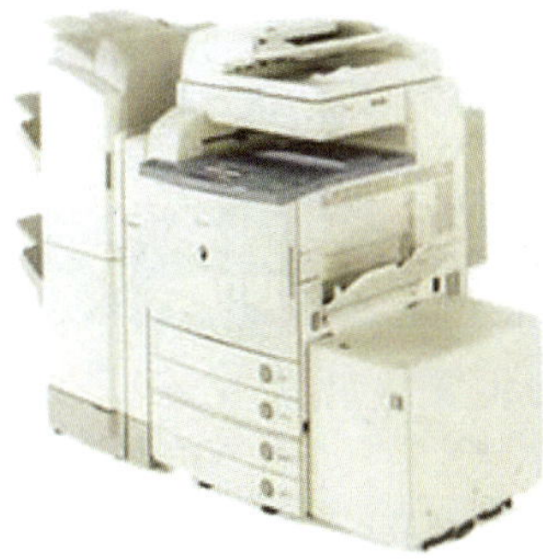

Marseille,
Le 12 octobre ..

Up Treuils

2 rue Beausset
13001 Marseille

Monsieur,

À la suite de votre appel téléphonique, nous avons le plaisir de vous faire l'offre suivante :

Photocopieur Multifonction CANON image RUNNER ADVANCE C5030

Location au prix de 110,00 euros HT par mois.

Durée de la location : de 24 à 63 mois.

Nous sommes à votre disposition pour toute information complémentaire.

Recevez, Monsieur, nos salutations distinguées.

Le responsable commercial
L. Lenotre

ANNEXE Saisie des données GED du document

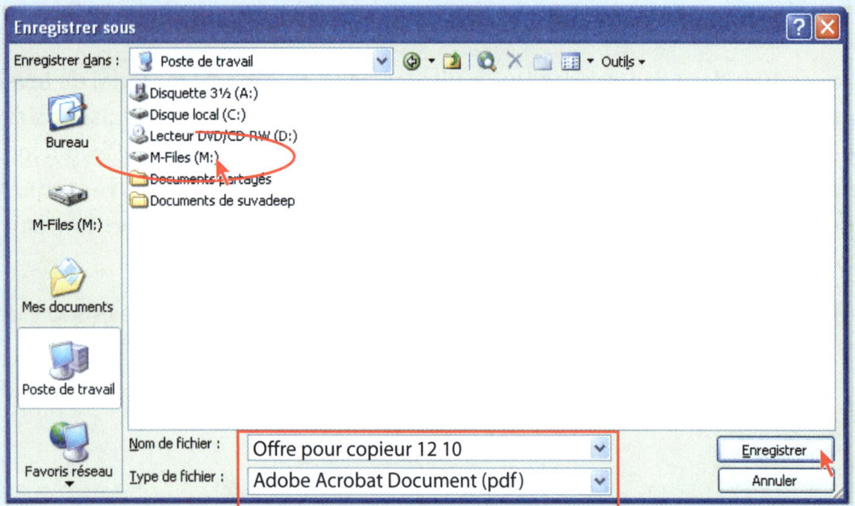

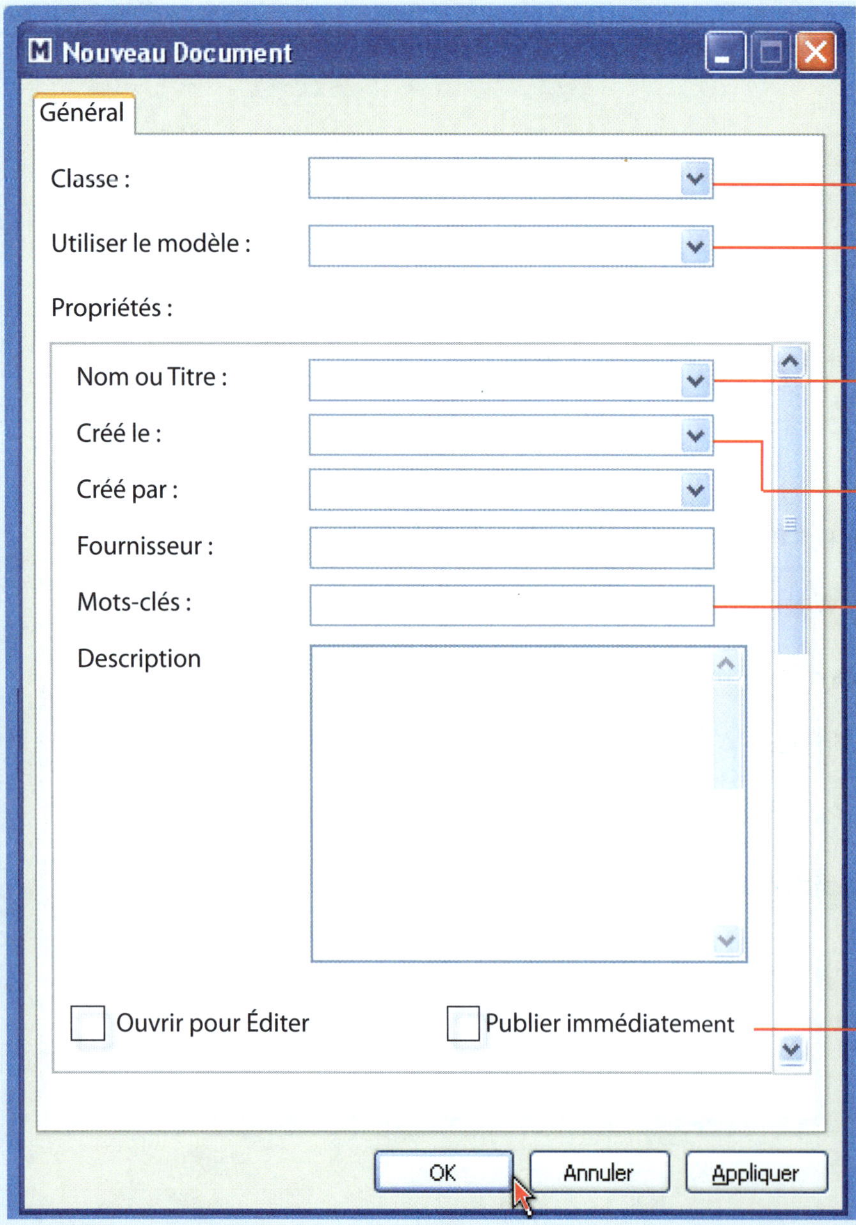

Choisir la classe du document

- 1. ACHATS
  - . Offre de prix
  - . Commande
  - . Réception
  - . Facture
  - . Autre
- 2. VENTES
- 3. SUPPORTS VENTE ET MARKETING
- 4. CORRESPONDANCE
- 5. RÉUNIONS
- 6. RESSOURCES HUMAINES
- 7. ADMINISTRATIF
- Autre document
- Document non classé
- Image

Rubrique utilisée pour créer un document habituel (non renseigné ici)

Information saisie ou choisie dans une liste déroulante

Renvoi vers un calendrier

Mots permettant de retrouver facilement le document

« Publier » rend le document visible et utilisable par les personnes autorisées

3

Préparer les achats

Référentiel

SAVOIRS ASSOCIÉS	PERFORMANCE ATTENDUE
• Les différentes procédures d'achats, dont l'appel d'offres • Les calculs commerciaux, les réductions commerciales et financières • Le processus automatisé des achats et des approvisionnements à l'aide d'un PGI	**Complexités** • Achats en ligne • Achats négociés ou contractualisés (appels d'offres)
COMPÉTENCE	**RÉSULTATS ATTENDUS**
• Passer commande à des fournisseurs	• Le traitement des ordres d'achat et des commandes est assuré dans le respect des délais impartis.

Transversalité : PÔLE 3 **Situation 3.1.1** Collecte et recherche d'informations
Situation 3.1.2 Production d'informations structurées

Le Linion

Charcuterie industrielle

✔ Fondée en 1978, la maison **Le Linion** produit des **charcuteries** dans le respect des traditions.

✔ Saveur et qualité, tels sont en effet, depuis toujours, les buts recherchés par tout le personnel de la maison Le Linion, de ces hommes qui connaissent l'art de garder à la charcuterie une saveur hors classe.

✔ Désireuse d'évoluer selon l'attente de ses clients, l'entreprise développe constamment de nouveaux produits, notamment des produits à base de volaille et les produits à teneur en sel réduite.

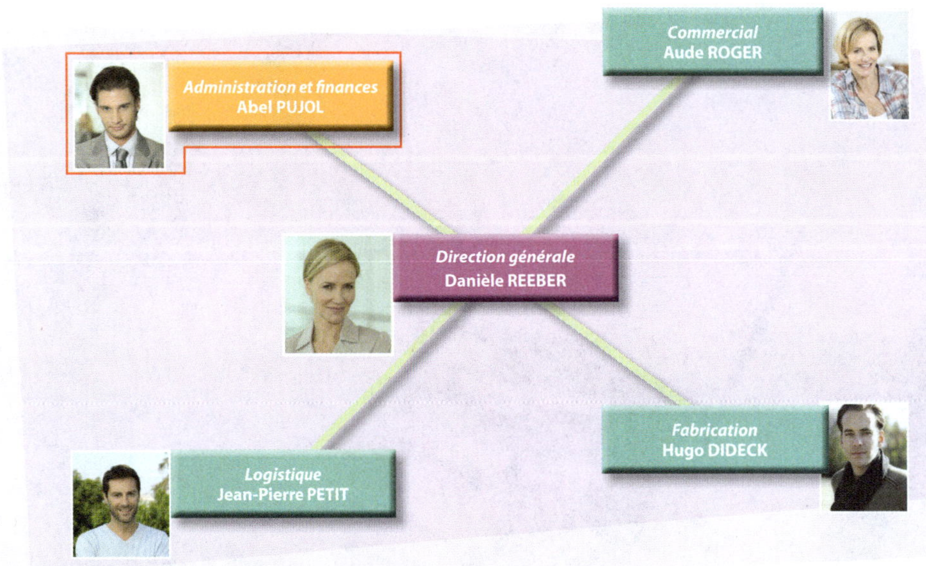

MISE EN SITUATION

- Pour exercer son activité, la société Le Linion doit s'approvisionner auprès de fournisseurs et il convient de rechercher les meilleures conditions d'achat, notamment les meilleurs prix.
- Vous êtes en formation au service administratif sous la responsabilité de M. Pujol qui vous demande :
  - de rédiger un appel d'offres pour le nouveau matériel demandé par le service fabrication ;
  - d'étudier les conditions commerciales d'un fournisseur d'emballages.

VOS MISSIONS

octobre
8

M. Pujol vous confie plusieurs missions :

Mission 1 : Lancer un appel d'offres
Mission 2 : Consulter le tarif d'un fournisseur
Mission 3 : Évaluer les réductions et les frais lors d'un achat

MISSION 1 Lancer un appel d'offres

Vous avez reçu une note de M. Dideck concernant l'achat d'un nouveau matériel (doc. 1).

1 Indiquez quelle est la démarche effectuée pour rechercher les fournisseurs à contacter (doc. 2) et précisez ce qu'il faut demander aux fournisseurs afin de pouvoir faire un choix judicieux (annexe 1).

DOC 1 Note du service fabrication

Le Linion
Charcuterie industrielle

Accord de la direction
Meyer

Demande d'achat
Service : Fabrication
Demandeur : Dideck Hugo

Le : 8 octobre 20nn

À commander :	**Fournisseur habituel :**
un hachoir industriel neuf - 90 à 110 KW - capacité environ 400 litres Achat prévu fin octobre.	Ets Poulard ZA Les Serpollières 5 chemin des Chênes-Verts 38460 St-Romain-de-Jalionas

DOC 2 Recherche de fournisseurs

INFO
En plus du fournisseur habituel, contacter les deux fournisseurs sélectionnés.

Rechercher par... Activité | Raison sociale | Code NAF | SIREN/SIRET | Téléphone

hachoirs | (facultatif) - Région / Département / Localité | Trouver

Ex: maçonnerie, transport routier, claustras guide | Ex: paca; alsace; 69; yvelines; 44200; lille guide

Résultat de votre recherche Affiner l'activité | Affiner le lieu | imprimer

Enjolras (SAS) . sélectionner

Matériel, fournitures et SAV pour boucheries, charcuteries, traiteurs: balances, vitrines, boyaux, épices, emballages alimentaires...

vidéo | site web

CS 30003 - M.I.N espace 75 371 av Marché Gare
34074 Montpellier Cedex 3
tél : 04 67 06 98 42
Site Web : www.enjolrassarl.com

- **Matériel pour viandes et charcuteries** - Commerce de gros - Matériel de boucheries,charcuteries - Hachoirs - Préparation des viandes : matériel - Matériel pour salaison

F.D.M (France Danemark Matériel) . sélectionner

Pour les industriels de l'agro alimentaire multi filières : équipements de process

site web

7bis r Etoile du Matin
44600 Saint Nazaire
tél : 02 40 00 13 00
fax : 02 40 00 19 91
E-mail : fdm@francedanemarkmateriel.fr
Site Web : www.francedanemarkmateriel.fr

- **Matériel pour viandes et charcuteries** - Commerce de gros - Matériel de boucheries,charcuteries - Hachoirs - Préparation des viandes : matériel - Matériel pour salaison

ANNEXE 1 Recherches préalables à l'appel d'offres

Démarche effectuée pour la recherche	Éléments à demander aux fournisseurs
→	→ ....
→	→ ....
→	→ ....
→	→ ....

2 Contactez les fournisseurs choisis en leur adressant un imprimé d'appel d'offres daté du 8 octobre, présentez uniquement l'appel d'offres adressé au fournisseur Poulard (**annexe 2**).

ANNEXE 2 Appel d'offres

Le Linion
Charcuterie industrielle

12 avenue Fontcouverte 84000 AVIGNON
Tél. : 04 88 90 99 99 Fax : 04 88 90 99 98
RCS Avignon 642620520 00014
NAF : 1013A
Préparation industrielle de produits à base de viande
SA à directoire au capital social de 1 000 000 €

Appel d'offres n° 886

Avignon, le

Nous vous demandons de bien vouloir nous retourner pour le .... *la présente demande complétée, datée et signée afin de nous faire connaître vos meilleures conditions pour la fourniture éventuelle des articles suivants :*

Désignation	Unité	Qté	PUHT	Observations

Délai de livraison	Conditions de paiement	Frais à ajouter	Réductions à déduire

Nous vous remercions et vous prions d'agréer nos salutations les meilleures.
M. Pujol
Service administratif et financier

Offre effectuée le

Valable jusqu'au

Signature

3 Précisez à qui vous devez envoyer les appels d'offres et indiquez ce que vous attendez des fournisseurs.

FAIRE LE POINT

Besoin d'achat → Recherche de fournisseurs → Lancement d'un appel d'offres

L'appel d'offres

Informations notées dans l'appel d'offres :

-
-
-
-
-

MISSION 2 Consulter le tarif d'un fournisseur

Vous devez étudier le tarif d'un fournisseur de services (doc. 3) pour une location de photocopieur d'une durée d'un mois. Vous recherchez, sur le site internet du fournisseur, le tarif pour une location d'un photocopieur monochrome.

4 Indiquez le tarif qui sera facturé par ce fournisseur.

DOC 3 Tarif d'un fournisseur de services

Eurolocation informatique

Eurolocation Informatique, spécialiste de la location informatique, vidéo et son courte durée.

MATERIEL | SONORISATION | VIDÉOPROJECTION | DESTOCKAGE | CABINE DE TRAD | DÉVELOPPEMENT

Agence de PARIS
+33 (0)1 44 38 00 40
65 rue Violet, 75015 Paris

Agence de NICE
+33 (0)4 92 04 26 00
16 rue Louis Génari, 06300 Nice

▸ Livraison et assistance sur la France entière !

Vous êtes ici : Extraits de tarifs — rechercher

- Accueil
- Location
  - Informatique
  - Bureautique
  - Video
  - Sonorisation
  - Accessoires
  - Bornes
  - Internet et WiFi
  - Eclairage
  - Structures et ponts
- Les Services plus
- Demande de devis
- Développement
- Captation audio/vidéo
- Visioconférence

Les Salons Professionnels

Cliquez ici pour découvrir la liste des salons professionnels où nous opérons régulièrement

EXTRAITS DE TARIFS

Nos tarifs de location sont dégressifs. Le prix de location à la journée diminue en fonction de la durée de cette location. Ci-dessous, un extrait des tarifs de location pratiqués par eurolocation informatique. Si vous désirez plus de renseignements à ce sujet, n'hésitez pas à **contacter notre équipe** au **+33 (0)1 44 38 00 40** pour Paris / région Parisienne ou au **+33 (0)4 92 04 26 00** pour Nice et sa région.

BUREAUTIQUE

Téléphone Fax Laser format A4

1 jour	2 jours	3 jours	1 sem	2 sem	1 mois
70	81	86	91	119	147

Photocopieur monochrome 35ppm A3/A4 E-Studio 350

1 jour	2 jours	3 jours	1 sem	2 sem	1 mois
450	518	554	585	765	945

Photocopieur couleur 28ppm A3/A4 E-Studio 281C • Agraffage

1 jour	2 jours	3 jours	1 sem	2 sem	1 mois
700	805	861	910	1190	1470

- Tarifs
- Plaquette
- Recrutement
- Partenaires
- Conditions générales
- Contact
- Nos réalisations
- Affichage dynamique
- Destockage
- Sponsoring
- Plan du site

INFO
Les prix indiqués sont hors taxes.

MISSION 3 Évaluer les réductions et les frais lors d'un achat

Vous devez étudier le tarif et les conditions de vente du fournisseur Solutions & Services emballages. Vous recherchez sur le site internet du fournisseur les tarifs et conditions de vente (doc. 4).

5 Relevez et détaillez les deux types de réductions mentionnées.

....

....

....

DOC 4 Tarif et conditions de vente du fournisseur

SONE — Identifiez-vous … Votre mail | Votre mot de passe | OK — Ouvrir un compte — Mot de passe oublié ? — Votre panier est vide — Recherche

Accueil — Caisses — Calage — Sacherie — Le Guide — Sacs grande contenance — Sacs bretelles & Liasses plastiques — Sacs & Habillages fonds de caisses — Sacs & Presbag — Sacs sous vide — Ouate & sacs déchets — Cerclage — Protection — Adhésif — Film — Papier

Sacs sous vide

Sacs transparents | Sacs fond métal or/argent

Sacs sous vide

CARACTÉRISTIQUES

- Fabrication à partir d'un complexe polyamide/polyéthylène (PA/PE) assurant une parfaite étanchéité à l'air.
L'effet barrière est garanti par le dosage du polyamide.
- Sacs soudés sur 3 côtés. Épaisseur selon utilisation 90 à 150µ.

Emballage alimentaire - Amélioration de la DLC Conservation maximale entre 0° et 4°, pendant 21 jours des grosses pièces de viande et des préparations charcutières. La mise sous vide vous permet donc d'espacer vos travaux de préparation. - Sécurité, hygiène Application multiples: salaisons, conserveurs, traiteurs, boucherie, charcuterie, restauration, collectivités etc...

Emballage industriel - Groupage de petites pièces nécessitant une bonne résistance à la déchirure avec fermeture par liens ou soudure (sans mise sous vide) - Protection contre la corrosion (possibilité d'injection d'un gaz inerte). Emballage industriel - Groupage de pièces craignant les chocs et les rayures entre elles. - Protection contre la corrosion, l'humidité et les atmosphères hostiles via l'injection d'un gaz inerte et/ou la mise sous vide.

90 microns (20PA + 70PE)

Code	Dimensions en mm	Colisage	Prix H.T le mille en €			
			1000	3000	6000	15000
52227	130 x 200	1000	32,20	30,20	28,70	23,75
52228	130 x 300	1000	45,30	43,05	39,65	35,15
52229	**150 × 220**	**1000**	**40,85**	**36,45**	**33,55**	**29,75**
52201	150 x 280	1000	48,80	46,35	42,70	37,85
52215						
52202						
115210						
52214						
52218						
52203						

← **Produit à commander en 6 000 exemplaires**

INFO
Remise : réduction commerciale accordée selon le type de client ou selon la quantité commandée.

SONE — Identifiez-vous … Votre mail | Votre mot de passe | OK — Ouvrir un compte — Mot de passe oublié ? — Votre panier est vide — Recherche

Accueil — Caisses — Calage — Sacherie — Cerclage — Protection — Adhésif — Film — Papier — Matériel — Des réalisations

Conditions générales de vente

III - Conditions tarifaires

1 - Minimum de facturation 150 euros H.T.

2 - Franco 300 euros H.T. ; pour toute commande inférieure à 300 euros H.T. supplément "forfait transport" de 20 euros H.T. minimum.

3 - "Forfait convention logistique" de 3,00 euros H.T. par commande.

4 - "Participation forfaitaire" de 6,10 euros H.T. par commande.

5 - Autres : pour les produits enlevés dans nos locaux et pour les livraisons hors de France métropolitaine une proposition spécifique sera faite à l'acheteur par le vendeur.

XIII - Paiement

1 - Les règlements seront considérés comme effectués si l'avis de crédit de l'organisme financier parvient au vendeur dans les 30 jours consécutifs à l'émission de la facture.

2 - Les LCR et chèques ne sont acceptés qu'à titre de couverture de la prestation.

3 - Le non-respect des conditions de paiement par suite de circonstances ayant pour effet de réduire la solvabilité de l'acheteur et dont le vendeur n'aura eu connaissance qu'après la conclusion du contrat entraînera l'exigibilité immédiate des toutes les créances, même dans le cas de sursis de paiement. Si dans ce cas des traites n'étaient pas encore venues à l'échéance, le vendeur pourra en exiger le règlement comptant.

4 - Nos factures sont payables au siège social du vendeur. Si le délai prévu pour le règlement est dépassé, le vendeur constatera le retard sans mise en demeure. Le défaut de paiement à l'échéance fixée habilite le vendeur, sans préjudice d'autres droits, quel que soit le mode de règlement prévu, à appliquer des intérêts de retard aux taux de 2 % par mois depuis la date d'échéance. En outre, après mise en demeure, le client s'engage à payer à titre d'indemnité et de clause pénale conformément à l'Article 1226 du Code Civil, une majoration dont le montant sera égal à 15 % du principal restant dû.

5 - Escompte pour paiement anticipé : 0,5% par mois entier indivisible.

INFO
Escompte : réduction financière accordée si le paiement est effectué avant l'échéance prévue.

6 Calculez les réductions en euros et en pourcentage, par rapport au prix de base (pour un colis de 1 000 sacs), selon les quantités commandées de sacs 150 x 220 (**annexe 3**).

ANNEXE 3 Calcul des réductions

Commande	Prix pour 1 000	Réduction en euros par colis	Réduction en %
par 1 000			
par 3 000			
par 6 000			
par 15 000			

7 Calculez le prix des 6 000 articles commandés.

8 Étudiez la facturation du transport par ce fournisseur.

– Pour une commande d'au moins 300 euros HT :

– Pour une commande de moins de 300 euros HT :

9 Recherchez, dans les conditions de vente, s'il y a d'autres frais qui majorent le montant à payer.

FAIRE LE POINT

Les tarifs fournisseurs

Pour connaître le prix à payer pour un achat de bien ou de service, il faut :

•

•

Les conditions de vente du fournisseur précisent :

– les éléments à ajouter aux prix de base :

•

•

– les éléments à retrancher aux prix de base :

•

•

Préparer les achats

1 L'appel d'offres

- La **liste des fournisseurs** susceptibles de fournir un bien ou un service est établie.
- L'**appel d'offres** consiste à **demander à plusieurs fournisseurs leurs prix et leurs conditions de vente** (réductions, délais de livraison, délais de paiement, garanties...).
- L'appel d'offres peut être effectué par courrier, par téléphone ou télécopie, par la demande de visite d'un commercial.

Remarque : les appels d'offres des administrations sont soumis à une réglementation stricte.

2 Le tarif des fournisseurs

- Les **tarifs** sont fournis par le fournisseur (sur Internet, sur catalogue, par réponse à un appel d'offres).
- Il est nécessaire de rechercher correctement le prix pratiqué en fonction des quantités souhaitées et des conditions de vente du fournisseur.

3 Les réductions et frais sur achats

Les conditions de vente des fournisseurs peuvent mentionner :

- des **réductions commerciales** :
  - **rabais** pour un article démodé ou abîmé ;
  - **remise** pour une commande en quantité ou pour un type de clients.
- des **réductions financières** :
  - **escompte** si l'achat est payé avant l'échéance.

Les réductions **diminuent** le prix à payer.

Les fournisseurs peuvent également appliquer :

- des **frais de transport** (l'expression « franco de port » signifie que le port est gratuit) ;
- des **frais d'emballage** ;
- des **frais de facturation** ;
- des **frais divers**.

Les frais **augmentent** le prix à payer.

EXO 1 Rechercher un tarif

Vous êtes en formation dans l'entreprise Touslestifs, spécialiste du matériel pour coiffeur. Le service administratif vous demande de rechercher le prix de divers achats à effectuer auprès de votre fournisseur habituel, les Ets Bruneau.
Vous devez acheter :
– 30 blocs encreurs pour la caisse enregistreuse Canon 20DX ;
– 60 caisses américaines (30 x 40 x 60).

1 Indiquez le prix hors taxes unitaire des éléments à acheter (doc. 1).

2 Indiquez s'il y a des réductions commerciales et/ou des réductions financières qui s'appliquent à cette future commande (doc. 2).

3 Calculez, pour chaque produit, le taux de réduction par rapport à un achat selon la quantité minimum à commander.

4 Calculez le montant total à payer pour cette commande (montant total HT + TVA).

DOC 1 Catalogue du fournisseur (extrait)

Résultats de la Recherche de cartouches > effectuer une nouvelle recherche

Sélectionnez une autre marque	Sélectionnez un autre type de matériel	Sélectionnez un autre modèle
CANON	CALCULATRICE ET CAISSE ENREGIST	20DX

Consommables compatibles

Bloc encreur noir modèle Canon CP-12
Bloc encreur noir modèle Canon CP12
H 30 × L 40 × P 60 cm

Par 5 : 2,70 €
Par 10 : 2,58€

5 Ajouter à ma commande

Caisse américaine kraft brun double cannelure H 30 x L 40 x P 60 cm

Avec la norme LNE, la garantie d'un emballage de haute qualité.

À partir de
2,20 € ht

Couverture extérieure en kraft véritable : résistance à l'éclatement, à l'humidité, aux variations de température, à la compression verticale. Parfaite adhérence des adhésifs.
Pour produits lourds, fragiles ou ne remplissant pas la totalité de la caisse, en particulier les produits en vrac.
Résistance à la compression verticale (toutes dimensions) : 300 kg.

Référence	Article	Prix à partir de	Quantité
Caisse américaine kraft brun double cannelure H 30 × L 40 × P 60 cm			
217-60	Caisse américaine kraft brun double cannelure H 30 × L 40 × P 60 cm	Par 10 : 3,15 € Par 30 : 2,90€ Par 100 : 2,20 €	10 Ajouter à ma commande

INFO
La TVA est calculée sur le montant HT au taux normal soit 20 %.

DOC 2 Conditions de vente des Ets Bruneau

Bruneau
20 000 références pour le bureau

…

6. PRIX ET CONDITIONS DE PAIEMENT

6.1 Nos prix s'entendent hors taxes et sont exprimés en euros. Ils sont garantis pendant la période de validité de chacun de nos catalogues et documents papier ou de celle indiquée sur chaque offre promotionnelle à durée limitée. Nos devis, factures pro-forma et contrats bénéficient de la même validité, sauf mentions contraires. Les prix de vente des produits sur notre site internet, autres que ceux des catalogues, sont ceux indiqués au moment de l'enregistrement de la commande.

6.2 Sauf conventions particulières, nos factures sont payables sous huit jours, date de facture, sans remise ni escompte, par chèque, virement ou carte bancaire.

EXO 2 Rédiger un appel d'offres

Vous êtes en formation dans l'entreprise Bricolup, spécialiste du matériel de bricolage. L'entreprise vous demande de rédiger, le 17 octobre, un appel d'offres auprès de deux fournisseurs d'alarmes (doc.).

Rédigez les appels d'offres (**annexe**).

DOC Besoins de l'entreprise

BRICOLUP
Zone artisanale Vauchelles
80132 ABBEVILLE
Tél. : 03 22 99 00 00 Fax : 03 22 99 00 01
SIREN 420.809.923
Code APE : 4752 B
Commerce de détail de quincaillerie, peintures et verres en grandes surfaces (400 m² et plus)
SA à conseil d'administration
au capital social de 30 000 000 €

NOTE
du 17/10/..
Objet : Appel d'offres à rédiger

Vous devez acheter :
- 10 alarmes filaires 7 zones ;
- 10 alarmes filaires 2 zones ;
- 50 détecteurs bivolumétriques D8 B 12 m 90°.

Contactez les fournisseurs :
- Tisali Alarmes ZI des Trois Ours 59000 Lille ;
- Top Alarmes 20 quai de la Pointe 80100 Abbeville.

Réponse attendue 15 jours après.

ANNEXE Appels d'offres

BRICOLUP
Zone artisanale Vauchelles
80132 ABBEVILLE
Tél. : 03 22 99 00 00 Fax : 03 22 99 00 01
SIREN 420.809.923
Code APE : 4752 B
Commerce de détail de quincaillerie, peintures et verres en grandes surfaces (400 m² et plus)

Appel d'offres n° 10-052
Abbeville, le

BRICOLUP
Zone artisanale Vauchelles
80132 ABBEVILLE
Tél. : 03 22 99 00 00 Fax : 03 22 99 00 01
SIREN 420.809.923
Code APE : 4752 B
Commerce de détail de quincaillerie, peintures et verres en grandes surfaces (400 m² et plus)
SA à conseil d'administration
au capital social de 30 000 000 €

Appel d'offres n° 10-052
Abbeville, le

Nous vous demandons de bien vouloir nous retourner pour le la présente demande complétée, datée et signée afin de nous faire connaître vos meilleures conditions pour la fourniture éventuelle des articles suivants :

Désignation	Unité	Qté	PU HT	Observations

Délai de livraison	Conditions de paiement	Frais à ajouter	Réductions à déduire

Nous vous remercions et vous prions d'agréer nos salutations les meilleures.
M. Pinto, Service administratif et financier

Offre effectuée le
Signature

Valable jusqu'au

4

Commander après un appel d'offres

Référentiel

SAVOIRS ASSOCIÉS	PERFORMANCE ATTENDUE
• Les différentes procédures d'achats, dont l'appel d'offres • Les calculs commerciaux, les réductions commerciales et financières	**Complexité** • Achats négociés ou contractualisés (appels d'offres)
COMPÉTENCE	**RÉSULTATS ATTENDUS**
• Passer commande à des fournisseurs	• Le traitement des ordres d'achat et des commandes est assuré dans le respect des délais impartis.

PRÉSENTATION

Situation de travail 1.1.2
Traitement des ordres d'achat, des commandes

Finances & experts
Gestion de patrimoine

- Société de **conseil en gestion de patrimoine**, **Finances & experts** optimise les actifs de ses clients depuis son siège social à Bordeaux.
- Les activités de l'entreprise sont l'optimisation fiscale, la **transmission de patrimoines** privés et d'entreprises, la **gestion immobilière**, les **placements boursiers**.
- La motivation de ses équipes est de « donner de la valeur à vos biens et à vos choix ».

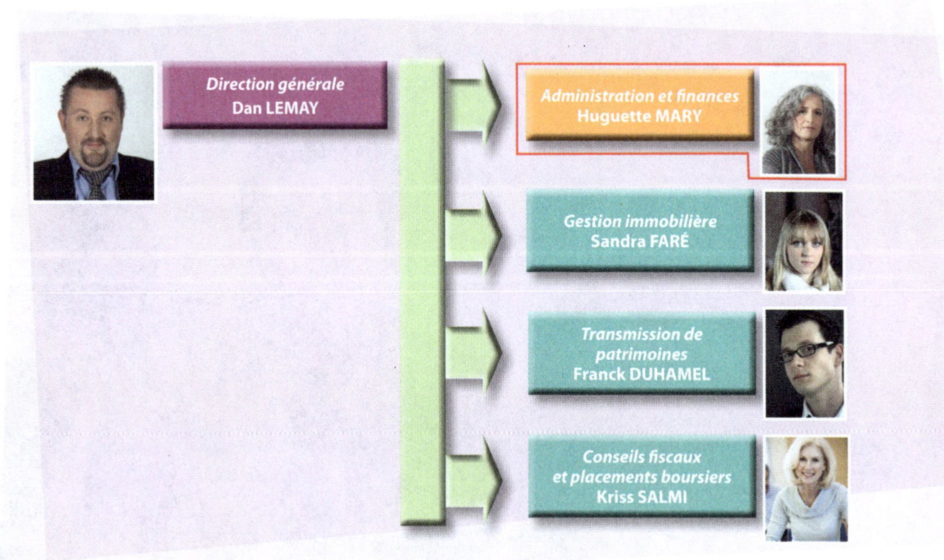

MISE EN SITUATION

- La société a ses bureaux à Bordeaux. Les locaux nécessitent une protection par alarme.
- Vous êtes en formation au service administratif sous la responsabilité de Mme Mary qui vous demande d'étudier les réponses à un appel d'offres lancé pour la fourniture et la pose d'une alarme avec services associés.
- L'installation comprend une centrale d'alarme, quatre contacts d'ouverture et un détecteur de mouvement. Les services associés sont la télésurveillance, l'intervention en cas de déclenchement et l'appel aux forces de l'ordre en cas de déclenchement confirmé.

VOS MISSIONS

novembre
5

Mme Mary vous confie plusieurs missions :
Mission 1 : Comparer les offres et choisir un fournisseur
Mission 2 : Commander auprès du fournisseur retenu

MISSION 1 Comparer les offres et choisir un fournisseur

Vous avez reçu les réponses à l'appel d'offres pour l'alarme (doc. 1 à 3).

1 Complétez le tableau de comparaison des offres et calculez le coût total de l'installation pour une durée de 4 ans (**annexe 1**).

DOC 1 Réponse du fournisseur Direct sécurité

DiRECT SÉCURiTÉ
12 rue Georges Bonnac
33000 Bordeaux

Finances & experts
9 cours Raccordement
33300 Bordeaux

Bordeaux,
Le 2 novembre ..

Objet : Réponse à votre appel d'offres

Monsieur,

Vous trouverez ci-dessous les prix de l'alarme et des services annexes demandés, ces prix en euros sont donnés HT (TVA 20 % en plus) et sont valables un mois. Résiliation des services par LR avec AR un mois avant.

Fourniture KIT ALARME VERY installé sous 60 jours			399,00 €
Installation			Gratuite
Extensions :			
Détecteur de mouvement (par unité)	1,00 € par mois	+	99,00 €
Contact d'ouverture (par unité)	0,50 € par mois	+	99,00 €
Abonnement télésurveillance entreprise	36,00 € par mois		
Services optionnels de sécurité :			
Intervention en cas de déclenchement d'alarme	6,00 € par mois		
Appel aux forces de l'ordre si déclenchement confirmé	2,00 € par mois		

DOC 2 Réponse du fournisseur Alarme protection

Alarme protection
8 bd Roosevelt – 33800 Bordeaux

Finances & experts
9 cours Raccordement
33300 Bordeaux

Bordeaux,
Le 3 novembre ..

Objet : Votre appel d'offres

Monsieur,

Vous trouverez ci-dessous les prix de l'alarme et des services demandés.

Les prix sont donnés HT et sont valables deux mois.

– Fourniture pack alarme Bureau commerce DCS Alexor (centrale d'alarme, 4 contacts d'ouverture et un détecteur de mouvement)	13,60 €
– Frais d'installation sous 15 jours	179,40 €
– Abonnement télésurveillance entreprise avec : intervention en cas de déclenchement d'alarme et appel aux forces de l'ordre si déclenchement confirmé	50,00 € par mois

Résiliation de l'abonnement par lettre recommandée un mois avant le terme.

DOC 3 Réponse du fournisseur Concept sécurité

Concept Sécurité
2 quai Brazza
33100 BORDEAUX

Finances & experts
9 cours Raccordement
33300 Bordeaux

Bordeaux,
Le 3 novembre ..
Objet :
Votre appel d'offres du 27/10/..

Monsieur,

Vous trouverez ci-dessous les prix de l'alarme et des services demandés.

Les prix sont donnés HT et sont valables un mois.

- Fourniture pack alarme Entreprise — offert (valeur 79 €)
(centrale d'alarme avec sirène 110 dB, 4 contacts d'ouverture et un détecteur de mouvement)
- Frais d'installation (installation sous 8 jours après la commande) — 150,00 €
- Abonnement télésurveillance entreprise avec :
intervention en cas de déclenchement d'alarme et
appel aux forces de l'ordre si déclenchement confirmé — 70,00 € par mois

Délai d'engagement d'un an pour bénéficier du pack alarme gratuit.

ANNEXE 1 Comparaison des offres et choix du fournisseur

Éléments	DIRECT SÉCURITÉ	ALARME PROTECTION	CONCEPT SÉCURITÉ
Coût du matériel			
Coût de l'installation			
Coût de la télésurveillance et des interventions pour 4 ans			
Total HT payé sur une période de 4 ans			
Délai d'installation			
Délai d'engagement			

Le fournisseur faisant l'offre dont le coût, sur 4 ans, est le moins élevé sera choisi. L'installation sera faite dans un délai d'un mois après la commande. La résiliation doit être possible chaque mois.

2 Indiquez le fournisseur qu'il faut choisir. Justifiez votre réponse.

MISSION 2 Commander auprès du fournisseur retenu

Vous venez de choisir le fournisseur, vous passez la commande.

3 Complétez, le 5 novembre, le bon de commande pour l'installation de l'alarme et de la télésurveillance (**annexe 2**).

ANNEXE 2 Commande au fournisseur

Finances & experts
Gestion de patrimoine

9 cours Raccordement 33300 BORDEAUX
Tél. : 05 56 90 99 99 Fax : 05 56 90 11 11
RCS Bordeaux 399 245 598 00013
NAF : 6622Z
SARL au capital social de 232 000 €

COMMANDE n° 345

Bordeaux, le

Référence	Désignation	Unité	Qté	PU HT

Délai de livraison ou d'installation	Conditions

Signature

FAIRE LE POINT

La commande après un appel d'offres

Appel d'offres → Réponses des fournisseurs → Comparaison des offres → Passer la commande

Éléments de comparaison des offres :

-
-
-
- La maintenance et le service après-vente
- La réputation, l'image de marque du fournisseur ou du produit

Commander après un appel d'offres

1 La comparaison des offres et le choix du fournisseur

■ Les fournisseurs contactés par un appel d'offres adressent leurs propositions à l'entreprise par courrier, télécopie, téléphone...

■ Le choix du fournisseur repose sur plusieurs critères :

- le **prix** de base et les réductions accordées ;
- la **qualité** ;
- les **délais** de livraison et de paiement ;
- le service **après-vente** et les délais de **garantie** ;
- l'**image de marque**, la **réputation** du fournisseur ou du produit.

■ L'entreprise doit fixer des **priorités dans les critères** de choix ; ce n'est pas toujours le prix le plus bas qui est le critère essentiel. Le rapport qualité/prix est souvent le critère essentiel.

2 La commande auprès du fournisseur retenu

■ Les appels d'offres mentionnent toujours un délai de validité. La commande doit être effectuée durant ce délai.

■ La commande doit retrouver les éléments de l'offre du fournisseur **(prix, conditions de vente, conditions de paiement, garanties...)**.

■ La commande est passée selon les modalités habituelles (bon de commande, télécopie...).

EXO Étudier les réponses à un appel d'offres

Vous êtes en formation dans l'entreprise Meublin, ébéniste.
L'entreprise a lancé un appel d'offres pour l'achat d'une machine raboteuse-dégauchisseuse auprès de deux fournisseurs qui proposent un modèle répondant à la demande de l'atelier et dont la réputation est bonne.

1 Étudiez les réponses à l'appel d'offres (doc. 1 et 2) et complétez le tableau comparatif des offres (**annexe 1**).

2 Choisissez le fournisseur qui répond le mieux aux critères de l'entreprise (doc. 3 et **annexe 2**).

DOC 1 Réponse du fournisseur Machinabois

MACHINABOIS
22 rue Jean Damoysel – 31100 TOULOUSE
SA au capital de 150 000 euros
Siren 258 159 654 – APE 4662Z

MEUBLIN SARL
4 avenue Lombez
31300 TOULOUSE

Toulouse,
Le 7 novembre ..

Objet : Votre appel d'offres du 04/11/..

Monsieur,

Vous trouverez ci-dessous les prix et conditions de vente de la machine proposée.

Les prix sont donnés net HT (TVA 20 %) et sont valables deux mois.

- Rabot-Dégau H410 Logosol 3 170,00 €
- Extension table rabotage 250 x 390 68,00 €
- Frais d'expédition-livraison et d'installation sur site préparé 79,00 €

Garantie 2 ans.

Paiement à la livraison sans escompte.

Article disponible livré sous une semaine.

DOC 2 Réponse du fournisseur SAL Distribution

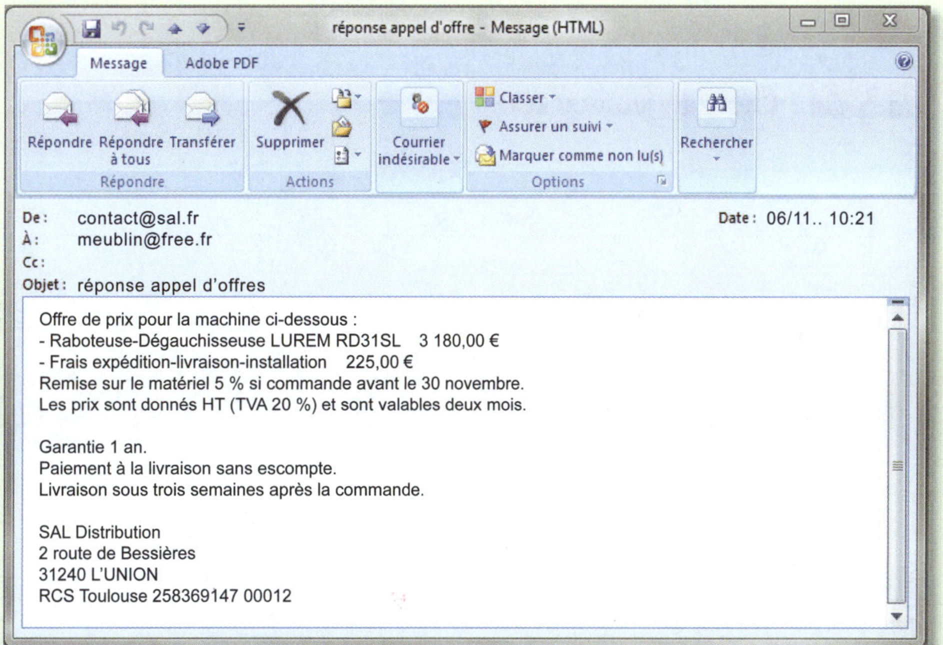

De : contact@sal.fr
À : meublin@free.fr
Cc :
Objet : réponse appel d'offres
Date : 06/11.. 10:21

Offre de prix pour la machine ci-dessous :
- Raboteuse-Dégauchisseuse LUREM RD31SL 3 180,00 €
- Frais expédition-livraison-installation 225,00 €

Remise sur le matériel 5 % si commande avant le 30 novembre.
Les prix sont donnés HT (TVA 20 %) et sont valables deux mois.

Garantie 1 an.
Paiement à la livraison sans escompte.
Livraison sous trois semaines après la commande.

SAL Distribution
2 route de Bessières
31240 L'UNION
RCS Toulouse 258369147 00012

DOC 3 Critères de choix

MEUBLIN sarl – 4 avenue Lombez 31300 TOULOUSE Le 4/11/..

Objet : Appel d'offres du 4/11/..
machine raboteuse-dégauchisseuse

Les deux entreprises contactées offrent la même réputation de sérieux et de qualité. Les produits proposés sont du même type et peuvent convenir tous les deux. La table de rabotage chez Machinabois n'est pas nécessaire.

Le choix tiendra compte des critères suivants par ordre d'importance :
- le prix total HT avec livraison et installation ;
- le délai de paiement ;
- la durée de garantie ;
- le délai de livraison.

ANNEXE 1 Comparaison des offres

Désignation	Fournisseur MACHINABOIS		Fournisseur SAL DISTRIBUTION	
	Calcul	Montant HT	Calcul	Montant HT
Machine				
Livraison Installation				
Remise				
Divers				
Total net HT				
Paiement				
Livraison				
Garantie				

ANNEXE 2 Choix du fournisseur

INFO
Vos réponses doivent être justifiées.

5

Commander en France

Référentiel

SAVOIRS ASSOCIÉS	PERFORMANCE ATTENDUE
• La planification des commandes • Les calculs commerciaux, les réductions commerciales et financières • Le processus automatisé des achats et des approvisionnements à l'aide d'un PGI	**Complexité** • Achats de biens et de services associés
COMPÉTENCE	**RÉSULTATS ATTENDUS**
• Passer commande à des fournisseurs	• Le traitement des ordres d'achat et des commandes est assuré dans le respect des délais impartis.

Transversalité : PÔLE 3 Situation 3.1.2
Production d'informations structurées

PRÉSENTATION

Situation de travail 1.1.2
Traitement des ordres d'achat, des commandes

Aménagements extérieurs
aménago

✔ Créée il y a cinq ans, la société **Aménago** distribue des **produits pour l'aménagement des allées, terrasses, parcs et jardins**.

✔ Dans le cadre de la diversification de ses activités, Aménago a étendu sa gamme à des **produits de signalisation**, des **équipements urbains** et des **articles d'éclairage** extérieurs.

✔ Les produits commercialisés permettent la décoration d'espaces publics, d'habitats individuels et de locaux industriels, dans le **respect maximal de l'environnement**.

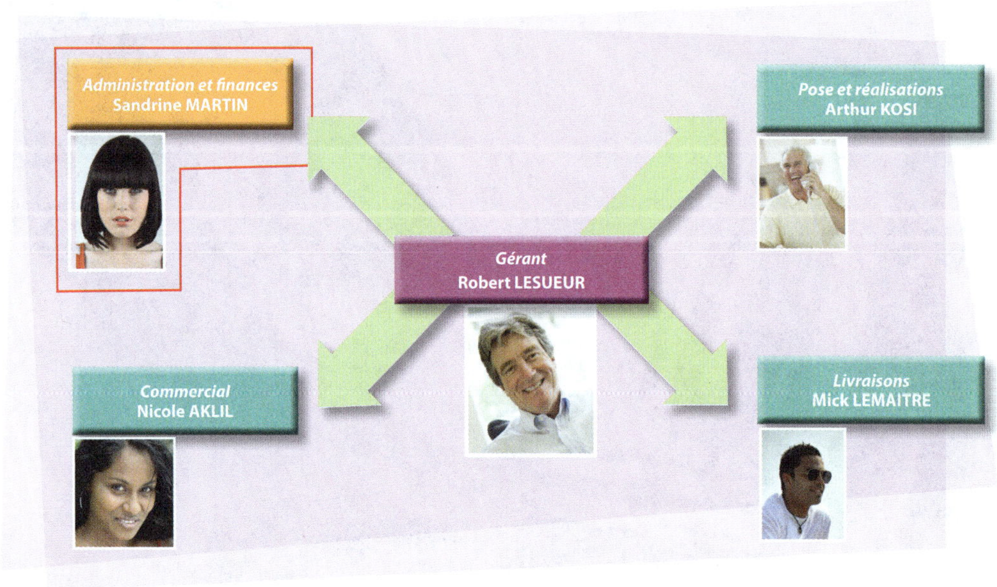

MISE EN SITUATION

■ Pour exercer son activité, la société Aménago doit s'approvisionner auprès de fournisseurs situés en France.

■ Vous êtes en formation au service administratif sous la responsabilité de Mme Martin qui vous demande de traiter quelques commandes en respectant l'organisation de l'entreprise.

VOS MISSIONS

octobre
15

Mme Martin vous confie plusieurs missions :

Mission 1 : Commander d'après une demande d'achat
Mission 2 : Commander un bien avec un service associé
Mission 3 : Commander selon le niveau du stock
Mission 4 : Utiliser différents moyens pour commander

MISSION 1 Commander d'après une demande d'achat

Vous avez reçu une note de M. Kosi concernant l'achat d'un nouveau matériel (doc. 1).

1 Recherchez les éléments devant figurer dans une commande.

....

....

....

2 Rédigez le courriel de commande du matériel (**annexe 1**).

DOC 1 Demande d'achat du service pose

Aménagements extérieurs
aménago

Kosi Arthur
Service Pose et réalisation
Le : *15 octobre ..*

Tractopelle Caterpillar occasion
Caterpillar 432 E De Luxe – 63 000 € HT
tractopelle de 2010 état neuf avec 70 heures!!!! et garantie constructeur.

Photos tractopelle Caterpillar

Adresse | Contact | Localisation

Gary SA

Contact(s) Vendeur	Monsieur Gary Thomas
Téléphone	Afficher le numero de telephone
Langue parlée(s)	
Adresse	82 rue Armand Carrel – 59640 Dunkerque contact@gary.com

Tractopelle Caterpillar occasion

Prix	63 000 HT (EUR) 75 600 € ttc
Marque	Caterpillar
Gamme	432 E
Modèle	de luxe
État	occasion
Année	2010

Caractéristiques Caterpillar 432 E

Nombre d'heures	70 heures

Godet
- Godet 4 en 1 Droit

Informations complémentaires

• Info moteur	neuf

Équipement tractopelle Caterpillar 432 E
- Boîte Powershift

Remarques
Tractopelle de 2010 état neuf avec 70 heures !!! et garantie constructeur

Prix départ Dunkerque
Livraison immédiate
Réglement comptant à réception
Contact téléphonique du 18/10/..
Martin

Passer ce jour commande par mail pour tractopelle 432E Caterpillar.

Modèle d'occasion année 2010 selon annonce jointe et accord téléphonique.

Accord direction

Lesueur

Accord service administratif et financier

Martin

Zone artisanale 59300 AULNOY-LEZ-VALENCIENNES
Tél. : 03 27 10 99 99 Fax : 03 27 10 11 11
RCS Valenciennes 248 698 321 00014 – NAF : 8130Z
SAS au capital social de 100 000 €

ANNEXE 1 Courriel de commande

Envoyer
À...
Cc...
Objet :

MISSION 2 Commander un bien avec un service associé

Vous avez décidé de commander une imprimante numérique couleur. Le fournisseur Digital Access propose avec le produit des services associés (doc. 2).

3 Recherchez les services associés proposés par Digital Access.

DOC 2 Documentation du fournisseur

DIGITAL ACCESS

Le partenaire des entreprises, en Bureautique, Télécom et Réseaux.

Accueil | Bureautique | Télécom & Réseaux | Entreprise | Recrutement | Contact | Rechercher | OK

BUREAUTIQUE

Produits
- Impression numérique couleur
- Impression numérique N&B
- Numérisation & gestion du document
- Impression grands formats
- Télécopieurs
- Produits reconditionnés

Services associés

Impression numérique couleur

IRC 1028i/ IRC 1028iF

Passez à la couleur au bureau avec l'Image Runner C1028i/C1028iF, une imprimante compacte productive et incroyablement simple à utiliser.

> **INFO**
> Prix du modèle IRC 1028 iF : 1 792,00 € HT
> Livraison immédiate
> Paiement comptant

BUREAUTIQUE

Produits
- Impression numérique couleur
- Impression numérique N&B
- Numérisation & gestion du document
- Impression grands formats
- Télécopieurs
- Produits reconditionnés

Services associés

Service technique – Equipements bureautiques

UN NUMERO UNIQUE SAV : 0825 850 895

- Centre d'appel technique disponible de 8h30 à 18h30 du lundi au vendredi
- Plus de 500 équipements bureautiques sous contrat d'entretien
- Délais d'intervention compris entre 2h et 8h suivant l'équipement
- Techniciens certifiés et agréés par le constructeur
- Livraison des consommables sous 24h
- Maintenance préventive
- Télémaintenance, e-maintenance
- Formations avancées
- Garantie de bon fonctionnement de votre connexion
- Mise à jour du système des produis d'impression
- Suivi régulier, reporting technique, états statistiques

Formations avancées

Afin de mettre en place les systèmes d'impression Canon au sein de votre environnement professionnel, nous vous mettrons à disposition l'un de nos techniciens certifiés expert qui saura rapidement et efficacement réaliser l'installation matérielle des différents éléments de votre solution d'impression. Votre technicien se chargera des tests de bon fonctionnement de la configuration et réalisera tous les réglages nécessaires pour une utilisation optimale du périphérique d'impression. Celui-ci vous délivrera une formation opérateur sur les fonctions les plus courantes de votre système d'impression.
Pour une utilisation approfondie de vos solutions d'impression Canon, des prestations de formations avancées sont disponibles auprès de votre interlocuteur commercial.

Location très courte durée d'équipements bureautiques pour salons, événements & séminaires

Nous vous proposons des solutions de mise à disposition de matériels bureautiques : copieur noir & blanc et couleur, imprimante, fax,…pour tous types d'événements (salons, expositions, séminaires, tournage de films, solutions pour les ambassades…).
La durée de location peut varier de 1 jour à 12 mois.
Nous assurons également l'assistance technique sur site de l'équipement pendant toute la durée de la location.

Solutions logistiques

Nos partenaires transporteurs, les sociétés Gamblin & Geodis Euromatic sont agrées par nos constructeurs.
Le personnel logistique est hautement qualifié, équipé de moyens techniques performants, et capables de réaliser tous types de prestations y compris dans des environnements complexes.
Nous vous assurons les livraisons, retraits et déménagements des produits bureautiques et informatiques sur l'ensemble du territoire national.
Enfin, dans le cadre de prestations liées à la reprise et à la destruction d'équipements, le groupe DIGITAL ACCESS s'engage à vous assurer une démarche écologique dans le respect des normes environnementales

> **INFO**
> Les services associés au produit sont l'ensemble des services complémentaires à l'offre principale (qu'il s'agisse d'un bien ou d'un service), qui apportent au client un bénéfice additionnel et qui sont une source potentielle de différenciation.
> On peut distinguer :
> 1) Les services qui préparent à l'achat :
> accueil, prise en charge, information sur l'offre, conseil à l'achat, traitement des cas particuliers… ;
> 2) Les services qui facilitent la transaction :
> prise de commande et réservation, facturation, paiement… ;
> 3) Les services d'après-vente :
> réassurance psychologique, livraison, installation et formation à l'utilisation, maintenance et réparation, traitement des réclamations, programmes de fidélisation…

4 Complétez le bon de commande de l'imprimante daté du 15/10 (**annexe 2**).

ANNEXE 2 Bon de commande

Aménagements extérieurs
aménago
Zone artisanale 59300 AULNOY-LEZ-VALENCIENNES
Tél. : 03 27 10 99 99 Fax : 03 27 10 11 11
RCS Valenciennes 248 698 321 00014
NAF : 8130Z
Services d'aménagement paysager
SAS au capital social de 100 000 €

COMMANDE n° 127

Aulnoy-lez-Valenciennes le

Référence	Désignation	Unité	Qté	PUHT

Délai de livraison	Conditions de paiement

Signature

5 Indiquez en combien d'exemplaires minimum doit être établi le bon de commande ; précisez les destinataires.

FAIRE LE POINT

La commande

Besoin d'achat → Choix du fournisseur → Commande

La commande est l'intention, soit verbale, soit écrite, d'engager une transaction commerciale pour des produits ou des services particuliers.

Informations transmises par la commande :

-
-
-
-
-

MISSION 3 Commander selon le niveau du stock

Les commandes de fournitures de bureau se font régulièrement, chaque mois, en fonction du niveau du stock, auprès du fournisseur habituel Lyréco.

6 Observez l'état des stocks (doc. 3) et indiquez la définition des différents types de stocks.

- Stock réel :

- Stock minimum :

- Stock maximum *(il tient compte de la capacité des locaux)* :

- Stock théorique *(il est le résultat d'un calcul)* :

- Stock d'alerte *(il tient compte du délai d'approvisionnement)* :

DOC 3 État des stocks de fournitures au 15/10

N°	Réf.	Désignation	Unité	Stock mini	Stock alerte	Stock maxi	Stock réel	Cde en cours	Stock théorique
0556	2314535	Toner imprimante HPC7115A	pièce	1	2	5	1	0	1
0557	2314131	Toner imprimante HPC4092A	pièce	1	2	5	2	3	5
0558	2314966	Toner imprimante CANON FX10	pièce	1	2	5	4	0	4
0805	2889644	Toner copieur CANON 6034103	pièce	1	2	10	2	0	2
0806	2889119	Toner copieur Olivetti 250MF	pièce	1	2	10	1	8	9
0928	Q12 163	Chemises carton 180 g couleur /100	Carton	1	3	20	12	0	12
0938	Q10 104	Sous-chemises 60 g couleur /250	Carton	1	3	20	5	0	5
0953	Q12 256	Chemises rabat élastique couleur /50	Carton	1	2	10	3	0	3
2110	Q42 414	Papier A4 80 g blanc /5 ramettes	Carton	5	8	50	8	0	8
2190	Q44 121	Listing factures 240x12'/2 000	Carton	5	8	20	14	0	14
2192	Q44 443	Listing paye 240x12'/250	Carton	1	2	10	3	0	3
2198	Q88 033	Listing LCR 12'/2 000	Carton	1	2	5	3	0	3
8589	Q45 805	Étiquettes blanches 189x36 /250	Carton	1	1	5	2	0	2
9028	2143135	CD-R 700 Mb 80 mn /25	Carton	1	1	10	5	0	5
9034	2143147	CD-RW 700 Mb 80mn / 25	Carton	1	1	10	8	0	8

7 Analysez la procédure de déclenchement de commande (doc. 4), recherchez les fournitures à commander (doc. 3) et complétez l'état des réapprovisionnements au 15/10/.. (annexe 3).

DOC 4 Procédure de déclenchement de commande

Aménagements extérieurs
aménago

Service administratif et financier

Sandrine Martin

Déclenchement de commande :

Quand le stock théorique est inférieur ou égal au stock d'alerte, une commande est déclenchée.

La quantité commandée doit amener le stock théorique au niveau du stock maximum.

ANNEXE 3 État des réapprovisionnements au 15/10

Réf.	Désignation	Calculs	Qté à commander

8 Après avoir consulté la fiche du fournisseur sur l'ordinateur (doc. 5), passez la commande par télécopie (annexe 4).

DOC 5 Fichier fournisseurs (extraits)

FICHIER FOURNISSEURS - Édition partielle au 15/10

Code	Raison sociale	Contact	Téléphone Télécopie	Site
401205	LYRECO France SAS Rue Alphonse Terroir 59770 Marly France Adresse postale : 59318 Valenciennes cedex 9	URBA Magalie	0 825 09 08 07 0 825 31 21 11	http://www.lyreco.fr/fra/

ANNEXE 4 Commande par télécopie

AMÉNAGO
Zone artisanale 59300 AULNOY-LEZ-VALENCIENNES – Tél. : 03 27 10 99 99 – Fax 03 27 10 11 11

télécopie

À (nom du destinataire) | de (votre nom)

Télécopie (numéro de télécopie du destinataire) | DATE

Objet :

☐ Urgent ☐ Pour réunion ☐ Veuillez répondre ☐ Pour commentaire

MISSION 4 Utiliser différents moyens pour commander

Votre responsable vous demande de rechercher les différents moyens de passer les commandes de fournitures de bureau chez Lyréco. Vous consultez le site Internet de votre fournisseur.

9 Observez l'écran consulté (doc. 6) et surlignez les différentes méthodes pour passer une commande auprès de ce fournisseur.

DOC 6 Extrait du site Internet du fournisseur

FAIRE LE POINT

Les moyens pour passer une commande

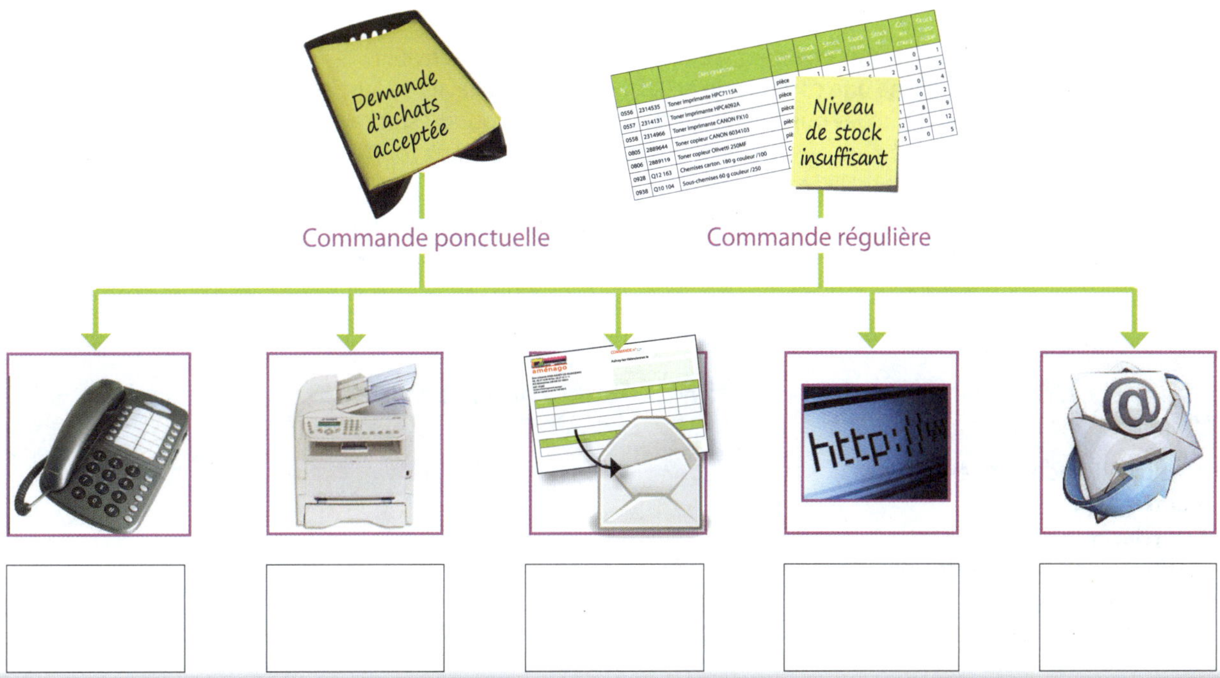

Commander en France

1 La commande passée d'après une demande d'achat

■ Une fois la demande d'achat étudiée et validée par le responsable, le fournisseur est recherché et la commande intervient.

■ Une **commande** est adressée **par un acheteur à un fournisseur**.

■ Une commande mentionne :
- les biens et/ou services achetés ;
- les quantités ;
- les prix ;
- les conditions de facturation (réductions, majorations...) ;
- les conditions de livraison ;
- les conditions de paiement.

Remarque : entre professionnels, la commande vaut contrat de vente et il n'y a pas de délai de rétractation.

2 Les services associés

■ À l'offre principale d'un bien ou d'un service, certains services sont parfois associés :
- **l'accueil, le conseil et les informations relatifs à l'achat** ;
- **le service relatif à la réservation et à la prise de commande** ;
- **les services après la vente** (les garanties sur la livraison, l'installation, la formation des utilisateurs, la maintenance, les réparations...).

■ Les services associés sont parfois facturés.

3 Les commandes passées selon le niveau du stock

■ Il faut distinguer différents niveau de stock :
- le **stock réel** qui est le niveau disponible ;
- le **stock minimum** qui ne peut pas être dépassé sans mettre en péril l'activité ;
- le **stock d'alerte** qui déclenche une commande (il tient compte des délais de livraison) ;
- le **stock maximum** qui dépend des possibilités de stockage et du coût du stockage ;
- le **stock théorique** qui intègre les prévisions d'entrées (commandes aux fournisseurs non encore reçues) et parfois les prévisions de sorties non encore réalisées.

■ Les quantités commandées dépendent de l'organisation et font appel à la notion de stock maximum. Elles peuvent aussi tenir compte de réductions accordées par le fournisseur en fonction de la quantité commandée.

4 Les moyens pour passer une commande

■ Une commande peut être passée :
- par téléphone ;
- par télécopie (fax) ;
- par courrier envoyé (lettre, bon ou bulletin de commande) ;
- par courriel (e-mail) ;
- par Internet, sur le site du fournisseur qui propose son catalogue en ligne et permet de commander (panier).

EXO Commander selon le niveau du stock

Vous êtes en formation dans l'entreprise Profigel, qui vend des produits surgelés. Les stocks sont tenus par le logiciel de gestion commerciale, ils augmentent en fonction des achats et diminuent à chaque vente saisie par la caisse enregistreuse. Chaque semaine, le magasin édite l'état des réapprovisionnements (doc. 2) et passe la commande nécessaire auprès du fournisseur Geldistri (doc. 1 et 3).

1 Calculez les quantités à commander au 15/10/..

2 Passez la commande par courriel (**annexe**).

DOC 1 Tarif du fournisseur Geldistri (extrait)

GELDISTRI
Fabrication de surgelés

2 rue Solférino
62200 BOULOGNE-SUR-MER
Tél. : 03 21 87 99 99
Fax : 03 21 87 11 11
Internet : www.geldistri.com
E-mail : info@geldistri.com

Livraison sous 24 heures

TARIF HORS TAXE au 01/10/..

Ref.	Désignation	Unité	PUHT
1334	Coquilles Saint-Jacques à la nantaise (paquet de 6)	carton 50	473,90
1347	Coquilles de poisson océane (paquet de 4)	carton 100	665,96
1356	Coquilles Saint-Jacques bretonne (paquet de 6)	carton 50	426,50
1368	Coquilles de poisson sauce aurore (paquet de 4)	carton 100	596,30
1396	Coquilles Saint-Jacques champagne (paquet de 6)	carton 25	317,24
1487	Gratin de poisson aux champignons (boîte de 2)	carton 10	54,28
1498	Gratin crabe farci (paquet de 4)	carton 10	196,24
1499	Gratin écrevisses au riesling (boîte de 2)	carton 10	230,46
1527	Feuilleté de canard champignon (sachet de 240 g)	carton 5	38,90
1534	Feuilleté au chèvre (boîte 800 g)	carton 10	44,39
1567	Feuilleté escargots (sachet 200 g)	carton 20	117,96
1588	Feuilleté roquefort (boîte 800 g)	carton 10	88,65
1590	Feuilleté cuisses de grenouille (boîte 220 g)	carton 10	204,34
1592	Vol-au-vent noix de Saint-Jacques (boîte 260 g)	carton 15	78,96

DOC 2 État des réapprovisionnements

INFO
Le stock d'alerte est égal au stock mini (délai de livraison très court).

PROFIGEL SA
SIRET 500744243 00011 NAF 4639A – RCS Lille 500744243
174 rue Nationale 59000 LILLE

Réapprovisionnement au 15/10/..

Réf.	Désignation	Unité	Stock mini	Stock maxi	Stock réel	À commander
1356	Coquilles Saint-Jacques bretonne (paquet de 6)	carton 50	2	30	2	
1396	Coquilles Saint-Jacques champagne (paquet de 6)	carton 25	1	20	0	
1498	Gratin crabe farci (paquet de 4)	carton 10	3	10	2	
1527	Feuilleté de canard champignon (sachet de 240 g)	carton 5	1	10	0	
1567	Feuilleté escargots (sachet 200 g)	carton 20	3	35	3	
1588	Feuilleté roquefort (boîte 800 g)	carton 10	2	40	0	
1592	Vol-au-vent noix de Saint-Jacques (boîte 260 g)	carton 15	4	50	1	

DOC 3 Fichier fournisseurs (extrait)

FICHIER FOURNISSEURS - Édition partielle au 15/10

Code	Raison sociale	Téléphone Télécopie	Internet	Règlement
401487	GELDISTRI SA 2 rue Solférino 62200 BOULOGNE-SUR-MER	Tél. : 03 21 87 99 99 Fax : 03 21 87 11 11	www.geldistri.com info@geldistri.com	comptant par virement bancaire

ANNEXE Courriel de commande

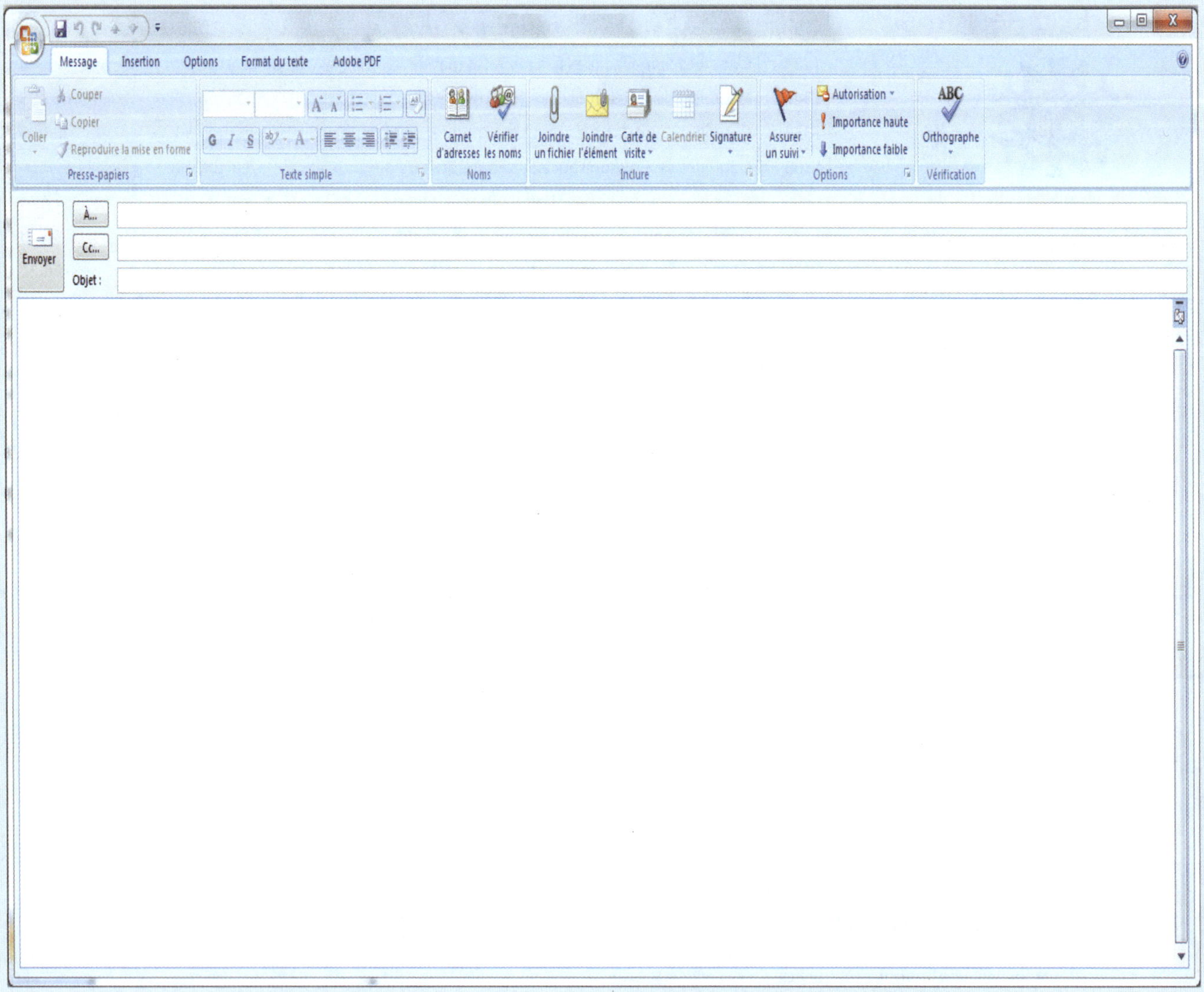

PÔLE 1	Gestion administrative des relations externes
	Classe de situation 1.1 Gestion administrative des relations avec les fournisseurs
	Situation de travail 1.1.2 Traitement des ordres d'achat, des commandes

6

Commander à l'étranger

Référentiel

SAVOIRS ASSOCIÉS	PERFORMANCE ATTENDUE
• La planification des commandes • Les calculs commerciaux, les réductions commerciales et financières	**Complexité** • Achats à des fournisseurs UE et hors UE
COMPÉTENCE	**RÉSULTATS ATTENDUS**
• Passer commande à des fournisseurs	• Le traitement des ordres d'achat et des commandes est assuré dans le respect des délais impartis.

Transversalité : PÔLE 3 Situation 3.1.2
Production d'informations structurées

PRÉSENTATION

Situation de travail 1.1.2
Traitement des ordres d'achat, des commandes

- Présente depuis 35 ans, la société **Beauvois** propose une gamme de **carrelages** en tous genres auprès de revendeurs et de professionnels.
- Spécialiste de l'**importation en provenance d'Italie**, l'entreprise a adopté une stratégie qui s'appuie sur une gamme originale en matière de modèles, de formats et de couleurs.
- À la pointe de l'innovation, Beauvois carrelages recherche toujours de nouveaux **fournisseurs dans le monde entier**.
- Le numéro de TVA intracommunautaire de l'entreprise est **FR 04 123 654 789.**

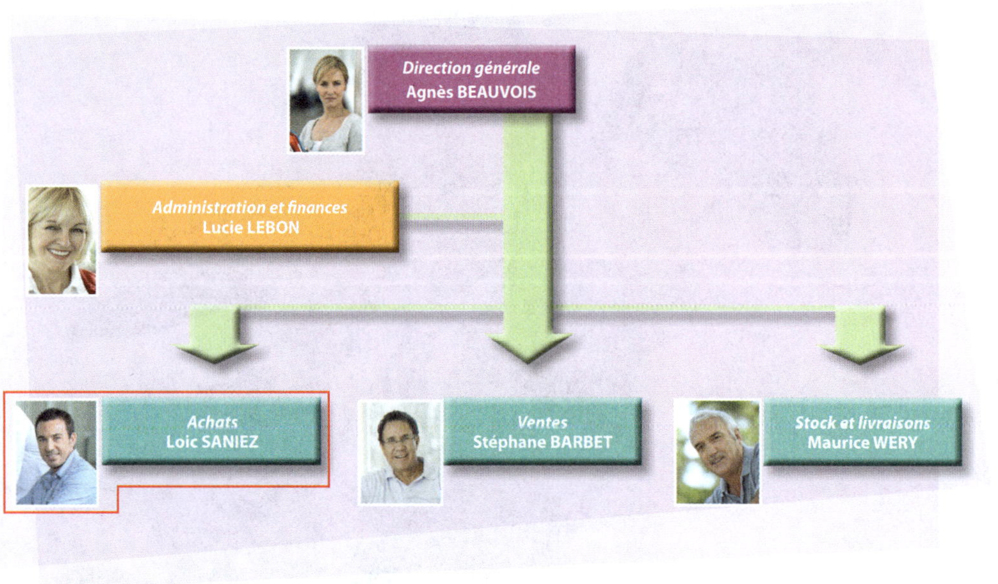

MISE EN SITUATION

- Pour exercer son activité, la société Beauvois doit s'approvisionner auprès de fournisseurs situés dans le monde entier.
- Vous êtes en formation au service achats sous la responsabilité de M. Saniez qui vous demande de rechercher des informations sur les achats à l'étranger et de passer les commandes validées par Mme Beauvois.

VOS MISSIONS

novembre 10

M. Saniez vous confie plusieurs missions :

Mission 1 : Étudier les acquisitions intracommunautaires
Mission 2 : Commander dans un pays de l'Union européenne
Mission 3 : Importer d'un pays hors Union européenne

MISSION 1 Étudier les acquisitions intracommunautaires

Vous avez à votre disposition une documentation juridique (doc. 1).

1 Indiquez les caractéristiques d'une acquisition intracommunautaire.

DOC 1 Les acquisitions intracommunautaires

Une acquisition intracommunautaire est un achat, effectué par une entreprise assujettie à la TVA, établie en France, auprès d'une entreprise assujettie à la TVA, établie dans un autre État membre de l'Union européenne.

La TVA française est exigible dès que le lieu de livraison du bien est réputé se situer en France et doit être acquittée par l'acquéreur du bien.

Concrètement, lorsqu'un acquéreur français reçoit la facture d'un vendeur établi dans un autre État membre de l'Union européenne, cette dernière ne contient pas de TVA.

C'est donc l'acquéreur français qui doit payer la TVA française sur le prix de la transaction, au taux de TVA français (paiement à l'État français sur la déclaration mensuelle).

Les règles de facturation doivent été respectées (notamment la mention du prix hors taxe et des numéros d'identification à la TVA du fournisseur et de l'acquéreur).

2 Citez quelques pays que vous connaissez appartenant à l'Union européenne.

DOC 2 Facture reçue du fournisseur Gambarelli

GRUPPO CERAMICHE
Gambarelli
IVA IT01008330308

10-082

fattura

GAMBARELLI SRL
Capitale Sociale 10,6 milioni di euro
Iscr Tribunale di Parma
Via Fondovalle, 77
43040 SOLIGNANO PR / ITALY
+39 0525 510110

Codice cliente : 3325

N° 00125 data : 25/10/..

BEAUVOIS CARRELAGES
RD 630
59121 HAULCHIN France
Partita IVA : FR 04 123 654 789

DESCRIZIONE ARTICOLO	QUANTITA	PREZZO UNIT.	IMPORTO NETTO	IVA
Giardinelle e Esagonette 30 x 30 Bianco	500	8,60	4 300,00	0
TOTALE MERCE			4 300,00	
TOTALE IMPONIBILE			4 300,00	
IVA art 8-2° comma DPR 633/72 UE – Art 21-1-a 6e directive non imponibile IVA			0,00	€
TOTALE FATTURA			4 300,00	

Vous disposez d'une facture correspondant à un achat du mois d'octobre (doc. 2).

3 Indiquez pourquoi cet achat correspond à une acquisition intracommunautaire.

4 Précisez en quelle monnaie est rédigé ce document et indiquez pourquoi ce n'est pas toujours le cas.

MISSION 2 Commander dans un pays de l'Union européenne

Vous avez décidé de commander en Belgique des produits en pierre bleue (doc. 3). M. Saniez vous a indiqué les quantités à commander auprès d'un fournisseur habituel.

5 Rédigez le bon de commande destiné au fournisseur belge (**annexe 1**).

DOC 3 Extrait du catalogue Internet du fournisseur

INFO
Articles en promotion.
Livraison sous 1 mois.

Paiement à la livraison.

30,00 €/m² HTVA

Dalles en pierre bleue

- 60 x 60 x 2
- 60 x 90 x 2
- 60 x 120 x 2
- 100 x 50 x 2

INFO
Commander 600 m² de dalles en 60 x 90 x 2.

33.00 €/m² HTVA

Pavés en pierre bleue adouci vieilli

- 30 x 30 x 3

INFO
Commander 400 m² de pavés en 30 x 30 x 3.

12.00€/m HTVA

- 100 x 20 x 5

Bordure, marche et couvre-mur en pierre bleue vieillie

INFO
Commander 50 bordures en 100 x 20 x 5.

ANNEXE 1 Bon de commande

CARRELAGES
Beauvois

RD 630 – 59121 Haulchin
Tél. : 03 27 64 99 99 Fax : 03 27 64 11 11
RCS Valenciennes B 123 654 789
TVA : FR 04 123654789
NAF : 4673A
Commerce de gros (commerce interentreprises) de bois et de matériaux de construction
SA au capital social de 100 000 €

COMMANDE n° 104

Haulchin, le

Référence	Désignation	Unité	Qté	PUHT

Délai de livraison	Conditions de paiement

Signature

FAIRE LE POINT

Les acquisitions intracommunautaires

Une acquisition intracommunautaire est un achat effectué par une entreprise située

auprès d'une entreprise située

La TVA relative à une acquisition intracommunautaire est payée

par

directement au Trésor public, dans le pays où il réside.

Union européenne

MISSION 3 Importer d'un pays hors Union européenne

Vous avez à votre disposition une documentation juridique (doc. 4).

6 Recherchez les caractéristiques d'une importation.

DOC 4 Les importations

Les importations

L'entrée en France d'un bien, originaire ou en provenance d'un État ou d'un territoire n'appartenant pas à l'Union européenne, est une importation.

La TVA doit être acquittée par la personne désignée comme destinataire réel des biens sur la déclaration d'importation.

La TVA est le plus souvent déclarée en douane par un mandataire qui paye la taxe pour le compte du destinataire. Ce mandataire se fait ensuite rembourser par le redevable.

La déclaration en douane est établie sur un formulaire dénommé DAU (document administratif unique).

Vous avez décidé de commander en Turquie des produits pour piscine (doc. 5). M. Saniez, après s'être renseigné sur la fiabilité du fournisseur, vous a indiqué les quantités à commander et le prix négocié par téléphone.

7 Rédigez le bon de commande par message électronique adressé au fournisseur turc (annexe 2).

DOC 5 Catalogue du fournisseur Pera Seramik

INFO
Livraison sous 5 semaines.
Paiement à la livraison.
Prix négociés en dollars US.

Pera Seramik

Contact

Merkez:

Güzelyurt Mah. Yıldırım Beyazıt Cad.
Mor Menekşe Sitesi A1 Blok D:5
Yakuplu - Esenyurt / İstanbul
Tel (pbx): +90 (212) 854 10 42
Faks: +90 (212) 854 10 45

Fabrika:

Etili Köyü 17420 Çan / Çanakkale
Tel (pbx): +90 (286) 423 26 00
Faks: +90 (286) 423 26 06

e-mail: peraseramik@peraseramik.com

INFO
Commander 40 mètres RM1225K01.
Prix : 70,00 USD.

INFO
Commander 100 m² RK1225S06.
Prix : 27,60 USD.

INFO
Commander 400 m² RP11225P01.
Prix 18,00 USD.

ANNEXE 2 Message électronique de commande

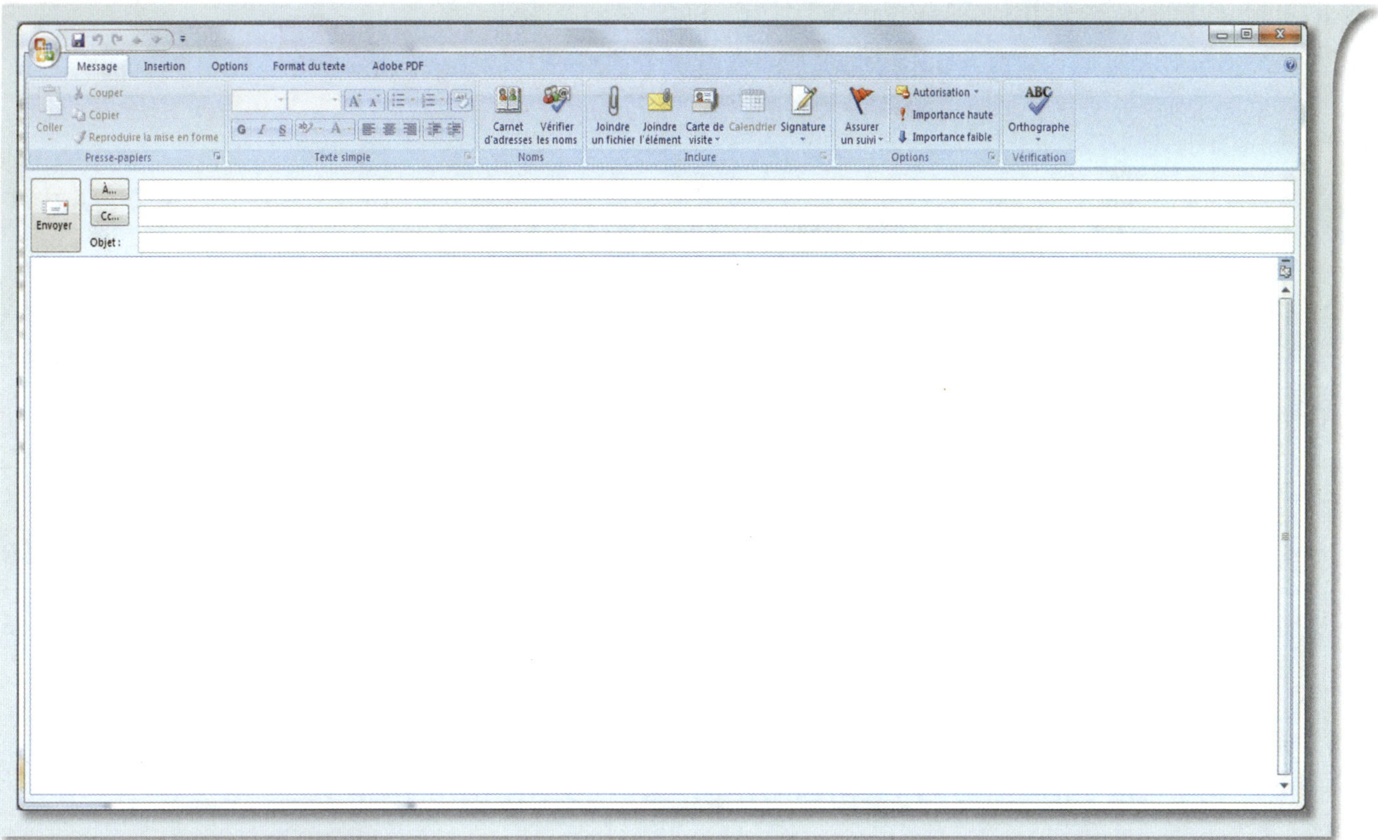

FAIRE LE POINT

Les importations

Une importation est un achat effectué par une entreprise située

auprès d'une entreprise située

La TVA relative à une importation est payée

par

lors du passage en douane.

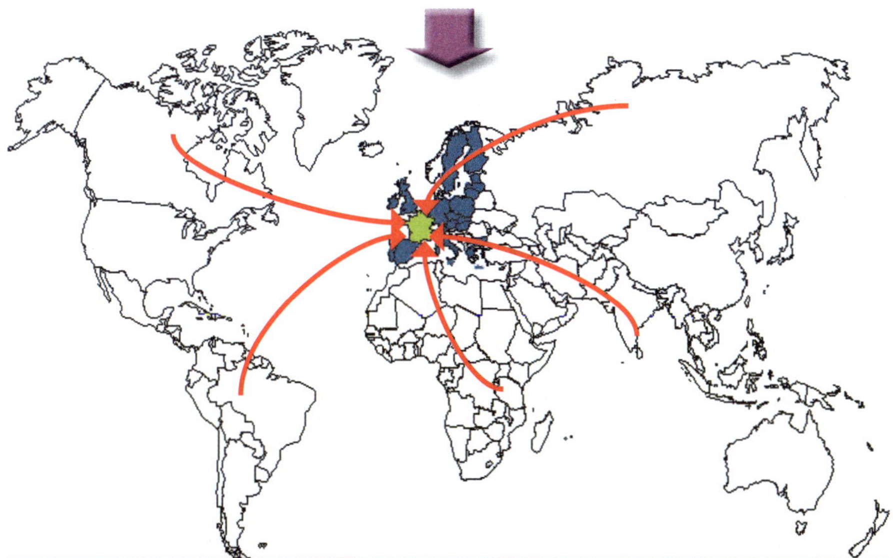

Monde

Commander à l'étranger

1 Les acquisitions intracommunautaires

■ Une entreprise peut effectuer des **achats auprès de fournisseurs situés dans l'Union européenne**. Ces achats sont des **acquisitions intracommunautaires**.

■ L'Union européenne comprend 27 pays :

. Autriche . Belgique . Bulgarie . Chypre . Danemark . Estonie . Finlande . France
. Allemagne . Grèce . Hongrie . Irlande . Italie . Lettonie . Lituanie . Slovénie
. Luxembourg . Malte . Pays-Bas . Pologne . Portugal . Roumanie . Slovaquie . Suède
. Espagne . Royaume-Uni . République tchèque

■ La **TVA** relative à une acquisition intracommunautaire est **payée par l'acheteur auprès de l'administration des impôts de son pays**.

■ L'acheteur et le vendeur doivent posséder un **numéro de TVA intracommunautaire** attribué par leur administration fiscale.

2 La commande dans un pays de l'Union européenne

■ Une fois que l'acheteur s'est renseigné sur le fournisseur et qu'il lui fait confiance, une commande peut être envoyée.

■ La commande est rédigée selon les modalités habituelles (courrier, télécopie, téléphone, e-mail, site internet marchand...).

■ Les prix sont **souvent** exprimés selon l'**unité monétaire du fournisseur** (euros, livres anglaises...).

■ Le coût du transport et des assurances vient s'ajouter au coût du bien acheté.

3 Les importations hors Union européenne

■ Une entreprise peut effectuer des achats auprès de **fournisseurs** situés **hors de l'Union européenne**. Ces achats sont des **importations**.

■ La **TVA** relative à une importation est **payée** par l'acheteur ou par son mandataire **lors de la déclaration en douane**.

■ La déclaration en douane est établie sur un document appelé **DAU** ou « document administratif unique ».

■ Une fois que l'acheteur s'est renseigné sur le fournisseur et qu'il lui fait confiance, une commande peut être envoyée.

■ La commande est rédigée selon les modalités habituelles (courrier, télécopie, site internet marchand, e-mail...).

■ L'acheteur doit veiller à l'unité monétaire de la transaction et à la cotation de la monnaie pour calculer le prix payé au fournisseur.

■ Le coût du transport et des assurances vient s'ajouter au coût du bien acheté.

EXO

Commander à l'étranger

Vous êtes en formation dans l'entreprise Move SARL, club d'activités sportives. L'entreprise propose à ses clients des activités telles que la musculation, le cardiotraining, les assouplissements et la relaxation. L'entreprise vend également des articles textiles en relation avec son activité principale.
Le responsable, M. Bernard Sprat, vous demande de commander des T-shirts en Italie.

1 Indiquez ce qui a été effectué par votre responsable avant de commander (doc. 1).

....

....

....

....

2 Passez la commande demandée (doc. 1 à 3) par télécopie urgente (annexe).

DOC 1 Contrôle du numéro de TVA intracommunautaire

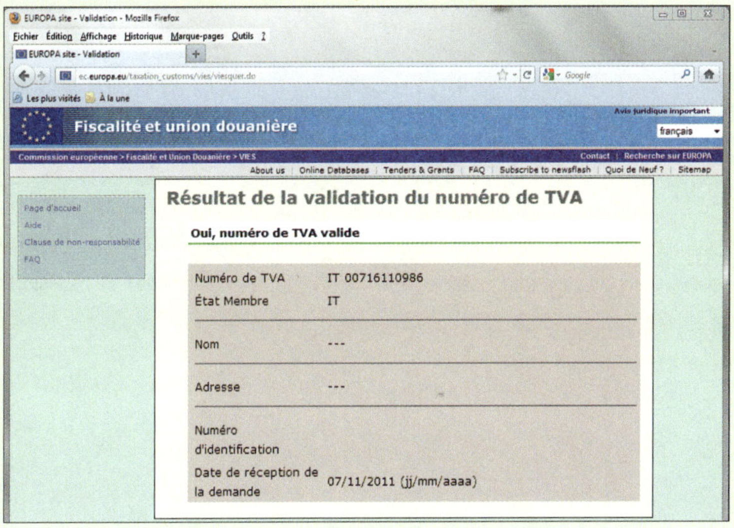
EUROPA site - Validation - Mozilla Firefox

Fiscalité et union douanière

Résultat de la validation du numéro de TVA

Oui, numéro de TVA valide

Numéro de TVA	IT 00716110986
État Membre	IT
Nom	---
Adresse	---
Numéro d'identification	
Date de réception de la demande	07/11/2011 (jj/mm/aaaa)

DOC 2 Fichier fournisseurs (extrait)

Raison sociale :	COPROTEX
Adresse :	Via Granarolo 153/13 FAENZA (RA) Italie
Tél. :	+39 (0)546 646086
Télécopie :	+39 (0)546 646087
Livraison :	sous 15 jours
Règlement :	à la réception par virement
Remarque :	P. IVA : IT 00716110986

DOC 3 Demande d'achat

MOVE sarl
Bernard SPRAT

Commander au fournisseur italien COPROTEX :

T-shirts :

– Azzuro	*Quantité : 15*	*PUHT : 25,00 euros*
– Rosso	*Quantité : 18*	*PUHT : 22,50 euros*
– Verde	*Quantité : 20*	*PUHT : 23,50 euros*

Franco de port

Date : *17/11/..*

42 bis bd Alsace-Lorraine 64000 PAU

TVA FR 70 352677728

ANNEXE **Commande par télécopie**

MOVE sarl
42 bis bd Alsace-Lorraine - 64000 PAU - FRANCE
Tél. : +33 (0) 5 59 83 99 98 – Fax +33 (0) 5 59 83 99 99

télécopie

A (nom du destinataire) de (votre nom)

Télécopie (numéro de télécopie du destinataire) DATE

Objet :

☐ Urgent ☐ Pour réunion ☐ Veuillez répondre ☐ Pour commentaire

INFO
Indiquez sur cette commande le montant total à régler.

PÔLE 1	Gestion administrative des relations externes
	Classe de situation 1.1 Gestion administrative des relations avec les fournisseurs
	Situation de travail 1.1.3 Traitement des livraisons, des factures et suivi des anomalies

7

Traiter les livraisons reçues

Référentiel

SAVOIRS ASSOCIÉS	PERFORMANCE ATTENDUE
• Les plannings de livraison et la réception des marchandises • La chaîne des documents commerciaux • Le processus automatisé des livraisons et factures à l'aide d'un PGI	**Complexité** • Cas de livraison nécessitant des retours et rappels successifs **Aléas** • Retard de livraison • Litige avec un transporteur
COMPÉTENCE	**RÉSULTATS ATTENDUS**
• Suivre le processus commande-livraison-facturation	• Le traitement et le suivi des livraisons sont assurés. • Les anomalies sont traitées et/ou transmises au responsable.

Transversalité : PÔLE 3 Situation 3.1.2
Production d'informations structurées

FITLANE FITNESS CENTERS

- Implantée dans six villes des Alpes-Maritimes, la Société par actions simplifiée (SAS) **Fitlaine** permet à ses adhérents de bénéficier de quatre aspects du fitness : le cardiotraining, le renforcement musculaire, les cours collectifs et le coaching.
- Elle est dirigée par M. Peter Franklin, président-directeur général, et compte 145 salariés.

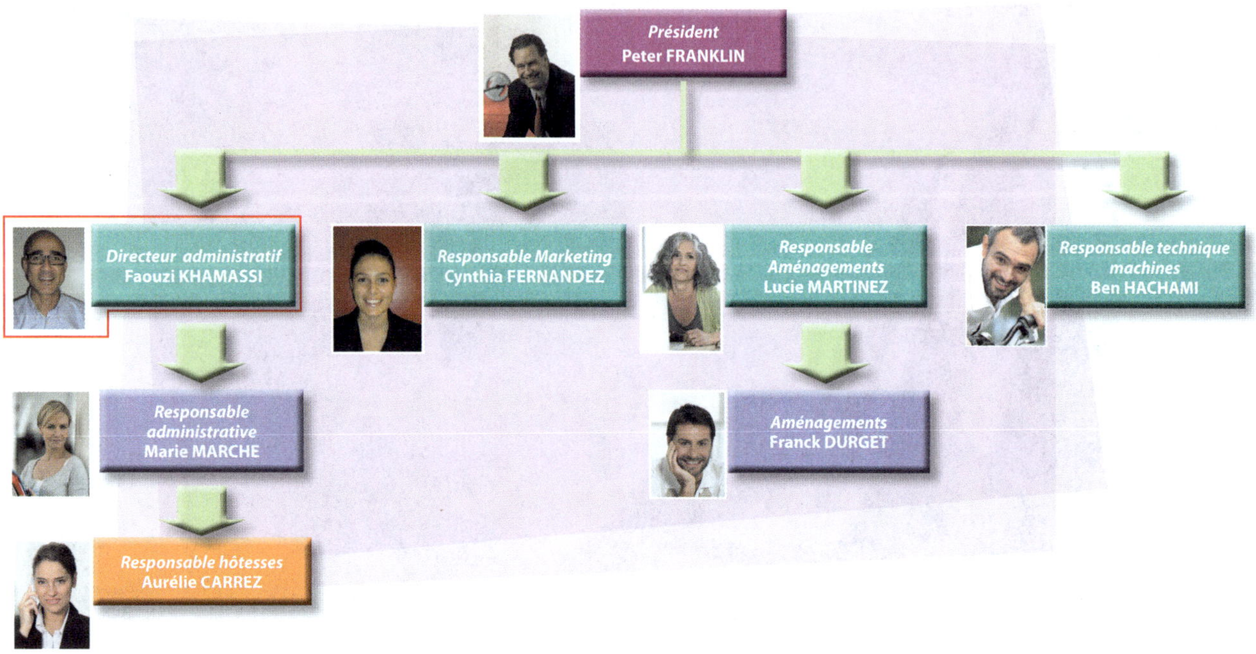

MISE EN SITUATION

- Pour exercer son activité, la société Fitlane s'approvisionne auprès de fournisseurs et commande régulièrement des produits destinés à être utilisés dans ses locaux et des articles textiles qu'elle vend à ses adhérents.
- Les fournisseurs livrent leurs produits soit directement, soit par l'intermédiaire d'un transporteur.
- Vous êtes en formation au service administratif sous la responsabilité de M. Khamassi qui vous demande de réceptionner et de contrôler les livraisons des fournisseurs.

VOS MISSIONS

novembre 15

M. Khamassi vous confie plusieurs missions :

Mission 1 : Suivre les commandes
Mission 2 : Réceptionner les biens livrés par le fournisseur
Mission 3 : Réceptionner les biens livrés par un transporteur

MISSION 1 Suivre les commandes

Vous avez à votre disposition le portefeuille des commandes en attente (doc. 1) et les bons de commande correspondant aux livraisons attendues (doc. 2 et 3).

1 Indiquez les commandes devant être livrées dans la journée du 15 novembre.

DOC 1 État des commandes en attente

FITLANE – Commandes non livrées au 15/11/.. (extraits)

SPORTEX

N° commande	Date commande	Code article	Désignation article	PUHT	Quantité commandée	Quantité livrée	Reliquat	Date livraison
1154	05/11/..	DFBB S	Débardeur fine bretelle femme bleu taille S	7,90	50			15/11/..
1154	05/11/..	DFBB M	Débardeur fine bretelle femme bleu taille M	7,90	50			15/11/..
1154	05/11/..	DFBB L	Débardeur fine bretelle femme bleu taille L	7,90	50			15/11/..
1155	09/11/..	PFF S	Polo femme fuschia taille S	10,90	50			19/11/..
1155	09/11/..	PFF M	Polo femme fuschia taille M	10,90	50			19/11/..
1155	09/11/..	PFF L	Polo femme fuschia taille L	10,90	50			19/11/..

FITMAT

N° commande	Date commande	Code article	Désignation article	PUHT	Quantité commandée	Quantité livrée	Reliquat	Date livraison
1153	14/10/..	1258	Tapis course Xenon pro 66412	679,00	3			15/11/..
1153	14/10/..	2654	Vélo elliptique Weslo Gear 240	179,00	5			15/11/..
1153	14/10/..	3187	Tensiomètre bras Orégon fonction vocale	59,99	3			15/11/..

DOC 2 Commande envoyée à Fitmat

FITLANE FITNESS CENTERS
201 Avenue Francis Tonner
06150 CANNES LA BOCCA

Cannes, le 14/10/..

FITMAT
125 route N7
06270 Villeneuve Loubet

DOUBLE

BON DE COMMANDE N° 1153

Transport	Délai de livraison	Mode de paiement	Échéance paiement
franco	1 mois	30 jours	15/12/..

Réf.	Désignation	Unité	Quantité	PUHT
1258	Tapis course Xenon pro 66412	pièce	3	679,00
2654	Vélo elliptique Weslo Gear 240	pièce	5	179,00
3187	Tensiomètre bras Orégon fonction vocale	pièce	3	59,99

Numéro fournisseur : 4013492

Signature Khamassi

SIRET : 451 402 101 00062 – RCS Cannes B 451 402 101
APE 9311Z – SAS Capital social 705 780,00 €

DOC 3 Commande envoyée à Sportex

FITLANE FITNESS CENTERS
201 Avenue Francis Tonner
06150 CANNES LA BOCCA

Cannes, le 14/10/..

SPORTEX
89 avenue de Choisy
75013 PARIS

DOUBLE

BON DE COMMANDE N° 1154

Transport	Délai de livraison	Mode de paiement	Échéance paiement
franco	10 jours	comptant	15/11/..

Réf.	Désignation	Unité	Quantité	PUHT
DFBB S	Débardeur fine bretelle femme bleu taille S	lot de 10	5	79,00
DFBB M	Débardeur fine bretelle femme bleu taille M	lot de 10	5	79,00
DFBB L	Débardeur fine bretelle femme bleu taille L	lot de 10	5	79,00

Numéro fournisseur : 4013497

Signature Khamassi

SIRET : 451 402 101 00062 – RCS Cannes B 451 402 101
APE 9311Z – SAS Capital social 705 780,00 €

MISSION 2 Réceptionner les biens livrés par le fournisseur

Vous réceptionnez les articles livrés par l'entreprise Fitmat et vous notez ce qu'il s'est passé (doc. 4).

2 Rédigez une liste de contrôle qui indique la procédure à exécuter lors de la réception d'une commande livrée par le fournisseur (**annexe 1, partie 1**).

DOC 4 Notes prises lors de la réception

Arrivée du camion de l'entreprise Fitmat.

Après avoir vérifié que Fitlane est bien le destinataire, les marchandises sont déchargées et chaque colis est contrôlé extérieurement pour voir s'il n'est pas abîmé.

Le nombre de colis est vérifié et le bon de livraison est rapproché de la livraison.

Le bon de livraison correspond bien aux colis livrés.

La livraison est acceptée.

Le réceptionnaire signe les deux exemplaires du bon de livraison, le premier exemplaire lui est destiné, le second est conservé par le fournisseur.

ANNEXE 1 La réception d'une livraison

Procédure de contrôle lors de la réception d'une livraison	
1 – Contrôle en présence du livreur	2 – Contrôle par rapport à la commande

DOC 5 Livraison de Fitmat

FITMAT
125 route N7
06270 Villeneuve Loubet
SIRET : 147 852 369 00017
APE 7739Z
SAS Capital social 102 000,00 €
E-mail : contact@fitmat.com

Villeneuve Loubet, le 15/10/..

FITLANE
201 avenue Francis Tonner
06150 CANNES LA BOCCA

BON DE LIVRAISON N° 421

Nombre de colis	Poids total	Livraison	Votre commande
6	298,5 kg	par nos soins	N° 1153 du 14/10/..

Réf.	Désignation	Unité	Quantité	Obs.
1258	Tapis course Xenon pro 66412	pièce	3	234 kg
2654	Vélo elliptique Weslo Gear 240	pièce	2	64 kg
3187	Tensiomètre bras Orégon fonction vocale	pièce	3	0,5 kg

Cadre réservé au destinataire		
Observations	Livré le 15/11/..	Pris livraison le
	Signature du livreur	Signature du client

La livraison des colis par le fournisseur correspond bien au bon de livraison n° 421 présenté en deux exemplaires (doc. 5).

3 Complétez ce bon n° 421 pour accepter la livraison.

4 Indiquez ce que deviennent les deux exemplaires du bon de livraison n° 421.

Vous comparez le bon de livraison n° 421 de Fitmat (doc. 5) par rapport au bon de commande envoyé (doc. 2).

5 Répondez aux questions suivantes :

Les références des articles livrés sont-elles conformes à celles de la commande ?

Les quantités livrées correspondent-elles aux quantités commandées (justifiez votre réponse) ?

6 Complétez l'état des commandes en attente et indiquez ce qu'il reste à livrer (reliquat) (doc. 1).

7 Rédigez le courrier électronique de réclamation pour demander au fournisseur une date de livraison pour les articles manquants (annexe 2).

8 Complétez la liste de contrôle (annexe 1, partie 2).

ANNEXE 2 Courriel de réclamation

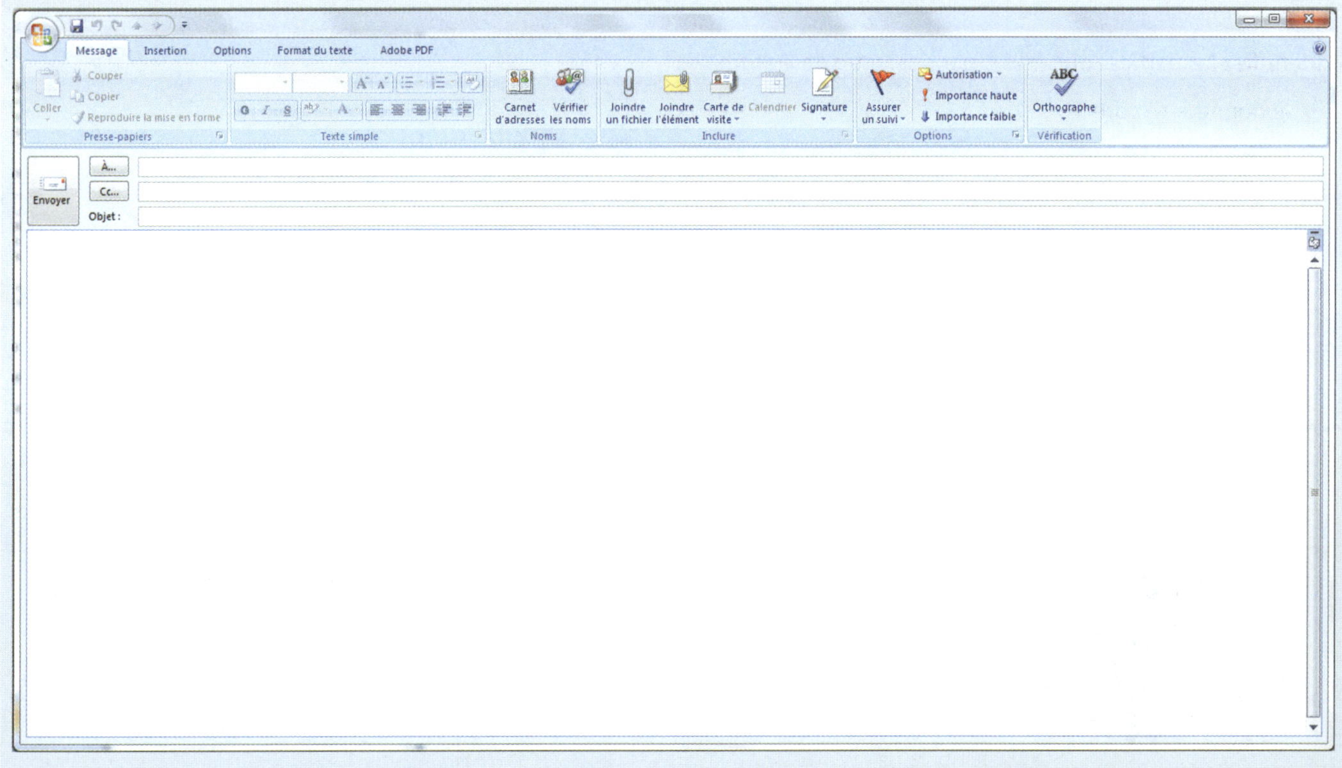

MISSION 3 Réceptionner les biens livrés par un transporteur

La commande au fournisseur Sportex est livrée par le transporteur AD transports qui vous présente la lettre de voiture.

9 Étudiez la lettre de voiture (doc. 6) en répondant aux questions posées (annexe 3).

DOC 6 Lettre de voiture

CACHET DU TRANSPORTEUR
AD Transports SARL
7 rue de Charenton 75012 PARIS
Siret 222 455 478 00028 – APE 4941B
TVA : FR 44 222455478
Tél. : 01 43 07 99 99 – Fax : 01 45 44 44 44

LETTRE DE VOITURE W 197245
Délivré le : 15/11/..
Commande n° :
Immat. TR :
Immat. SR :
Conducteur
Autres

EUROS	PORT PAYE	PORT DÛ
Prix du TPT		
Taxes Diverses		
Contre Rembt		
Total H.T.	21,00	
T.V.A.	4,20	
Total T.T.C.	25,20	

NOMBRE, MARQUE ET NATURE DE LA MARCHANDISE, Poids, Volume, Mètres linéaires déclarés par l'expéditeur | MD | DP
1 colis cartonné craft - Vêtements de sports - 24 kg

INSTRUCTIONS DU TRANSPORTEUR AU(X) CONDUCTEUR(S)
Itinéraire sommaire, heure et lieu de début de mission et prise d'ordre éventuelle en cours de mission

DONNEUR D'ORDRE (nom, adresse)
SPORTEX
89 av. de Choisy
75013 PARIS

NOM ET ADRESSE DE L'EXPÉDITEUR-REMETTANT / Lieu de prise en charge
SPORTEX
89 av. de Choisy
75013 PARIS
Arrivée : le … à … h.
Départ : le 13/11/.. à … h.
Livraison demandée : le … à … h.
Prestations annexes réalisées au chargement

NOM ET ADRESSE DU DESTINATAIRE / Lieu de livraison
FITLANE
201 av. Tonner
06150 CANNES LA BOCCA
Arrivée : le 15/11/.. à … h.
Départ : le …
Prestations annexes réalisées au déchargement

NOM ET SIGNATURE DU CONDUCTEUR
R. Barotier
Le 13/11/..
Réserves éventuelles :

NOM, CACHET ET SIGNATURE DU REMETTANT
L. Lenotre
Le 13/11/..
Réserves éventuelles :

NOM ET SIGNATURE DU CONDUCTEUR
R. Barotier
Le 15/11/..
Réserves éventuelles :

NOM, CACHET ET SIGNATURE DU DESTINATAIRE
Le
Réserves éventuelles :

PALETTES Type : ☐ Eur/Epal ☐ 80/120 ☐ 100/120 ☐ autres | ORIGINE DES PALETTES | CHARGÉES CHEZ L'EXPÉDITEUR | RENDUES À L'EXPÉDITEUR | LIVRÉES AU DESTINATAIRE | RENDUES PAR LE DESTINATAIRE | NON RENDUES À REPRENDRE | RESTITUTION FINALE | CERTIFICAT DE LAVAGE Classe Produit Niveau de Lavage 1☐ 2☐ 3☐ | NOM DE LA STATION DE LAVAGE Date et Cachet de la Station de Lavage

INFORMATIONS PRATIQUES AU VERSO

Feuillet 1 : Transporteur - Feuillet 2 : Expéditeur - Feuillet 3 : Destinataire - Feuillet 4 : Souche

INFO
La « lettre de voiture » est un contrat de transport de marchandises qui lie l'expéditeur, le commissionnaire de transport et le transporteur, dit aussi « voiturier ».
Le commissionnaire de transport, est un intermédiaire, organisateur de transport de marchandises.

ANNEXE 3 Analyse de la lettre de voiture

Indiquez ce qu'est une lettre de voiture.

Identifiez les parties concernées par une lettre de voiture :

→ le donneur d'ordre :

→ l'expéditeur-remettant :

→ le destinataire :

Précisez pourquoi il n'y a pas de commissionnaire de transport.

DOC 7 Colis livré

Le colis remis lors de la livraison est très abîmé, vous prenez ce colis en photo (doc. 7) et vous décidez de ne pas accepter cette livraison.

10 Consultez la fiche de procédure pour la réception de marchandises (doc. 8), procédez aux réserves sur le document du transporteur (doc. 6) et rédigez la lettre recommandée nécessaire (annexe 4).

DOC 8 Réception endommagée ou incomplète

- **Premier réflexe : refuser la livraison et mentionner vos réserves sur le bon de livraison ou la lettre de voiture**
  Si la marchandise est endommagée, il faut refuser le colis.

Concernant les colis ouverts, éventrés, ceux dont la bande adhésive de garantie a été déchirée, la réaction doit être la même : refuser le colis.
Que la marchandise soit endommagée ou incomplète, il vous appartient de porter vos réserves sur le bon de livraison ou sur la lettre de voiture :
- réserves justifiant le refus de la livraison (indiquez ce qui est cassé, écrasé, détruit, etc.) en cas de marchandise endommagée ;
- signalement des éléments manquants en cas de marchandise incomplète.

- **Dans un second temps : s'adresser au vendeur**
  Il convient de mettre en demeure le vendeur de procéder à la livraison de la marchandise commandée en bon état. Cette réclamation devra lui être adressée par lettre recommandée avec demande d'avis de réception.
- **Attention !**
  Si vous acceptez un colis sans porter de réserves, celui-ci est présumé avoir été livré complet et en bon état.

ANNEXE 4 Lettre au fournisseur

FITLANE FITNESS CENTERS
201 avenue Francis Tonner – 06150 CANNES LA BOCCA
SIRET : 451 402 101 00062 – RCS Cannes B 451 402 101
APE 9311Z – SAS Capital social 705 780,00 €

Canne-La-Bocca
Le ....
Objet : ....

P. J. : ....

FAIRE LE POINT

La réception d'une commande

Acheteur

Fournisseur

Livraison par un transporteur

Livraison par le fournisseur

Contrôle lors de la réception

- Contrôle visuel des colis
- Déballage
- Signature du document de transport
- et en cas de problème →

- ....
- Lettre recommandée avec AR au transporteur et/ou au fournisseur

Traiter les livraisons reçues

1 Le suivi des commandes

■ Le suivi des commandes consiste à **prévoir la réception** des articles commandés.

■ L'outil informatique permet de sélectionner les commandes passées en fonction de leur date de livraison prévue. Parfois un planigramme peut être utilisé pour mieux visualiser les prévisions.

■ Le suivi des commandes permet de **repérer les retards de livraison** et **les livraisons partielles** (reliquats de commande).

2 La réception des biens livrés par le fournisseur

■ Les marchandises sont accompagnées d'un **bon de livraison** établi au moins en deux exemplaires. Il fait état des références, unités et quantités livrées.

■ Le réceptionnaire **contrôle les biens reçus** ; il doit :
- s'assurer qu'il est bien le destinataire ;
- contrôler l'état physique des colis ;
- vérifier que le bon de livraison correspond bien aux colis livrés.

■ Si tout est normal, le réceptionnaire accepte la livraison et signe un exemplaire du bon de livraison que le fournisseur reprend. Le second exemplaire du bon de livraison est conservé.

■ Le **bon de livraison** est ensuite **comparé au bon de commande** et le suivi des commandes est mis à jour. Une livraison partielle peut être constatée qu'il faudra solutionner avec le fournisseur.

■ En cas d'**anomalies** (colis abîmé, articles manquants...), le réceptionnaire note des **réserves** et peut **ne pas accepter la livraison**.

3 La réception des biens livrés par un transporteur

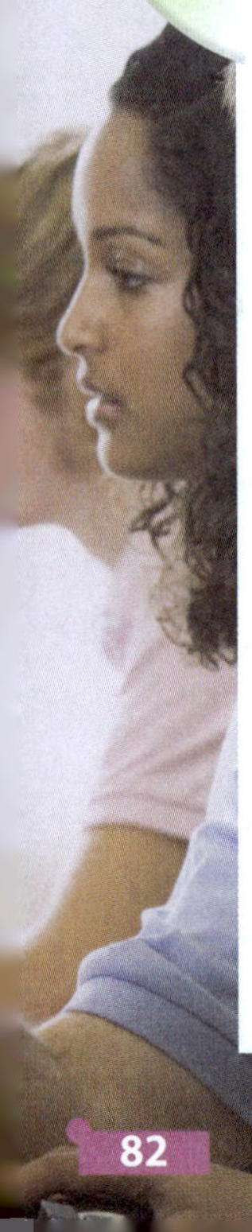

■ La livraison des biens peut être effectuée par l'intermédiaire d'un **transporteur**.

■ Les biens sont alors accompagnés par le **contrat de transport** (ou lettre de voiture).

■ La **lettre de voiture** indique les étapes de la livraison :
- relations entre le fournisseur (remettant) et le transporteur ;
- relations entre le transporteur et le destinataire.

■ La **réception** de la livraison est **contrôlée** comme précédemment.

■ En cas de problème dû au transport, des **réserves** précises sont notées sur la lettre de voiture. Elles sont ensuite **confirmées par lettre recommandée avec AR** auprès du transporteur. Le fournisseur est aussi prévenu des problèmes.

Remarque : les mentions de réserves générales de type « sous réserve de déballage » n'ont aucune valeur légale.

■ Si les problèmes sont constatés après la réception (après déballage par exemple), il est nécessaire d'envoyer les réserves par lettre recommandée avec AR dans les trois jours auprès du transporteur et du fournisseur.

EXO Réceptionner une commande

Vous êtes en formation dans l'entreprise Supernet, supérette de centre-ville. La réception des marchandises est effectuée par M. Lesueur, magasinier. Le 17 novembre, vous aidez M. Lesueur à réceptionner une commande livrée par votre fournisseur habituel Top distribution.

1 Contrôlez la livraison (doc. 1), notez les éventuelles réserves et signez le bon de livraison.

2 Rapprochez le bon de livraison (doc. 1) du bon de commande (doc. 2) et notez les anomalies constatées.

3 Préparez la télécopie à envoyer au fournisseur (annexe) en fonction des instructions de M. Lesueur (doc. 3).

DOC 1 Bon de livraison

TOP DISTRIBUTION
4 rue J. Auriol
35136 Saint-Jacques-de-la-Lande
SIRET : 496 960 320 00253 – APE 4639B
SAS Capital social 262 000,00 €
E-mail : contact@topdistri.com
Tél. : 02 99 86 10 10
Fax : 02 99 86 10 11

Saint-Jacques-de-la-Lande le 17/11/..

SUPERNET
7 place E. Zola
44000 NANTES

BON DE LIVRAISON N° 256

Nombre de colis	Poids total	Livraison	Votre commande
1 palette	298,5 kg	par nos soins	N° 11-028 du 08/11/..

Réf.	Désignation	Unité	Quantité	Obs.
44655	Petits pois très fins - boîte 1 kg	C24	150	
44894	Haricots fins - boîte 1 kg	C24	200	
44917	Carottes - boîte 1 kg	C12	80	
44959	Épinards branche - boîte 1 kg	C12	80	

Cadre réservé au destinataire		
Observations	Livré le 17/11/.. Signature du livreur	Prix livraison le Signature du client

INFO
Emballages corrects, non abîmés.
Les articles réceptionnés sont conformes au bon de livraison.

Anomalies constatées :

DOC 2 Bon de commande

Supernet
7 pl Emile Zola
44000 NANTES
Tél. : 02 40 58 99 99
Fax : 02 40 58 99 98

DOUBLE

Nantes, le 08/11/..

TOP DISTRIBUTION
4 rue J. Auriol
35136 Saint-Jacques-de-la-Lande

BON DE COMMANDE N° 11-028

Transport	Délai de livraison	Mode de paiement	Échéance paiement
franco	10 jours	fin de mois	30/11/..

Réf.	Désignation	Unité	Quantité	PUHT
44655	Petits pois très fins - boîte 1 kg	C24	150	14,82
44896	Haricots extra-fins - boîte 1 kg	C24	200	18,24
44917	Carottes - boîte 1 kg	C12	80	10,02
44959	Épinards branche - boîte 1 kg	C12	110	8,34

Numéro fournisseur : 4019360
SIRET : 321876543 00016 – RCS Nantes B 321 876 543
APE 4711D – SAS Capital social 40 200,00 €

Signature
Lesueur

DOC 3 Instructions de M. Lesueur

Supernet
7 place Émile Zola
44000 NANTES

magasin
J. Lesueur

Concernant la livraison Top distribution du 17/11/.. :

- demander la livraison de tous les articles commandés non livrés en urgence ;
- demander au fournisseur de reprendre les articles livrés par erreur lors du prochain passage du livreur.

Lesueur

ANNEXE Télécopie à adresser au fournisseur

Supernet
7 place Émile Zola - 44000 NANTES
Tél. : 02 40 58 99 99 – Fax : 02 40 58 99 98

télécopie

À (nom du destinataire) de (votre nom)

Télécopie (numéro de télécopie du destinataire) DATE

Objet :

☐ Urgent ☐ Pour réunion ☐ Veuillez répondre ☐ Pour commentaire

8

Traiter les factures reçues

Référentiel

SAVOIRS ASSOCIÉS	PERFORMANCE ATTENDUE
• Les calculs commerciaux, les réductions commerciales et financières • La chaîne des documents commerciaux • Le processus automatisé des livraisons et factures à l'aide d'un PGI	**Complexité** • Corrections d'anomalies de facturation concernant des produits, des quantités, des réductions
COMPÉTENCE	**RÉSULTATS ATTENDUS**
• Suivre le processus commande-livraison-facturation	• Le traitement et le suivi des livraisons sont assurés. • Les anomalies sont traitées et/ou transmises au responsable.

Transversalité : PÔLE 3 Situation 3.1.2
Production d'informations structurées

PRÉSENTATION

Situation de travail 1.1.3
Traitement des livraisons, des factures et suivi des anomalies

✔ Fondée en 1999, la société **Auto concept** est aujourd'hui une enseigne de référence dans le domaine de la **pièce détachée,** de l'**accessoire** et de la **fourniture pour l'automobile**.

✔ Installée dans le Nord, près de Lille, Auto concept propose des produits de qualité testés et garantis pour assurer à sa clientèle une fiabilité maximale. Les relations avec ses partenaires s'effectuent souvent par Internet à l'adresse : « contact@autoconcept.com ».

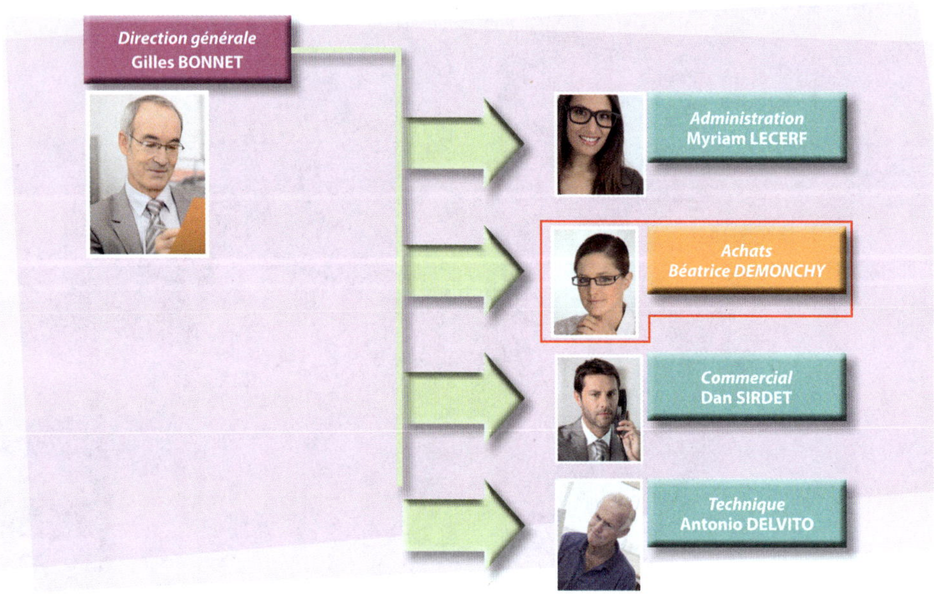

MISE EN SITUATION

■ Pour exercer son activité, la société Auto concept s'approvisionne auprès de fournisseurs grossistes et commande régulièrement les marchandises qu'elle va revendre. La société achète également des biens et services qu'elle consomme (fournitures de bureau, entretien des locaux, locations de matériel...).

■ Après livraison des biens et/ou exécution des services, les fournisseurs transmettent à l'entreprise une facture. Elle indique le détail du montant à payer (produits, services, taxes, remises...).

■ Vous êtes en formation au service achats sous la responsabilité de Mme Demonchy qui vous demande de contrôler les factures reçues.

VOS MISSIONS

Mme Demonchy vous confie plusieurs missions :

Mission 1 : Repérer les mentions obligatoires sur une facture
Mission 2 : Comprendre les calculs apparaissant sur une facture
Mission 3 : Contrôler les factures reçues
Mission 4 : Classer et codifier les factures reçues

MISSION 1 Repérer les mentions obligatoires sur une facture

Mme Demonchy met à votre disposition la facture n° 3444 reçue du fournisseur AGC distribution (doc. 1).

1 Observez le document et notez les éléments obligatoires devant figurer sur une facture.

DOC 1 Facture reçue du fournisseur

agc distribution
GROSSISTE

ZI des Alouettes – 55 rue Nationale
59220 DENAIN
SIRET : 383241312 00016
APE 4531Z – TVA FR 20 383241312
Commerce de gros d'équipements automobiles
SA au capital social de 100 000,00 €
Mel : contact@agcdistri.com

11-062

DOIT

AUTO CONCEPT

25 rue Fénelon
59113 SECLIN

FACTURE N°	Date
3444	20/11/..

Livraison	Paiement
n° 2322 du 22/11/..	comptant le 22/11/..

Code	Article	Unité	Qté	PU HT	Rem.	PU net HT	Montant HT
BCUC6	Brosse de lavage	C24	10	18,24	5 %	17,33	173,30
AVV22	Antivol volant Gitex	C10	5	434,50	5 %	412,78	2 063,90
FAC55	Kit réparation tubless	C50	5	221,00	5 %	209,95	1 049,75

Cadre réservé au destinataire

REÇU LE 22/11/..

Coupon à joindre au règlement

Facture n° 3444 du 20/11/..
N° de client : 411012456

Net à payer : 3 935,20 €
Échéance : 20/11/..

Total marchandises HT	3 286,95
Port forfaitaire HT	25,50
Total net HT	3 312,45
Escompte 1 %	– 33,12
Net financier HT	3 279,33
TVA 20 %	655,87
Net à payer	3 935,20
Échéance	20/11/..

Numéro interne de classement

Conditions de vente

Éléments facturés

FAIRE LE POINT

La facture dans la chaîne des documents commerciaux

Acheteur

Fournisseur

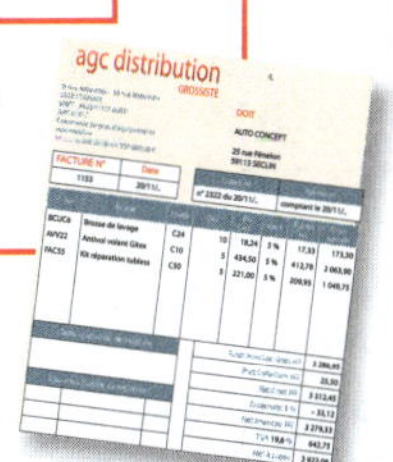

MISSION 2 Comprendre les calculs apparaissant sur une facture

Vous observez les calculs effectués sur la facture n° 3444 reçue du fournisseur AGC distribution (doc. 1). Vous disposez d'une documentation relative aux calculs de la remise et de la valeur nette (doc. 2).

2 Justifiez les calculs de la facture n° 3444 (**annexe 1**).

DOC 2 La pratique d'une remise sur le prix unitaire

Exemple :
Calcul du prix unitaire net lorsque le fournisseur accorde une remise de 20 % sur un article valant 850 euros HT.

Formule de calcul	Prix de vente unitaire HT	–	Remise	=	Prix unitaire net HT
Grandeurs proportionnelles	100	–	20	=	80
Valeur en euros	850	–	?	=	?

Calcul de la remise	850 × 20 / 100	ou	850 × 0,20	=	170
Calcul du prix unitaire net HT	850 × 80 / 100	ou	850 × 0,80	=	680

Vérification	850	–	170	=	680

ANNEXE 1 Justification des calculs

Éléments	Montant à justifier	Calculs
Calculs dans les lignes de facture		
PU net HT de BCUC6	17,33	
PU net HT de AVV22		
PU net HT de FAC55		
Montant HT de BCUC6	173,30	
Montant HT de AVV22		
Montant HT de FAC55		
Calculs du net à payer		
Total marchandises HT	3 286,95	
Port forfaitaire HT	25,50	Ce montant dépend des conditions de vente.
Total net HT		
Escompte HT		Le taux de 1 % dépend des conditions de vente. Calcul de l'escompte :
Net financier HT		
TVA (taxe à la valeur ajoutée)		Le taux de 20 % dépend de la législation. Calcul de la TVA :
NET À PAYER		

MISSION 3 Contrôler les factures reçues

Vous avez à votre disposition un extrait du fichier fournisseurs indiquant les conditions d'achat avec ses partenaires (doc. 3) et le bon de livraison du grossiste AGR distribution (doc. 4).

3 Contrôlez la facture n° 3444 du fournisseur AGC distribution (doc. 1 et **annexe 2**).

DOC 3 Fichier fournisseurs (extraits)

4010092 AGC Distribution

- Conditions de livraison :
  - par route sous 8 jours ;
  - port forfaitaire facturé selon l'importance du ou des colis.
- Conditions commerciales :
  - remise de 5 % sur tous les produits sauf si remise exceptionnelle plus importante.
- Conditions de règlement :
  - comptant avec escompte de 1 %.

DOC 4 Livraison de AGC distribution

agc distribution
GROSSISTE

ZI des Alouettes
55 rue Nationale – 59220 DENAIN
SIRET : 383241312 00016
APE 4531Z – TVA FR 20 383241312
SA au capital social de 100 000,00 €
Mel : contact@agcdistri.com

Denain, le 22/11/..

AUTO CONCEPT

25 rue Fénelon
59113 SECLIN

BON DE LIVRAISON N° 2322

Nombre de colis	Poids total	Livraison	Votre commande
3	45 kg	par nos soins	N° 664 du 15/11/..

Code	Article	Unité	Qté commandée	Qté livrée	Obs.
BCUC6	Brosse de lavage	C24	10	10	OK
AVV22	Antivol volant Gitex	C10	5	3	OK
FAC55	Kit réparation tubless	C50	5	5	OK

Cadre réservé au destinataire		
Observations Livraison conforme	Livré le 20/11/.. [signature] Signature du livreur	Pris livraison le 20/11/.. Demonchy Signature du client

ANNEXE 2 Contrôle de la facture reçue

Avant tout contrôle d'une facture, munissez-vous du bon de livraison correspondant et des conditions habituelles du fournisseur.

Liste de contrôle d'une facture :

- La facture nous est-elle bien destinée ?
  OUI ☐ NON ☐
- La facture correspond-elle bien à une livraison reçue ?
  OUI ☐ NON ☐
- Les conditions de facturation sont-elles appliquées ?
  - quant aux remises habituelles
    OUI ☐ NON ☐
  - quant au transport
    OUI ☐ NON ☐
  - quant à l'escompte de règlement
    OUI ☐ NON ☐
- Les articles facturés sont-ils bien ceux reçus ?
  OUI ☐ NON ☐
- Les quantités facturées sont-elles correctes ?
  OUI ☐ NON ☐
- Le mode de paiement habituel est-il bien appliqué ?
  OUI ☐ NON ☐

Pour les factures établies manuellement :

- Tous les calculs sont-ils corrects ?
  OUI ☐ NON ☐

Notez ci-dessous les anomalies relevées.

....

....

....

4 Traitez les anomalies relevées sur la facture n° 3444 d'AGC distribution (**doc. 1** et **annexe 2**), présentez pour cela le courriel qui sera adressé au fournisseur (**annexe 3**).

ANNEXE 3 Courriel au fournisseur

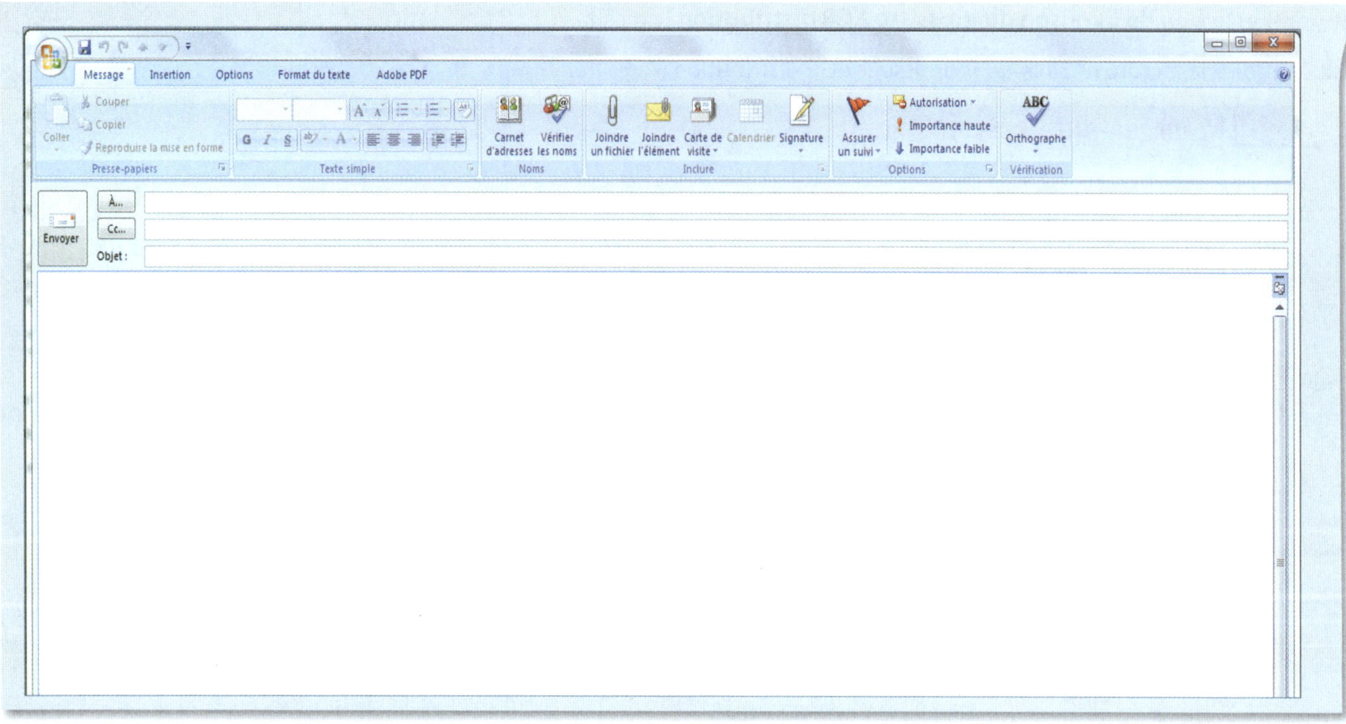

MISSION 4 Classer et codifier les factures reçues

Mme Demonchy vous remet deux nouvelles factures qui ont été contrôlées. Il vous faut les numéroter afin de les classer et les codifier.

5 Observez la numérotation interne de la facture n° 3444 (**doc. 1**) et appliquez cette numérotation sur les deux nouvelles factures reçues (**doc. 5**).

DOC 5 Factures reçues

Le numéro interne de classement est composé du numéro du mois et du numéro chronologique. La codification comptable de l'achat est ensuite notée sur le document.

FRANCE CHAUFFAGE
5 rue des Écoles
59139 Noyelles lès Seclin
Tél. 03 39 88 99 99
SIRET 494073935 00012
APE 4322B

N° 00786

Le 22/11/..

REÇU LE 22/11/..

Entretien annuel de la chaudière :	
– forfait HT	85,00
Remplacement de 5 vannes thermostatiques :	
– 5 vannes réf. 33654 à 17,50 HT	87,50
– main-d'œuvre 0 h 45 à 36,00 HT	27,00
TOTAL hors TVA	199,50
TVA 20 %	39,90
TOTAL TTC net à payer	239,40

payé ce jour
par chèque BNP n° 33656454

CONTRÔLE OK

L'assurance de votre tranquillité

Nord Assurances
20 rue Basse
59000 LILLE
Tél. 0 810 767 778

avis d'échéance

AUTO CONCEPT
25 rue Fénelon
59113 SECLIN

REÇU LE 22/11/..

Police : sécurité professionnelle 304 258 369
Adresse du risque : 25 rue Fénelon 59113 SECLIN
Lille, le 22 novembre ..

Cher client,

La prime de votre contrat ci-dessus arrive à échéance.
Nous vous en donnons le détail et vous remercions d'en régler le montant avant le 01/12/..

Pour la période du 01/12/.. au 28/02/.. le détail de la prime est le suivant :

Garanties	Prime
Incendie	1 750,00
Responsabilité civile	975,00
Tempête	535,00
Catastrophe naturelle	400,00
Total	3 660,00
Frais divers	5,00
Taxe sur les assurances	152,10
Total taxes sur les assurances comprises	3 817,10

CONTRÔLE OK

6 Codifiez les deux nouvelles factures reçues (**doc. 5**) en notant, près du total hors TVA, le code comptable de la charge. Recherchez ce code dans le plan de comptes (**doc. 6**).

DOC 6 Classification comptable

AUTO CONCEPT – Plan de comptes (extrait)

Classe 6 – Comptes de charges	
60	Achats
606	Achats non stockés de matières et fournitures
6061	Fournitures non stockables (eau, énergie...)
6063	Fournitures d'entretien et petit équipement
6064	Fournitures administratives
6066	Carburants
6068	Autres matières et fournitures non stockables
607	Achats de marchandises (biens destinés à être revendus)

61	Services extérieurs
611	Sous-traitance
612	Redevance de crédit-bail
613	Locations
614	Charges locatives
615	Entretien et réparations
616	Prime d'assurance
617	Études et recherches
618	Divers (documentation, frais de colloques, séminaires et conférences)
62	Autres services extérieurs
621	Personnel intérimaire
622	Rémunérations d'intermédiaires et honoraires
623	Publicité, publications, relations publiques
624	Transports de biens et transports du personnel
625	Déplacements, missions et réceptions
626	Frais postaux et télécommunications
627	Services bancaires

La classification comptable est effectuée d'après le plan comptable général (PCG).
Il s'agit d'une codification décimale (lecture du code à partir de la gauche).

FAIRE LE POINT

La réception d'une facture

Fournisseur

Acheteur

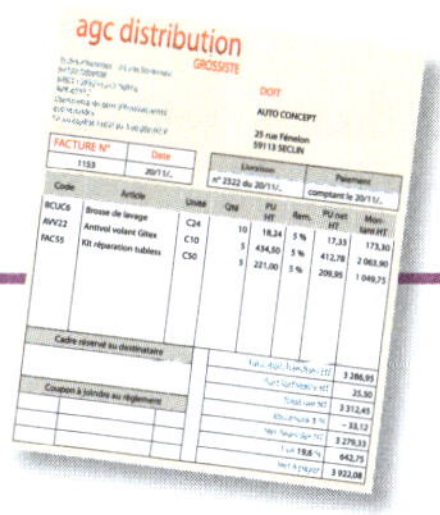

....

Contrôler la facture

- ....
- ....
- ....
- ....
- ....

Numéroter la facture afin de la classer (numérotation interne à l'entreprise)

Codifier la facture

Traiter les factures reçues

1 Les mentions obligatoires sur une facture

■ La **facture** est obligatoire pour tout achat de produits ou toutes prestations de services réalisés pour une activité professionnelle *(code de commerce art. L. 441-3)*. Elle comporte **deux exemplaires**, l'un pour le vendeur, l'autre pour l'acheteur.

■ La facture doit être **numérotée** (numéro unique basé sur une séquence chronologique et continue).

■ La facture mentionne :
- les **coordonnées du vendeur** (nom, adresse, forme juridique, capital pour les sociétés, registre du commerce – SIREN et code APE éventuellement –, le numéro intracommunautaire pour les livraisons intracommunautaires) ;
- les **coordonnées de l'acheteur** (client) ;
- le **détail** des marchandises ou prestations facturées, les prix unitaires HT, les réductions commerciales ;
- les **réductions** financières ;
- les **frais** accessoires facturés (transport par exemple) ;
- les **TVA** ;
- le montant TTC **à payer** et son **échéance**.

2 Les calculs apparaissant sur une facture

■ Les différents calculs sont :

PU net HT	=	PU HT – Remise
Montant net HT	=	PU net HT × Quantités
Total marchandises HT	=	Somme des montants HT
Total net HT	=	Total marchandises HT + Frais accessoires facturés
Net financier HT	=	Total net HT – Escompte financier
TVA	=	Net financier HT × Taux de TVA (selon produit ou service)
Net à payer	=	Net financier HT + TVA

3 Le contrôle d'une facture

■ Les factures établies par informatique ne comportent pas (en principe) d'erreur de calculs.

■ Le client va vérifier la bonne application des conditions de vente et la correspondance entre ce qui est livré et ce qui est facturé.

4 Le classement et la codification d'une facture

■ Une **facture reçue** sera classée selon un **numéro interne**.

Remarque : la facture reçue peut être classée électroniquement en utilisant la GED.

■ Une facture doit être **codée avant de passer en comptabilité**, il faut rechercher le ou les postes comptables qui correspondent à son ou ses objets.

EXO Contrôler les factures

Vous êtes en formation dans l'entreprise Lefer, chauffage et sanitaire, située à Lomme (Nord). Le 19 décembre, vous aidez M. Lefer à contrôler deux factures reçues.

1 Contrôlez les factures reçues (doc. 2 et 4) en tenant compte des documents à votre disposition (doc. 1, 3 et 5) (annexes 1 et 2).

2 Transmettez par note, à M. Lefer, le résultat de vos observations afin qu'il puisse traiter les anomalies que vous avez constatées (annexe 3).

DOC 1 Bon de livraison

Sofitherm grossiste
ZI Est – rue Kepler
62223 Saint-Laurent-Blangy
RCS Béthune B 411377237 – APE 4674B
SARL Capital social 10 000,00 €
Tél. : 03 21 57 99 99 – Fax : 03 21 57 11 11

Saint-Laurent-Blangy, le 15/12/..

LEFER – Chauffage et sanitaire
144 rue Desruelle
59160 LOMME

BON DE LIVRAISON N° 1614

Nombre de colis	Livraison	Votre commande
21	transport route par nos soins	12456 du 08/12/..

Réf.	Désignation	Unité	Quantité	Obs.
ST1256	Radiateur Starline 75 × 14	pièce	5	
ST1488	Radiateur Starline 75 × 9	pièce	10	2 refusés
ST2041	Radiateur Starline 205 × 3	pièce	4	

Cadre réservé au destinataire

Observations	Livré le 15/12/..	Prix livraison le 15/12/..
2 ST 1488 refusés colis écrasés	Signature du livreur	Lefer Signature du client

DOC 2 Facture reçue

Sofitherm grossiste
ZI Est – rue Kepler
62223 Saint-Laurent-Blangy
RCS Béthune B 411377237 – APE 4674B
SARL Capital social 10 000,00 €
Tél. : 03 21 57 99 99 – Fax : 03 21 57 11 11

Saint-Laurent-Blangy, le 18/12/..

DOIT

LEFER – Chauffage et sanitaire
144 rue Desruelle
59160 LOMME

FACTURE N°	Date	Livraison	Paiement
1899	18/12/..	n° 1614 du 15/12/..	comptant le 18/12/..

Code	Article	Unité	Qté	PU HT	Rem.	PU net HT	Montant HT
ST1256	Starline 75 × 14	pièce	5	182,94	-	182,94	914,70
ST1488	Starline 75 × 9	pièce	10	129,58	-	129,58	1 295,80
ST2041	Starline 205 × 3	pièce	4	167,29	-	167,29	669,16

Cadre réservé au destinataire		
REÇU LE 19/12/..	Total marchandises HT	2 879,66
	Port forfaitaire HT	95,00
	Total net HT	2 974,66
Coupon à joindre au règlement	Escompte 1 %	– 29,75
Facture n° 1899 du 18/12/..	Net financier HT	2 944,91
N° de client : 4115560	TVA 20 %	588,98
Net à payer : 3 533,89 €	Net à payer	3 533,89
Échéance : 18/12/..	Échéance	18/12/..

DOC 3 Fichier fournisseurs (extraits)

4018872 SOFITHERM

- Identification :
  SOFITHERM SARL
  ZI Est rue Kepler – 62223 Saint-Laurent-Blangy
  Tél. : 03 21 57 99 99 – Fax : 03 21 57 11 11
  Mel : sofitherm@sofitherm.com
- Conditions de livraison :
  - par route sous 8 jours ;
  - franco de port et d'emballages.
- Conditions commerciales :
  - remise de 10 % sur tous les produits.
- Conditions de règlement :
  - comptant avec escompte de 1 %.

ANNEXE 1 Contrôle de la facture Sofitherm

- La facture nous est-elle bien destinée ? OUI ☐ NON ☐
- La facture correspond-elle bien à une livraison reçue ? OUI ☐ NON ☐
- Les conditions de facturation sont-elles appliquées ?
  - quant aux remises habituelles OUI ☐ NON ☐
  - quant au transport OUI ☐ NON ☐
  - quant à l'escompte de règlement OUI ☐ NON ☐
- Les articles facturés sont-ils ceux reçus ? OUI ☐ NON ☐
- Les quantités facturées sont-elles correctes ? OUI ☐ NON ☐
- Le mode de paiement habituel est-il bien appliqué ? OUI ☐ NON ☐

DOC 4 Facture reçue

concept micro SAV et entretien

44 place Victor Hugo 59000 LILLE
RCS Lille B 123 654 789 – APE 4741Z
SARL Capital social 15 000,00 €
Tél. : 03 20 45 99 99 – Fax : 03 20 45 11 11

INFO Réparation bien effectuée. Imprimante reprise au magasin de Lille le 19/12.

FACTURE N°	Date	Intervention	Paiement
01216	19/12/..	Dépannage sur HP LaserJet Enterprise P3015x	comptant le 19/12/..

DOIT

LEFER – Chauffage et sanitaire
144 rue Desruelle
59160 LOMME

Code	Pièce	Unité	Qté	PU HT	Rem.	PU net HT	Montant HT
FHP4	Four HP P3015	1	1	138,20	5 %	131,29	131,29
Code	**Main d'œuvre**	**Unité**	**Qté**	**PU HT**	**Rem.**	**PU net HT**	**Montant HT**
MO1	Heure dépannage	1 H	1,5	38,10	-	38,10	57,15

Total pièce et MO HT	188,44
Déplacement HT	-
Total net HT	188,44
Escompte 1 %	-
Net financier HT	188,44
TVA 20 %	37,69
Net à payer	226,13

DOC 5 Fichier fournisseurs (extraits)

4012104 CONCEPT MICRO

- Identification :
  CONCEPT MICRO SARL
  44 place Victor Hugo – 59000 LILLE
  Tél. : 03 20 45 99 99 – Fax : 03 20 45 11 11
  Mél : conceptmicro@nordnet.fr
- Conditions de livraison :
  - interventions au magasin de Lille, pas de déplacement.
- Conditions commerciales :
  - remise de 5 % sur les pièces.
- Conditions de règlement :
  - comptant sans escompte.

ANNEXE 2 Contrôle de la facture Concept micro

- La facture nous est-elle bien destinée ? OUI ☐ NON ☐
- La facture correspond-elle bien à une livraison reçue ? OUI ☐ NON ☐
- Les conditions de facturation sont-elles appliquées ?
  - quant aux remises habituelles OUI ☐ NON ☐
  - quant au transport OUI ☐ NON ☐
  - quant à l'escompte de règlement OUI ☐ NON ☐
- Les articles facturés sont-ils ceux reçus ? OUI ☐ NON ☐
- Les quantités facturées sont-elles correctes ? OUI ☐ NON ☐
- Le mode de paiement habituel est-il bien appliqué ? OUI ☐ NON ☐

ANNEXE 3 Note d'anomalies

LEFER
Chauffage et sanitaire
144 rue Desruelle
59160 LOMME
Tél. : 03 20 17 11 11

NOTE

Expéditeur :
Destinataire :
Date :
Objet :

9

Gérer la relation avec la clientèle

Référentiel

SAVOIRS ASSOCIÉS	PERFORMANCE ATTENDUE
• La gestion de la relation client (GRC) • Le processus de prospection automatisé à l'aide d'un PGI	**Complexité** • Élaboration de supports basiques de suivi d'opérations de prospection : tableaux, fiches, guides
COMPÉTENCE	**RÉSULTATS ATTENDUS**
• Assurer le suivi administratif d'opérations de prospection	• Les tâches administratives liées à la recherche de prospects sont assurées

Transversalité : PÔLE 3
Situation 3.1.1
Collecte et recherche d'informations
Situation 3.1.2
Production d'informations structurées

PRÉSENTATION

Situation de travail 1.2.1
Participation à la gestion administrative de la prospection

SANDWICH Florida

- Installée en Bretagne depuis près de 20 ans, la société **Florida** est spécialisée dans la fabrication de **sandwichs pré-emballés**. Les sandwichs Florida s'imposent en leader sur le marché du libre service.
- Jour après jour, l'entreprise pratique une politique d'optimisation de ses produits en collaboration avec des professionnels de santé.
- Elle s'inscrit dans une démarche de transparence vis-à-vis des consommateurs en diffusant les valeurs nutritionnelles de ses produits sur les emballages et sur son site Internet.

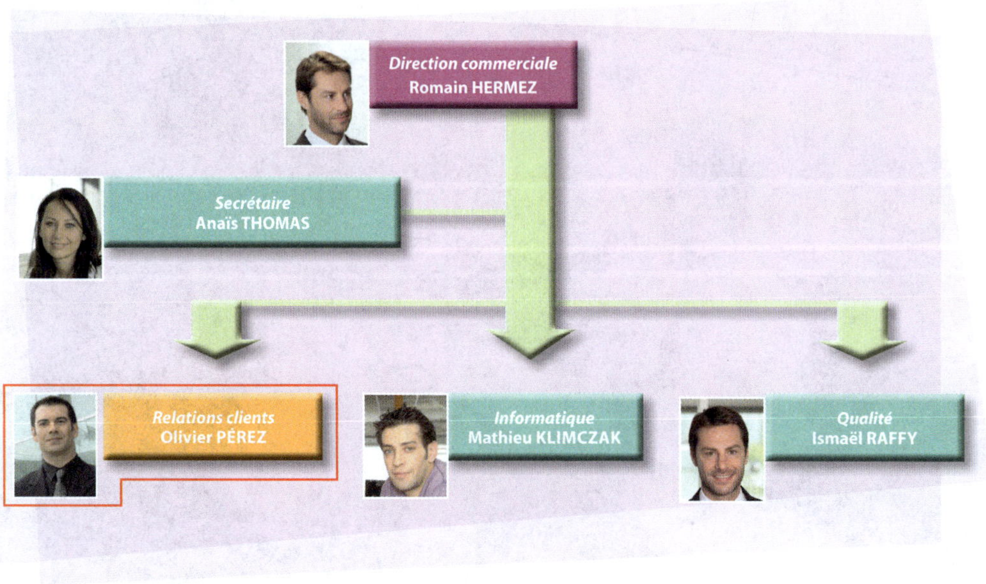

MISE EN SITUATION

- En cette période de concurrence accrue, l'entreprise cherche à améliorer la gestion de sa relation client.
- Le système d'information disponible dans les différents services concernés va lui permettre d'améliorer la prise en charge et le suivi de ses clients.
- La société Florida gère sa relation client au travers d'un progiciel de gestion intégré.
- Vous êtes en formation au service Relations clients, sous la responsabilité de M. Olivier Pérez.

VOS MISSIONS

février 13

M. Pérez vous confie plusieurs missions :

Mission 1 : Connaître le marché de l'entreprise

Mission 2 : Comprendre les enjeux de la GRC (gestion de la relation client)

MISSION 1 Connaître le marché de l'entreprise

Pour se développer, l'entreprise a besoin de connaître son marché. Pour guider son action, elle doit observer ses résultats et tenir compte des facteurs clés de son succès.
M. Pérez vous remet une étude faite par le service commercial de la société (doc. 1) et vous demande de l'étudier.

1 Examinez la segmentation du marché de l'entreprise (doc. 1) et complétez les tableaux d'analyse (**annexe 1**).

DOC 1 Étude du marché de l'entreprise

Segmentation du marché de Florida

Segmentation de la gamme de produits

Produits au catalogue	% des ventes
L'extra-garni	10 %
Le triangle	48 %
Le long	18 %
Le pavé	7 %
Le saveur	9 %
Le halal	8 %
Total	100 %

Segmentation des clients de Florida

Clients	Volume des ventes	
	Euros	% des ventes
Grande distribution (enseignes)		
INTERMARCHÉ	225 390	
CARREFOUR	175 840	
AUCHAN	86 760	
LECLERC	296 510	
Total	784 500	69,82 %
Petites surfaces		
ALIMENTATION GÉNÉRALE	39 550	
HARD DISCOUNT	21 410	
Total	60 960	5,43 %
Distribution automatique		
SOGEDAR	35 950	
DALLIANCE	44 620	
AUTOBAR	86 750	
SGDA	110 760	
Total	278 080	24,75 %
Total général	1 123 540	100,00 %

INFO

Segmenter

- *Segmentation clients : découpage d'un marché en groupes de clients distincts en fonction d'un ou plusieurs critères, ayant des façons de penser ou d'agir spécifiques, et pouvant potentiellement être la cible d'une politique marketing.*
- *Segmentation produits : découpage d'un marché en catégories de produits directement substituables entre eux.*

ANNEXE 1 Étude de la segmentation du marché de Florida

Segmentation des produits

Segments	% des ventes (ordre décroissant)

Segmentation de la clientèle

Segments	% des ventes (ordre décroissant)

MISSION 2 Comprendre les enjeux de la GRC (gestion de la relation client)

La société Florida dispose d'un PGI qui lui permet de traiter ses activités de gestion. Elle peut ainsi gérer les relations avec sa clientèle grâce à la base de données installée sur son réseau informatique.

M. Pérez vous remet une documentation sur la gestion de la relation client qu'il vous demande d'étudier.

2 Lisez la documentation fournie (doc. 2) et complétez les tableaux d'analyse (**annexes 2 et 3**).

DOC 2 La GRC

Qu'est-ce que la GRC ?

La gestion de la relation client (GRC), *Customer Relationship Management* (CRM) en anglais, représente l'ensemble des techniques mises en œuvre dans une entreprise pour identifier, augmenter et fidéliser les clients, et les placer au cœur même de sa structure en créant, avec eux, une relation directe, rentable et durable.

Si la GRC permet à l'ensemble des interlocuteurs de l'entreprise de posséder une vision complète des clients (leur historique, leurs besoins, leurs commandes…), elle est essentiellement conçue pour aider au quotidien les trois domaines suivants :

– la force de vente : suivi des dossiers clients, gestion des contrats, compte-rendu des visites, devis, prises de commandes, suivi des ventes ;

– le marketing : gestion des campagnes, tableaux de bord, segmentation du marché, historique des appels, suivi des prises de rendez-vous ;

– l'après-vente : assistance, support, hotline, gestion des contrats de service.

Les outils de la GRC

Souvent couplée au progiciel de gestion intégré (PGI), la GRC est construite autour d'une base de données centrale. Cette base de données rassemble aussi bien l'historique des commandes clients que les conditions commerciales, mais aussi le suivi des actions marketing et, le cas échéant, les appels au service après-vente. Principal avantage : disposer d'un réservoir d'informations régulièrement mises à jour et disponibles à tout moment.

L'entreprise dispose aujourd'hui de très nombreux moyens d'entrer en contact avec son client. Les différents supports ne doivent pas être confrontés, ils ont tous leur utilité. À l'entreprise de savoir les choisir.

ANNEXE 2 Domaines de l'entreprise concernés par la GRC

Domaines	Missions

ANNEXE 3 Informations fournies par la base de données couplée au PGI (progiciel de gestion intégré)

Base de données	Informations disponibles
	– …… – …… – …… – ……

Une nouvelle gamme de produits bio est maintenant proposée pour répondre aux aspirations des consommateurs.

3 Lisez l'article publié sur le site de l'entreprise (doc. 3) et répondez aux questions.

Quelle est la stratégie de l'entreprise en matière de gamme de produits ?

....

....

....

Quels outils compte-t-elle mettre en œuvre pour mener à bien son projet ?

....

....

....

DOC 3 Extrait du site www.florida.com

FLORIDA, une nouvelle gamme de sandwichs bio certifiée AB

Des pains fabriqués sans matière grasse hydrogénée, sans conservateur E, ni sulfite. Une mayonnaise garantie 100 % végétale, fabriquée à partir de lait de soja (français, bio, sans OGM), sans cholestérol ni lactose. Des légumes frais, de proximité et de saison. Le tout conçu à la main. Même le packaging est éco-conçu. Qui dit mieux ?

Au menu : crudités œuf, volaille crudités, emmental crudités et saumon fumé concombre. Pour lancer cette nouvelle gamme, Florida mettra en place, sur son site, dès le mois de mars, une campagne publicitaire sous la forme d'un jeu concours. Enfin une newsletter envoyée à 120 000 personnes complétera le dispositif.

FAIRE LE POINT

La gestion de la relation client

La connaissance du marché de l'entreprise

....

....

....

....

....

Gestion de la relation client (GRC)

Base de données

→ ....

Suivi des dossiers clients, gestion des contrats, compte-rendu des visites, devis, prises de commandes, suivi des ventes...

→ ....

Gestion des campagnes, tableaux de bord, segmentation du marché, historique des appels, suivi des prises de rendez-vous...

→ ....

Assistance, support, hotline, gestion des contrats de service...

SYNTHÈSE

Gérer la relation avec la clientèle

1 La connaissance du marché de l'entreprise

■ Le **marché de l'entreprise** désigne l'ensemble des données chiffrées relatives à un produit ou un service.

■ La connaissance du marché lui permet de guider ses **actions** en tenant compte à la fois des **attentes** de ses clients et de la **stratégie** de ses concurrents.

■ Pour orienter son action, l'entreprise peut **regrouper des clients** en groupes homogènes selon des critères quantitatifs et qualitatifs. On parle alors de **segments**.

■ La segmentation du marché permet de **regrouper les consommateurs** en groupes homogènes, afin d'adapter les **actions commerciales** à chacun des groupes ainsi constitués.

■ Les **différences** entre les segments doivent être suffisamment grandes pour permettre de les identifier et d'agir sur eux. Par ailleurs, la **taille** des segments doit être suffisante pour qu'ils constituent une **cible**.

2 Les enjeux de la gestion de la relation client (GRC)

■ La **gestion de la relation client** (GRC) consiste à mettre en place des **actions**, des **méthodes** afin de **fidéliser** les clients existants et **d'en conquérir** de nouveaux.

■ Elle est essentiellement conçue pour aider au quotidien dans trois domaines :
– la **force de vente** : suivi des dossiers clients, gestion des contrats, compte-rendu des visites, devis, suivi des ventes... ;
– le **marketing** : gestion des campagnes, tableaux de bord, segmentation du marché, historique des appels, suivi des prises de rendez-vous... ;
– L'**après-vente** : assistance, support, hotline, gestion des contrats de service...

■ La gestion de la relation client est souvent intégrée au **progiciel de gestion intégré** (PGI). Ainsi, les informations ne sont plus cloisonnées. Elles sont **partagées** et permettent à chaque service de mieux comprendre le client et donc de répondre plus efficacement à ses besoins.

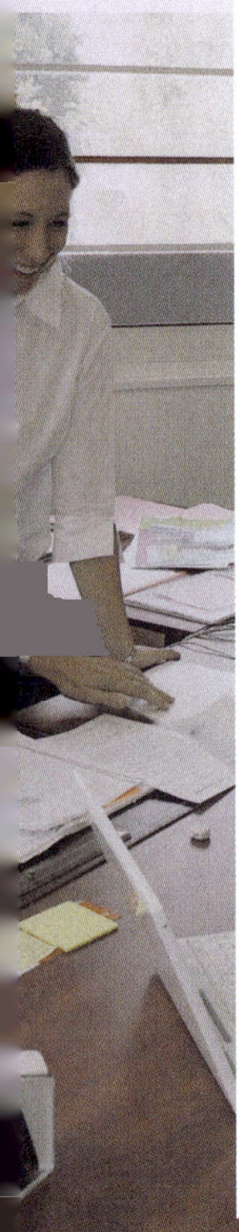

EXO 1 Gérer la relation avec la clientèle

Vous êtes en formation au service commercial de la limonaderie Meyer et fils. L'entreprise est spécialisée dans la fabrication artisanale de trois types de boisson sous la marque Jumbo : la limonade, le soda orange et le soda citron.

Vous êtes chargé d'observer le marché de l'entreprise et de repérer les actions qu'elle compte mettre en place pour conquérir de nouveaux clients.

1 Étudiez le résultat de l'étude (doc. 1 et 2).

2 Étudiez les actions et les services proposés pour attirer et fidéliser la clientèle (doc. 3).

DOC 1 Étude du marché de l'entreprise

Marché de la limonade – Étude des ventes des 4 dernières années

Produits	N-3		N-2		N-1		N		Variation N-1/N en %
	Ventes HT en euros	%	Ventes HT en euros	%	Ventes HT en euros	%	Ventes HT en euros	%	
Classique	649 900	67	945 800	60	1 177 300	59	1 205 900	57	2
Citron	184 300	19	348 900	22	496 900	25	505 500	24	2
Orange	135 800	14	290 400	18	337 400	17	411 200	19	22
Total	970 000	100	1 585 100	100	2 011 600	100	2 122 600	100	6

- Comment a évolué le total des ventes de limonades ces quatre dernières années ?

- Comment a évolué la part du marché de chaque famille de produit ?

DOC 2 Résultat de l'étude de clientèle et des habitudes de consommation (extrait)

Étude de la clientèle et des habitudes de consommation

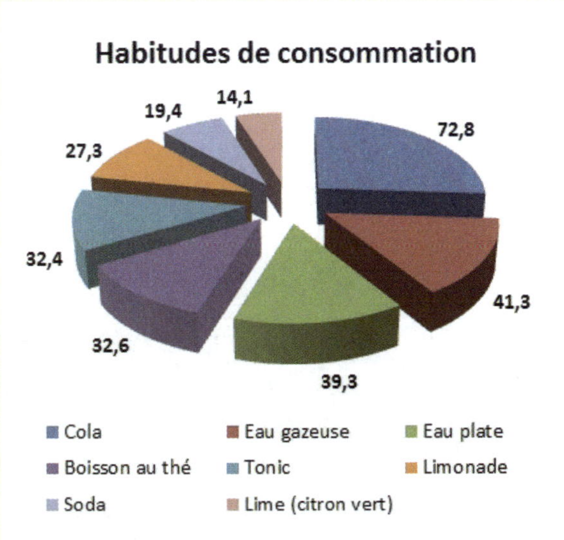

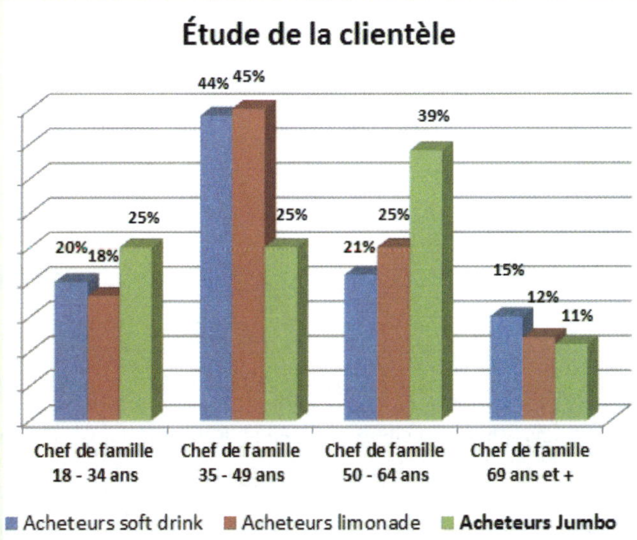

- Relevez les segments de produits qui se dégagent sur le graphique « Habitudes de consommation ».

- Relevez les segments retenus sur le graphique « Étude de la clientèle ».

DOC 3 Extrait d'une interview de M. Gadineau, directeur de Meyer et Fils

Les nouveautés vont bon train depuis deux ans chez la limonaderie Meyer et Fils.

« Si nous voulons rester une grande marque de limonade, nous devons toucher d'autres types de consommateurs », explique Julien Gadineau.
Au menu de cette diversification : *Fresh*, un soda peu sucré aux couleurs flashy, pour les jeunes, ou encore la *Jumbo double zest* (au citron vert et jaune), allégée en sucre, pour les femmes.
De quoi surfer sur deux marchés en croissance, les soft drinks allégés et les eaux aromatisées sucrées. Meyer en profite pour proposer des gammes moins chères (de 92 à 98 centimes le litre). Mais il ne suffit pas de baisser les prix pour trouver preneur...

Le marketing de la nostalgie est devenu incontournable. La forme de la bouteille et surtout le matériau, le verre, indiquent la volonté de fabriquer un produit à l'ancienne et aussi un engagement très actuel anti-plastique, et donc plus écologique. L'étiquette quant à elle reste sobre, misant sur le noir et le blanc – toujours modernes – avec pour seules couleurs les feuilles vertes et le citron jaune, soulignant un retour aux choses simples et naturelles.

Le côté « nature », c'est certainement un atout majeur pour cette marque qui a bien compris qu'au-delà de la tendance bio, il y avait un réel désir de la part des consommateurs d'accéder de diverses manières à une alimentation plus équilibrée, à la fois meilleure pour la santé et en goût.

Meyer va également lancer un jus de pomme artisanal, et essayer d'en devenir le spécialiste, tout comme il est devenu celui de la limonade. L'un des attraits de ce type de segment est qu'il n'existe pas de marque prédominante dans l'esprit des consommateurs à l'heure actuelle.

« Nous comptons nous orienter vers de nouveaux points de vente allant des épiceries fines en passant par les restaurants et les hôtels. Nous allons donc enrichir notre base de données pour nous mettre en relation avec ces nouveaux clients... » indique Monsieur Gadineau.

- Vers quels nouveaux segments de consommateurs veut s'orienter l'entreprise Meyer ?

- Quels nouveaux produits veut-elle proposer aux consommateurs ?

- Avec quels nouveaux clients va-t-elle communiquer pour proposer son jus de pomme artisanal ?

10

Participer à la prospection de la clientèle

Référentiel

SAVOIRS ASSOCIÉS	PERFORMANCE ATTENDUE
• Les techniques, démarches, supports et outils de la prospection • Le processus de prospection automatisé à l'aide d'un PGI	**Complexités** • Élaboration de supports basiques de suivi d'opérations de prospection : tableaux, fiches, guides • Élaboration ou modification d'un fichier prospects
COMPÉTENCE	**RÉSULTATS ATTENDUS**
• Assurer le suivi administratif d'opérations de prospection	• Les tâches administratives liées à la recherche de prospects sont assurées.

Transversalité : PÔLE 3
Situation 3.1.2
Production d'informations structurées
Situation 3.1.3
Organisation et mise à disposition des informations

PRÉSENTATION

Situation de travail 1.2.1
Participation à la gestion administrative de la prospection

TRÉVIS SA

✔ Installée depuis 1998 à Toulouse (31), la société **Trévis** est spécialisée dans la **fabrication et l'installation de piscines enterrées et hors-sol**. Elle est aujourd'hui une référence sur ce marché.

✔ Grâce à la qualité des matériaux utilisés, elle offre un large choix, tant pour les formes que pour les équipements et accessoires.

✔ L'entreprise propose les meilleures solutions en termes de développement durable et d'économie d'énergie. Elle s'engage auprès de ses clients dans une démarche permanente d'amélioration de ses process et de ses services.

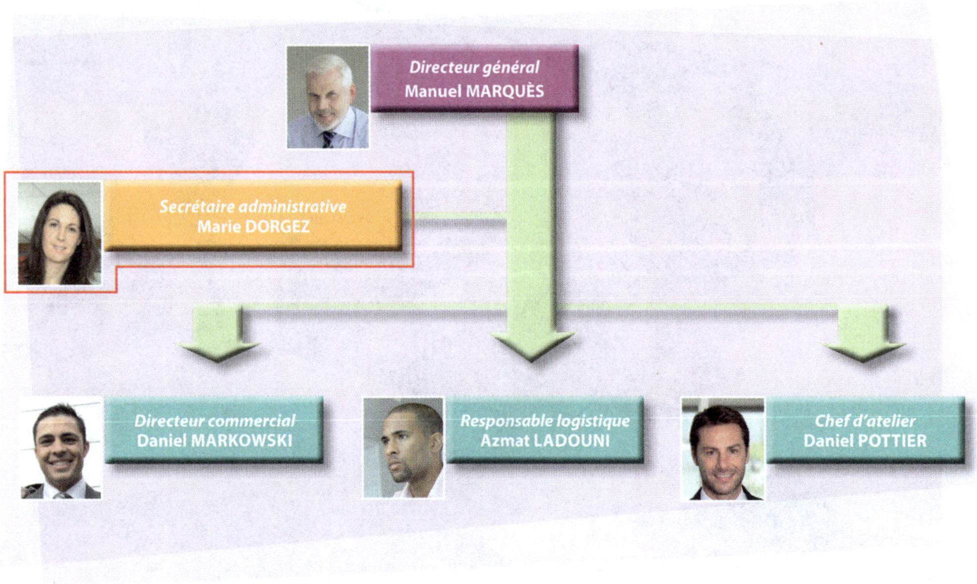

MISE EN SITUATION

- Confrontée ces dernières années à une forte concurrence, la société Trévis cherche à conquérir de nouvelles parts de marché dans la région du Sud-Ouest.
- Elle cherche ainsi à s'orienter vers les secteurs de l'hôtellerie de plein air (camping, centre de loisirs...).
- Après avoir mené des études chiffrées sur son activité, elle compte prospecter de nouveaux clients et consolider sa position actuelle.
- Vous êtes en formation au service administratif sous la responsabilité de Mme Dorgez.

VOS MISSIONS

mars 5

Mme Dorgez vous confie plusieurs missions :

Mission 1 : Identifier les objectifs et les cibles d'une opération de prospection

Mission 2 : Repérer les outils pour cibler et prospecter

Mission 3 : Créer et mettre à jour un fichier prospects

MISSION 1 Identifier les objectifs et les cibles d'une opération de prospection

Madame Dorgez vous remet une étude faite par le service commercial de la société et vous demande de l'étudier.

1 Examinez les chiffres du marché (doc. 1) et répondez aux questions.

Comment a évolué le marché régional (Sud-Ouest) depuis quatre ans ?

Comment a évolué le marché de la société depuis quatre ans ?

Comment a évolué sa part de marché dans la région Sud-Ouest ?

Comment ont évolué les ventes de produits par segment ?

DOC 1 Étude du marché de l'entreprise

TRÉVIS SA – Étude de marché (extrait)

Éléments observés	N-3	N-2	N-1	N
Marché régional (Sud-Ouest) en euros	11 844 000	17 880 000	18 986 000	21 755 000
Marché TRÉVIS SA en euros	2 132 000	3 109 000	3 255 000	3 392 000
Part de marché TRÉVIS SA / Région Sud-Ouest *(*)*	18,00 %	17,39 %	17,14 %	15,59 %

(*) Part de marché : pourcentage des ventes de l'entreprise par rapport aux ventes totales du secteur.

Segmentation (*) produits	N-3		N-2		N-1		N	
	En euros	%	En euros	%	En euros	%	En euros	%
Piscines enterrées	1 385 800	65	2 207 390	71	2 473 800	76	2 633 520	78
Piscines hors-sol	746 200	35	901 610	29	781 200	24	758 480	22
Marché TRÉVIS SA	2 132 000	100	3 109 000	100	3 255 000	100	3 392 000	100

(*) Segmentation produits : découpage d'un marché en catégories de produits directement substituables entre eux.

Le 5 mars, M. Markowski a réuni le personnel commercial pour évoquer les objectifs de la société pour les années à venir.

2 Lisez le compte rendu de la réunion (doc. 2) et répondez aux questions.

Quelles sont les cibles actuelles de la société Trévis ?

Quel est le nouveau segment qui intéresse la société Trévis ?

En quoi consiste la prospection de ce nouveau segment ?

Quel objectif s'est fixé la société Trévis en matière de part de marché ?

DOC 2 Compte rendu de réunion

Compte rendu de la réunion du 5 mars (extrait)

Nos cibles actuelles sont essentiellement les particuliers, les constructeurs immobiliers et les paysagistes.

La clientèle des « collectivités » privées ou publiques (centre de loisirs, camping, hôtellerie de plein air...) a été approchée par le passé mais est actuellement délaissée. Notre absence sur ce segment de clientèle (*) offre à la concurrence l'opportunité de renforcer son implantation sur notre secteur.

Nous devons donc prospecter (**) ce segment qui présente l'intérêt d'être une vitrine idéale pour exposer nos réalisations.

Nous comptons passer de 18,35 % de part de marché cette année à 25 % en N+1.

(*) Sous-ensemble homogène d'une population (clients ou prospects) sur lequel il est possible de pratiquer des actions de marketing différenciées.

(**) Identifier et contacter de nouveaux clients potentiels (possibles) et chercher à les transformer en clients réels.

MISSION 2 Repérer les outils pour cibler et prospecter

Pour accroître sa part de marché et développer ses ventes, la société Trévis participera au prochain salon des Équipements et techniques du tourisme. Elle a également créé sa propre gamme d'accessoires de sécurité et de protection.

Le directeur général M. Marquès demande à son directeur commercial M. Markowski de prendre en charge la prospection de nouveaux clients.

3 Prenez connaissance de l'e-mail reçu (doc. 3).

4 À l'aide de la documentation (doc. 4), choisissez les outils de prospection les mieux adaptés à vos besoins (annexe 1).

DOC 3 E-mail reçu

De : manuel.marques@trevis.com
À : daniel.markowski@trevis.com
Cc :
Objet : Prospection clientèle « Collectivités »
Date : 05/03/.. : 08.12

Notre participation au prochain salon européen des Équipements et techniques du tourisme de Montpellier nous permettra d'entrer en contact avec un certain nombre de clients potentiels qui pourront enrichir notre fichier de prospects. Nos commerciaux pourront ainsi organiser leurs visites pour conclure de nouveaux contrats.

Il nous faudra également communiquer sur nos nouveaux produits de sécurité (alarmes, barrières) et nos nouveaux abris et bâches de protection des bassins extérieurs. Nous venons de recevoir la nouvelle version de notre plaquette publicitaire.

Par ailleurs, pour élargir notre cible, il serait intéressant de regarder s'il est possible d'acheter un fichier de prospection auprès d'une société spécialisée pour renforcer notre base de données et l'utiliser pour prospecter.

Donnez-moi vos conclusions.

Merci

Manuel Marquès

DOC 4 Outils de prospection

Outils de prospection	Principe	Points forts	Points faibles
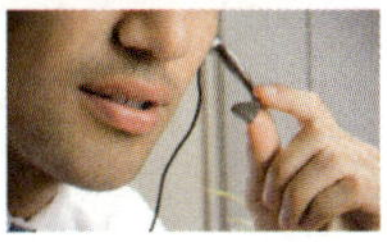 Télémarketing (phoning)	Utilisation du téléphone pour prendre contact avec des prospects, prendre des commandes et répondre aux attentes de la clientèle	Contact direct Rapide Efficace	Aucune trace écrite Contrainte des horaires d'appel
 Publipostage	Envoi d'une proposition commerciale écrite par voie postale en grand nombre à un ensemble de prospects	Message écrit Ciblage précis Possibilité de joindre des supports (prospectus, catalogue...)	Demande du temps pour sa conception Délai d'acheminement Coût élevé (affranchissement)
 Faxing	Contact de prospects, en général des entreprises, en leur envoyant un fax à caractère commercial ou publicitaire	Support papier Facile à réaliser Peu coûteux	Contenu pauvre Peu attractif (mauvaise qualité et absence de couleur)
 E-mailing	Envoi d'un courrier électronique à un plus ou moins grand nombre d'internautes	Réception immédiate par le client Contenu riche et interactif Faible coût	Réception et lecture non garantie
Salon	Outil de communication qui permet d'exposer ses produits et/ou ses services	Contact direct Valorisation de l'offre (exposition des produits) Évaluation directe des besoins	Coût élevé Lourdeur de l'organisation
 Entretien face-à-face	Rencontre de prospects pour détecter leurs besoins et leur faire une offre personnalisée	Identification précise des besoins et de la personnalité du prospect Individualisation de l'offre	Coût élevé Cible limitée au nombre d'entretiens
 SMS mailing	Message écrit envoyé sur téléphones portables	Rapidité, interactivité Ciblage des messages Novateur	Obligation de se limiter à un message court Risque d'agacer le prospect

ANNEXE 1 Choix des outils de prospection

Action à mener	Outil(s) choisi(s)	Justification
Invitater des prospects au salon (coupons d'invitation)		
Prendre rendez-vous avec les prospects rencontrés sur le stand		
Rappeler la date du salon 8 jours avant		
Faire une offre personnalisée		

MISSION 3 Créer et mettre à jour un fichier prospects

M. Markowski a recherché sur internet les offres en matière d'achat ou de location de fichiers prospects. Il vous a remis une impression de la page web retenue.

5 Examinez l'offre (doc. 5) et répondez aux questions.

Quelle est la nature du fichier retenu ? ……………………………………………………………………

……………………………………………………………………………………………………

Quel est le nombre de prospects contenu dans le fichier ? ……………………………………………

Quelles sont les informations fournies ? ……………………………………………………………

……………………………………………………………………………………………………

Quel est le prix d'achat de ce fichier ? ……………………………………………………………

L'offre vous semble-t-elle intéressante ? Justifiez votre réponse. ……………………………………

……………………………………………………………………………………………………

……………………………………………………………………………………………………

DOC 5 Publicité pour l'achat de fichiers

ideactif ! Marketing Direct

Fichier "camping"
achat de fichier d'entreprises / professionnels

Fichiers Prospects | Géomarketing | Traitements sur Fichiers | Conception-Création | Logistique Campagnes | Marke

fichier des campings : faites acquisition d'adresses de prospection à prix réduit

Le fichier "camping" : pour prospecter sans attendre

Un fichier à tout petit prix, pour prospecter les campings de France.

camping

Notre fichier comporte les coordonnées de 7 305 campings*

120 euros HT

Ce fichier contient les adresses postales, n° de téléphone voire fax et mail, d'une majorité des campings de l'hexagone.

Si les campings font partis de vos cibles de prospection, ce fichier devrait vous convenir. Vendu en « ligne », le fichier vous est adressé par mail sous format excel instantanément après réception de votre règlement CB. Avec cette base à disposition, vous pourrez réaliser vos ciblages de façon autonome, sur les campings de votre choix et ainsi préparer vos fichiers pour vos routages de mailing ou actions de phoning.

▪ Que contient notre fichier des campings de France :
7 305 adresses et téléphones fixes
471 téléphones portables
1 678 fax
et 1 410 emails

Quatre entreprises ont contacté cette semaine le service commercial. Les fiches contact vous sont remises. Vous devez mettre à jour la base de données « Prospects » pour les inviter au prochain salon.

6 À l'aide des fiches contacts (doc. 6), complétez le bordereau de mise à jour de la base de données (annexe 2).

DOC 6 Fiches contact

Fiche contact N° 874
Commercial : Romain Martelot Date : 08/02

Raison sociale / Enseigne	Contact / Fonction
La Tasca	Marie Baillet / Propriétaire
Adresse	**Activité**
Domaine d'Anglas 34190 BRISSAC Tél. : 04 67 73 70 48 Mail : contact@grandsud.fr	Hébergement touristique de courte durée
Résultat obtenu	
■ Remise de documentation □ Prise de rendez-vous	■ Donner suite □ Commande

Fiche contact N° 875
Commercial : Romain Martelot Date : 08/02

Raison sociale / Enseigne	Contact / Fonction
Etape Charbelle	Pascal Roger / Propriétaire
Adresse	**Activité**
Rue des Rousillous 11200 LEZIGNAN-CORBIERES Tél. : 04 68 27 05 14 Mail : info@campingchanterie.fr	Hébergement touristique de courte durée
Résultat obtenu	
■ Remise de documentation □ Prise de rendez-vous	□ Donner suite □ Commande

Fiche contact N° 876
Commercial : Romain Martelot Date : 08/02

Raison sociale / Enseigne	Contact / Fonction
Demeure St Martin	Sylvia Hemery / Propriétaire
Adresse	**Activité**
Lac de la Raviège 81260 LAMONTÉLARIE Tél. : 05 63 70 98 66 Mail : info@campinglerouquiez.fr	Hébergement touristique de courte durée
Résultat obtenu	
■ Remise de documentation ■ Prise de rendez-vous	□ Donner suite □ Commande

Fiche contact N° 877
Commercial : Romain Martelot Date : 08/02

Raison sociale / Enseigne	Contact / Fonction
Domaine de La Passe	Katia Delory / Gérant
Adresse	**Activité**
Route du Pont neuf 12 460 ST SYMPHORIEN Tél. : 02 43 20 44 54 Mail : contact@lesprades.fr	Hébergement touristique de courte durée
Résultat obtenu	
■ Remise de documentation □ Prise de rendez-vous	■ Donner suite □ Commande

ANNEXE 2 Bordereau de mise à jour de la base de données

Bordereau de mise à jour de la base de données « Prospects »

Nom	Prénom	Raison sociale	Rue	CP	Commune	Tél.

FAIRE LE POINT

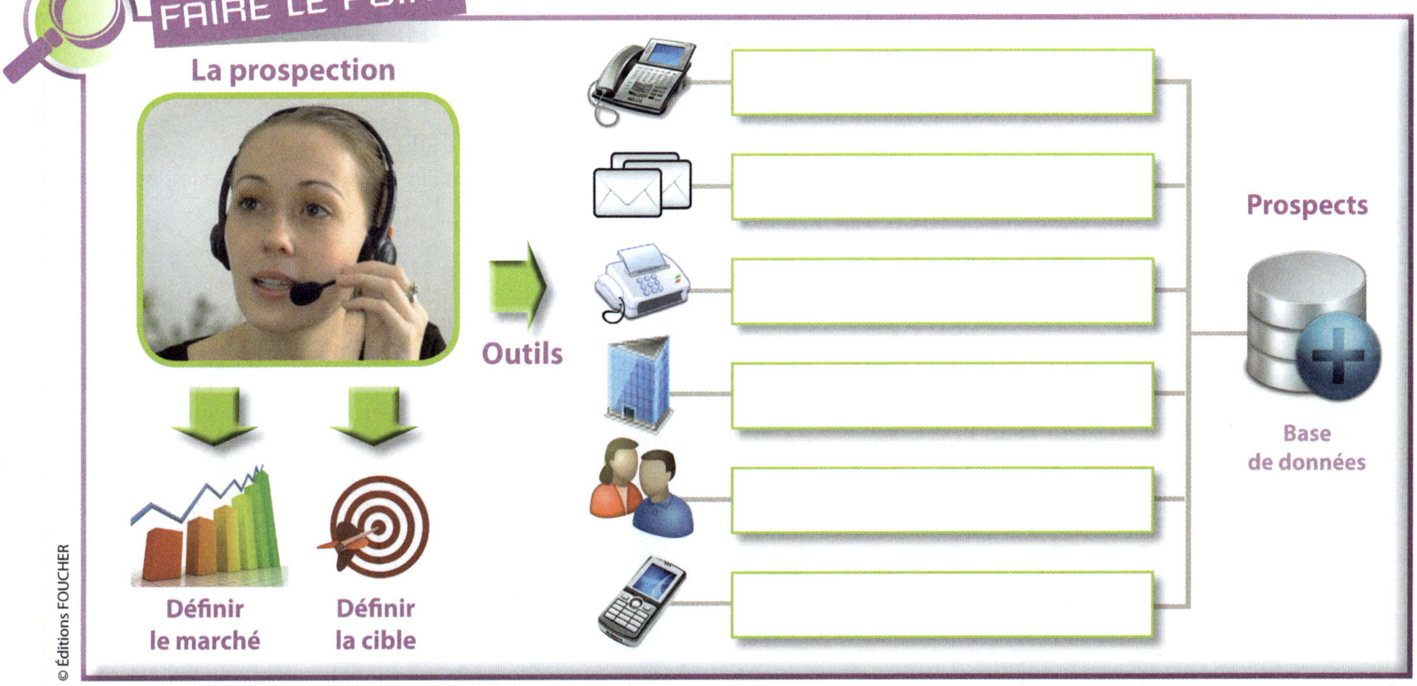

Participer à la prospection de la clientèle

1 Les objectifs et les cibles d'une opération de prospection

- La prospection regroupe l'ensemble des **actions** qui visent à identifier et à contacter de **nouveaux clients potentiels** pour les transformer en clients réels.
- Pour mettre en œuvre une **action de prospection**, l'entreprise doit connaître avec précision les **composantes** du marché et se fixer des **objectifs**. Elle doit aussi définir sa **cible**, c'est-à-dire la fraction de la population qu'elle souhaite toucher.
- L'objectif est d'assurer son développement commercial et d'**atteindre ses objectifs**.

2 Les outils pour cibler et prospecter

- Pour mener à bien une **prospection** qui vise à cibler de nouveaux clients, l'entreprise dispose de plusieurs **outils**.
- L'**entretien en face à face** permet de rencontrer le prospect pour répondre à ses besoins et lui faire une offre personnalisée.
- Le **télémarketing** (ou phoning) permet de prendre contact avec les prospects pour leur faire des propositions et leur proposer un rendez-vous.
- Le **publipostage** permet d'envoyer, en masse, par voie postale, une offre personnalisée, un catalogue ou une plaquette publicitaire.
- Le **faxing** permet de contacter les prospects en leur envoyant un fax à caractère commercial et publicitaire.
- L'**e-mailing** permet d'envoyer une offre sur la boîte mail des prospects.
- Le **SMS mailing** vise à envoyer sur le téléphone portable des prospects, un message commercial à la fois fort, concis et personnalisé.
- Le **salon professionnel** permet de présenter les produits et les services de l'entreprise aux prospects pour qu'ils puissent les évaluer.

3 La création et la mise à jour d'un fichier prospects

- Le **fichier prospects** regroupe toute l'information détenue sur les **cibles** afin de mieux segmenter des contacts.
- Cette **base de données** est le plus souvent gérée dans un **PGI** (progiciel de gestion intégré).
- L'entreprise a deux possibilités : soit elle constitue un **fichier en interne** en collectant l'information, soit elle fait appel à un fichier externe en **location** ou à l'**achat**.

EXO Participer à la prospection de la clientèle

Vous êtes en formation au service commercial de La Jardinerie Delbart. L'entreprise, qui dispose de six magasins, a réalisé une étude de satisfaction pour mieux cerner les attentes de ses clients et développer son action dans le domaine des services.

1 Étudiez le résultat de cette enquête (doc. 1).

2 Étudiez les actions et les services proposés pour attirer et fidéliser la clientèle (doc. 2).

3 Proposez un choix d'outils de prospection pour contacter la nouvelle cible (doc. 3).

DOC 1 Résultats de l'enquête de satisfaction

Résultats de l'enquête de satisfaction

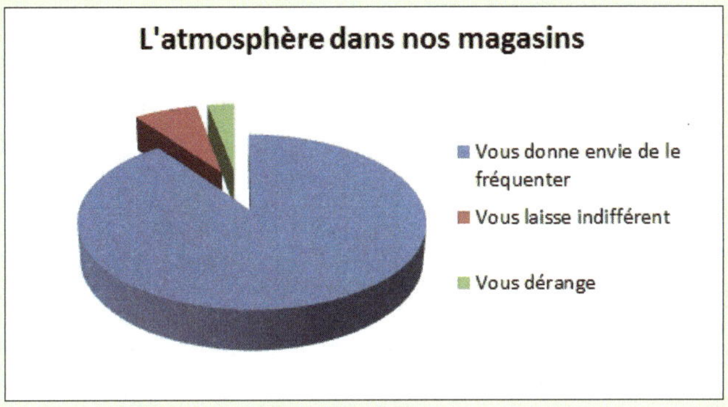

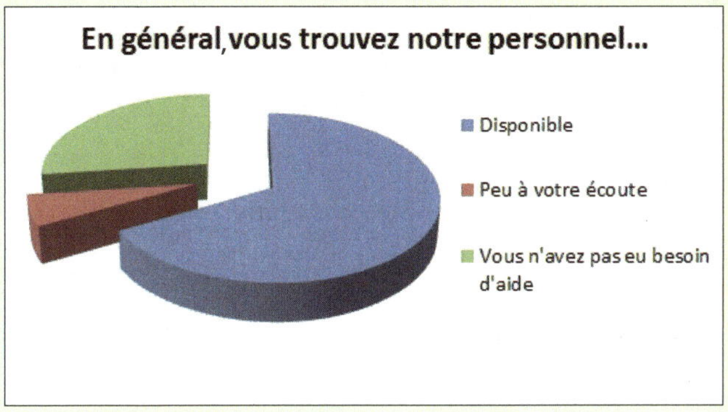

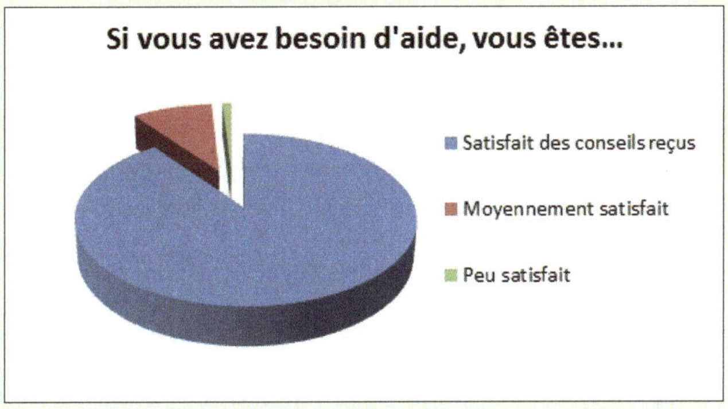

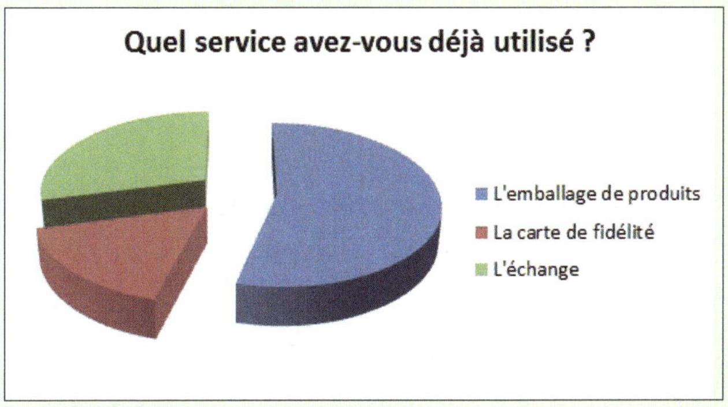

Dégagez les points forts des points de ventes.

DOC 2 Fidélisation et développement de la clientèle

Entrez dans l'univers de www.delbart.com

Votre magasin change de look, votre site aussi pour une nouvelle version encore plus riche et plus attractive ! Surfez dans nos trois univers : jardin, animaux, loisirs-décoration. Découvrez l'actualité, les promotions, les animations de votre magasin et toujours plus d'informations et de conseils. Retrouvez les grands dossiers extraits de *Delbart Magazine* et téléchargez les fiches conseils et projets, une multitude d'idées et astuces des experts Delbart pour réussir vos projets…

Commandez un bouquet de fleurs ou bien un article parmi la sélection des produits du magazine (repérés par @) et retrouvez aussi tous les horaires et les plans d'accès du magasin.

À votre service…

Pour vous garantir des prestations de qualité et vous simplifier la vie, Delbart s'engage et vous propose un large choix de services :

- les diagnostics ;
- le rempotage ;
- les livraisons à domicile ;
- le paiement facile.

Delbart propose aussi les fiches conseils et les fiches projets.

Pour connaître le détail et les modalités de ces services, le livret « À votre service » est disponible gratuitement dans votre magasin ou sur www.delbart.com.

Delbart N° AZUR : 0 810 810 698

7 jours/7 de 9 h 30 à 19 h 30 y compris les jours fériés.

Relevez les actions et les services proposés pour attirer et fidéliser la clientèle.

DOC 3 Opération de prospection

Note

Nous avons décidé de nous adresser aux collectivités territoriales pour leur proposer notre nouveau produit : le gazon en rouleaux prêt à poser.

Nous allons louer un fichier prospects pour lancer notre campagne de prospection.

Nos deux commerciaux disposeront d'une documentation technique et chercheront à personnaliser l'offre au regard des infrastructures et des espaces verts des collectivités.

Martial Delbart

Proposez et justifiez le choix d'un ou de plusieurs outils de prospection qui vous permettrait d'entrer en contact avec la nouvelle cible.

PÔLE 1	Gestion administrative des relations externes
	Classe de situation 1.2 **Gestion administrative des relations avec les clients et les usagers**
	Situation de travail 1.2.2 **Tenue des dossiers clients, donneurs d'ordre et usagers**

11

Assurer la tenue des dossiers clients

Référentiel

SAVOIRS ASSOCIÉS	PERFORMANCE ATTENDUE
• Les types de clients • Les méthodes de classement et d'archivage, y compris la gestion électronique des documents (GED) • Le processus automatisé des informations clients à l'aide d'un PGI	**Complexité** • Relations avec des clients UE et hors UE
COMPÉTENCE	**RÉSULTATS ATTENDUS**
• Actualiser une base de données clients	• La collecte et la mise à jour de l'ensemble des informations relatives aux clients et usagers sont réalisées.

Transversalité : PÔLE 3 Situation 3.1.1
Collecte et recherche d'informations
Situation 3.1.3
Organisation et mise à disposition des informations

Situation de travail 1.2.2
Tenue des dossiers clients, donneurs d'ordre et usagers

- Située à Sainte-Maure-de-Touraine en Indre-et-Loire, la société **G-Sport** est une PME de neuf salariés créée en 1991 par Martial Libret.
- L'entreprise fabrique toute une gamme de **produits d'équipements sportifs** d'un excellent rapport qualité prix. Sans cesse à l'affût des nouveautés et des évolutions techniques, elle apporte continuellement une vive attention à la fabrication de ses produits.
- G-Sport, c'est plus de 3 000 clients sur toute la France et en Europe. Elle s'adresse aussi bien aux magasins spécialisés qu'aux administrations, aux collectivités et aux associations.

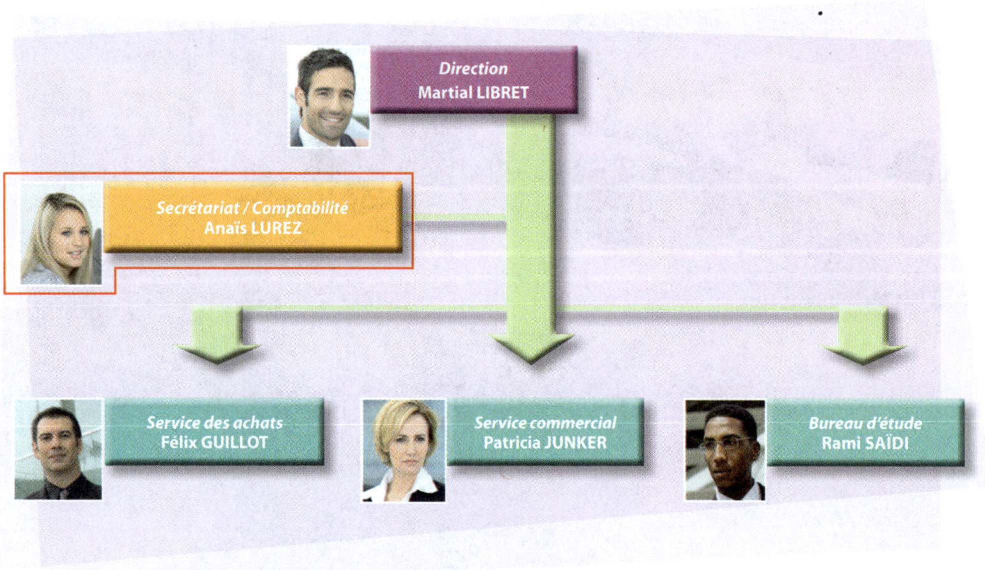

MISE EN SITUATION

- Le nombre croissant de clients et le volume de plus en plus important de documents obligent l'entreprise à se réorganiser.
- Elle a donc choisi d'adopter un procédé informatique, la gestion électronique des documents (GED), pour classer, stocker, indexer et consulter toutes les informations échangées avec ses partenaires. De plus, la GED lui permet de réduire ses coûts d'impression et de stockage.
- Vous êtes en stage de formation au secrétariat sous la responsabilité de Mme Anaïs Lurez.

VOS MISSIONS

Mme Lurez vous confie plusieurs missions :

Mission 1 : Repérer les outils de l'archivage numérique

Mission 2 : Classer et archiver à l'aide de la gestion électronique des documents (GED)

février
2

MISSION 1 Repérer les outils de l'archivage numérique

Le système de gestion électronique des documents vient d'être mis en place. M. Libret, directeur de la société, vous adresse une note d'information pour en repréciser les enjeux.

1 Consultez la note et la documentation (doc. 1 à 3) puis répondez aux questions.

DOC 1 Note de la direction

Note d'information

Destination : l'ensemble du personnel

Comme vous le savez, nous avons installé depuis peu, sur notre réseau, le logiciel M-Files qui nous permet d'assurer une gestion électronique des documents (GED). Je vous rappelle que ce système vous permet maintenant de classer, sécuriser, dématérialiser et archiver l'ensemble des documents émis et reçus.

Par ailleurs, pour éviter une consommation excessive de papier, je vous invite à utiliser le plus souvent possible le format PDF pour stocker notre information sous une forme numérique. Nous avons installé sur notre système le logiciel *PDF Creator*, libre et gratuit. Je vous communique une documentation sur ce format et sur la notion d'archivage.

Cordialement,
Martial Libret

DOC 2 Le format PDF

Le format PDF, une référence mondiale

PDF signifie *Portable Document Format*. L'intérêt principal des documents au format PDF est qu'ils gardent exactement la même apparence qu'ils soient ouverts sous Windows, Mac, Linux ou tout autre système d'exploitation. C'est pourquoi il s'agit d'un format de document dit « portable ».

Créez des fichiers PDF en quelques clics

PDF Creator permet la création facile et gratuite de documents PDF depuis votre suite Office, votre client e-mail, Internet Explorer ou toute autre application. Le logiciel s'utilise comme une imprimante virtuelle qu'il suffit de choisir à l'impression pour générer le fichier PDF. Les documents en PDF ne demandent pour s'ouvrir qu'un lecteur. Le plus souvent, on utilise *Acrobat Reader*, gratuit.

DOC 3 L'archivage numérique

L'archivage numérique

Il convient de distinguer :
– l'archivage de stockage, qui s'apparente aux actions, outils et méthodes permettant d'entreposer des contenus électroniques servant de base au traitement ultérieur des contenus ;
– l'archivage de sauvegarde, qui représente l'ensemble des actions, outils et méthodes destinés à dupliquer des contenus électroniques d'origine dans un but sécuritaire pour éviter leur perte en cas de dysfonctionnement du dispositif sur lequel ils sont enregistrés.

De quel outil dispose l'entreprise pour assurer la gestion électronique de ses documents ?

....

Quelle est l'utilité de cet outil ?

....

....

Pourquoi utiliser le format PDF ?

....

....

Quelles sont les différentes formes d'archivage ?

....

....

....

Tous les documents créés et reçus sont stockés de manière numérique à l'aide du logiciel de GED. L'entreprise utilise le logiciel M-Files. Un disque spécifique est disponible dans le poste de travail pour y recevoir tous les documents.

2 Observez l'interface du logiciel utilisé et répondez aux questions (**doc. 4**).

Avec quels types de clients l'entreprise travaille-t-elle ?

Dans quel(s) dossier(s) peuvent être stockés les documents ?

Les documents sont-ils accessibles par plusieurs utilisateurs ? Justifiez votre réponse.

Tous les documents sont-ils accessibles par tous les utilisateurs ?

DOC 4 Stockage numérique des documents

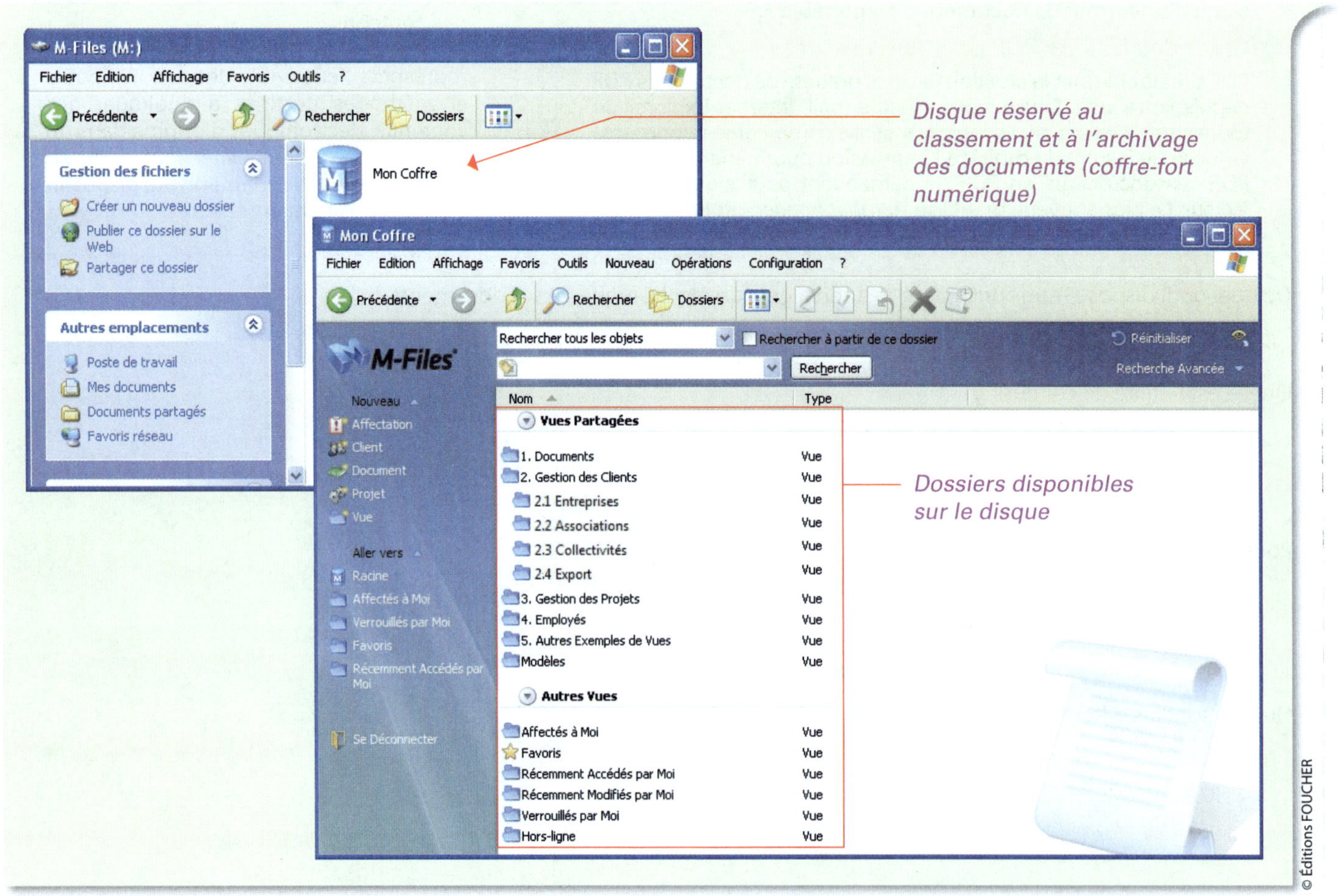

MISSION 2 Classer et archiver à l'aide de la gestion électronique des documents (GED)

Le 2 février, vous saisissez un courrier destiné au client Vitaform pour lui proposer une étude pour aménager sa salle de sport. Vous l'informez par ailleurs que le commercial, M. Delabroy, lui présentera le projet le vendredi 9 février à 14 h 30.

3 Observez l'écran qui suit (doc. 5) et indiquez à quel endroit sera stocké ce nouveau document.

____

____

DOC 5 Saisie, enregistrement et stockage de la lettre adressée au client Vitaform

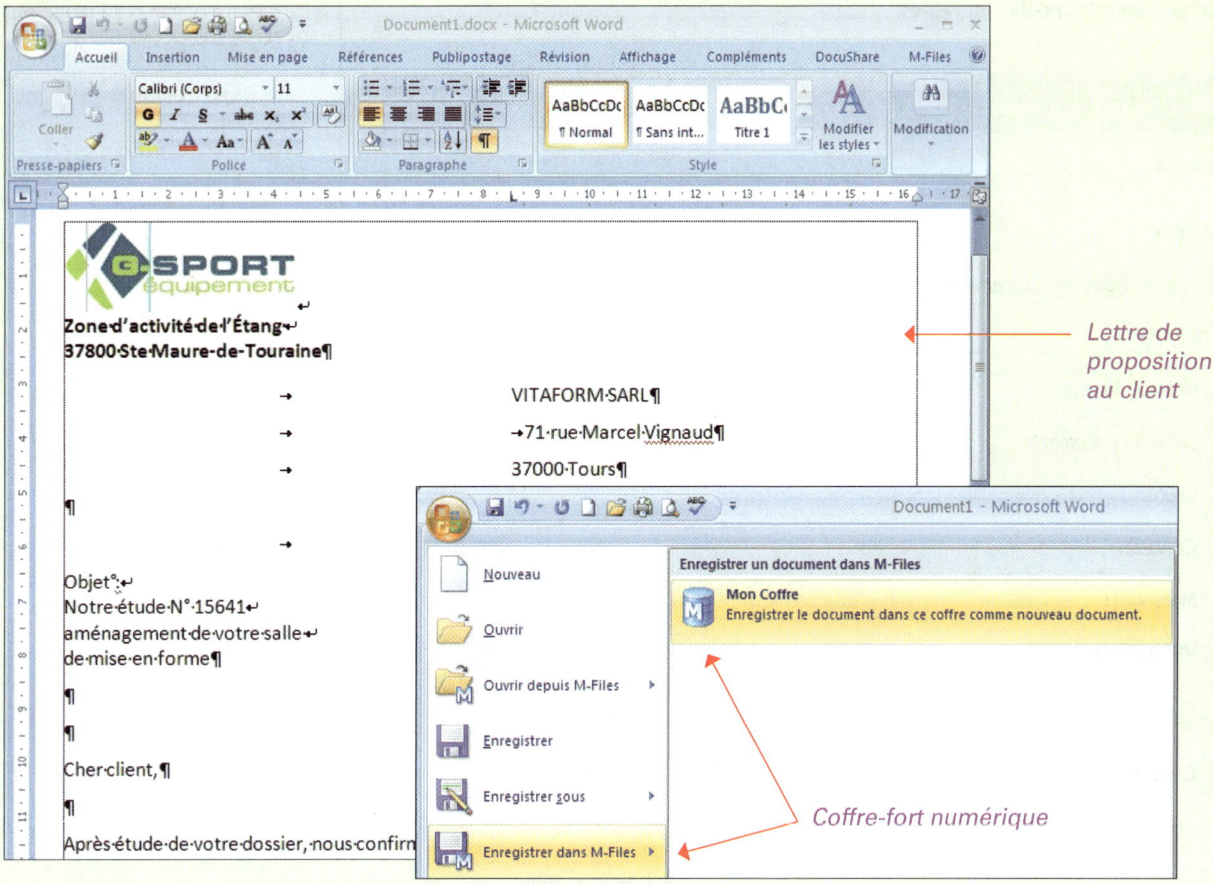

4 Complétez la fenêtre (annexe 1) pour y saisir les métadonnées en respectant les règles pratiquées par l'entreprise (doc. 6).

DOC 6 Noms des fichiers et mots clés pratiqués par l'entreprise pour les pièces clients

G-Sport
Archivage des pièces clients

Règle de sécurité

Les courriers adressés aux clients ne sont accessibles qu'en lecture seule par les utilisateurs internes et contrôlés totalement par le secrétariat.

Nommage des fichiers

– 5 premiers caractères du nom ou de la raison sociale
– N° de dossier ou n° de pièce : 5 caractères
– Date du document

Exemple : LAGNY-14732-10-02-nn

Mots clés utilisés

Commande	Étude	Livraison
Comptabilité	Facture	Trésorerie

ANNEXE 1 Enregistrement du document et saisie des métadonnées

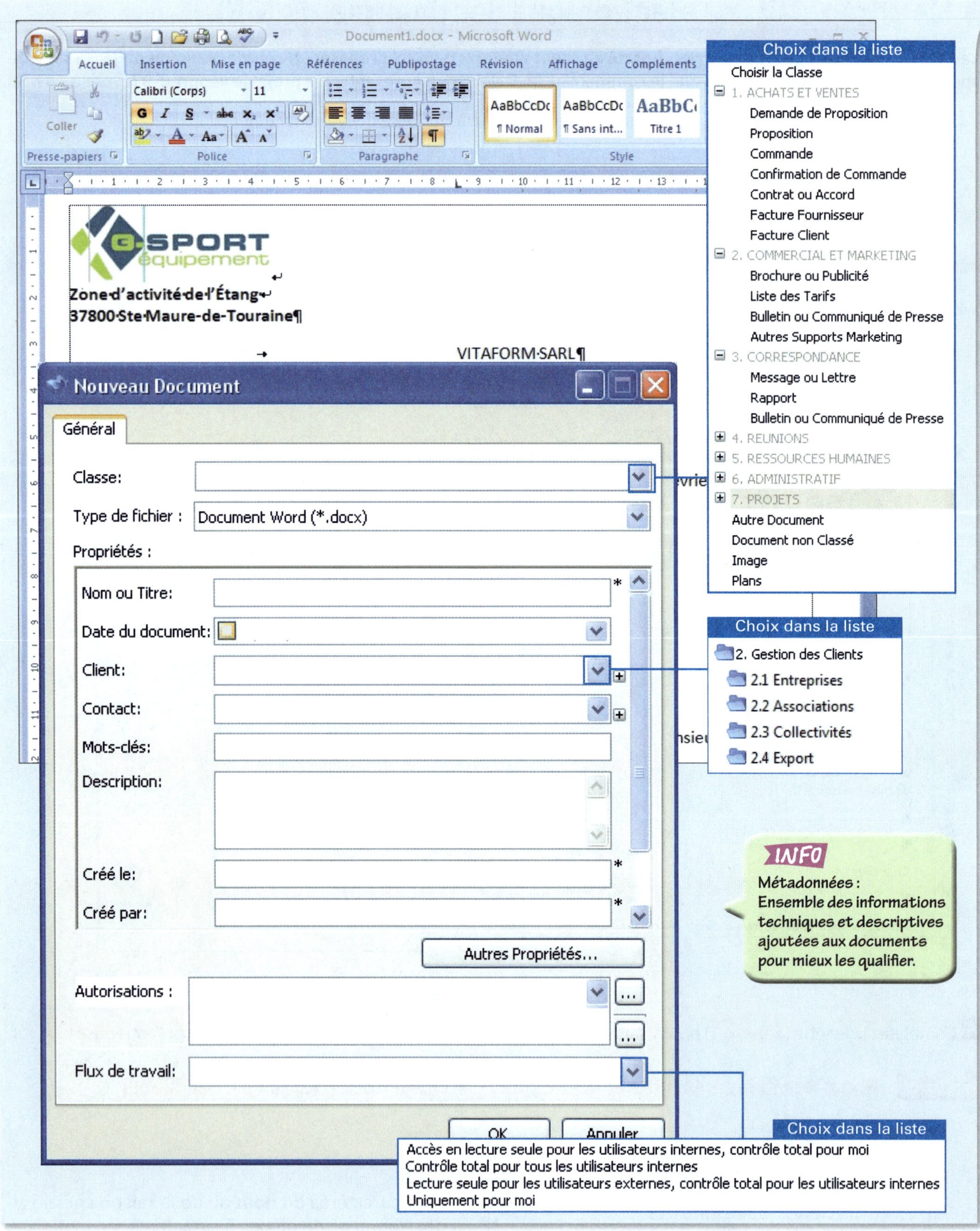

INFO

Métadonnées : Ensemble des informations techniques et descriptives ajoutées aux documents pour mieux les qualifier.

Quel est l'intérêt de saisir un mot clé ? ....

....

Pourquoi faut-il définir des autorisations ? ....

....

Le 3 février, vous recevez une commande papier de l'association Ascol Foot 38. Vous devez numériser le document pour l'archiver et le classer à l'aide du logiciel de GED.

5 Complétez la fenêtre (**annexe 2**) pour y saisir les métadonnées en respectant les règles pratiquées par l'entreprise (**doc. 6**) et répondez aux questions.

ANNEXE 2 Numérisation du document reçu et saisie des métadonnées

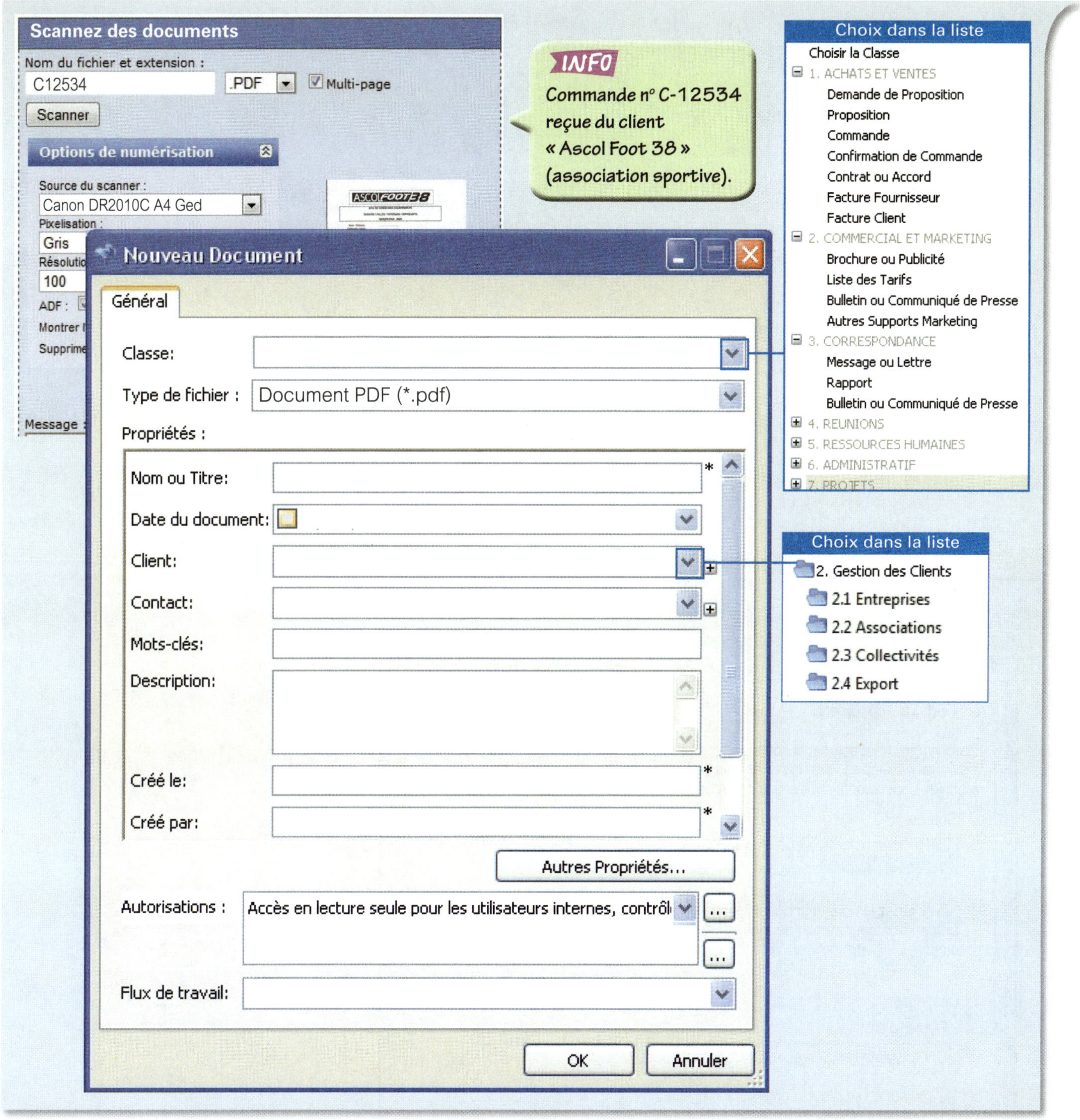

Quel est l'intérêt de numériser les documents papier reçus ?

Le logiciel de GED permet de lancer des procédures de sauvegardes. L'un de vos clients, l'association Cap sport, vous a fait part de sa dissolution. Vous archivez donc définitivement tous les documents qui le concernent.

6 Observez le message affiché par le logiciel au lancement de l'archivage (doc. 7) et répondez aux questions.

Combien de documents ont été définitivement archivés ?

Quelle est la destination de l'archive ?

Quel est l'intérêt de procéder à l'archivage définitif de certains documents ?

DOC 7 Archivage de sauvegarde de documents

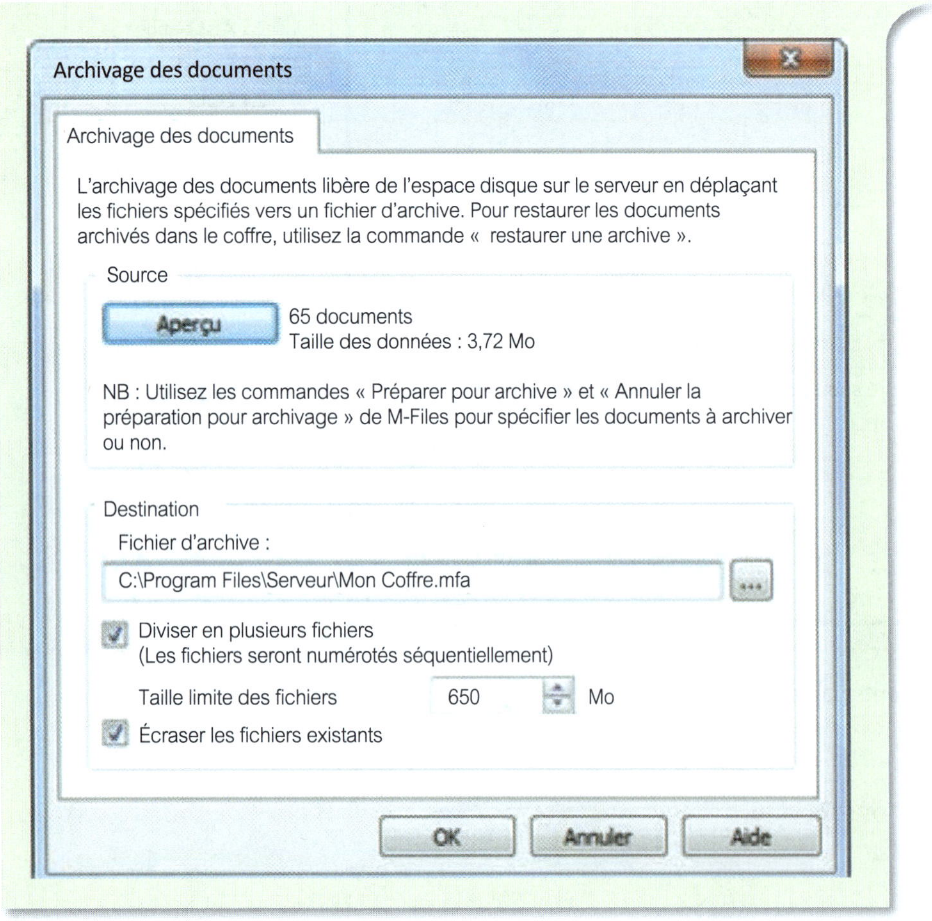

FAIRE LE POINT

La gestion électronique des documents (GED)

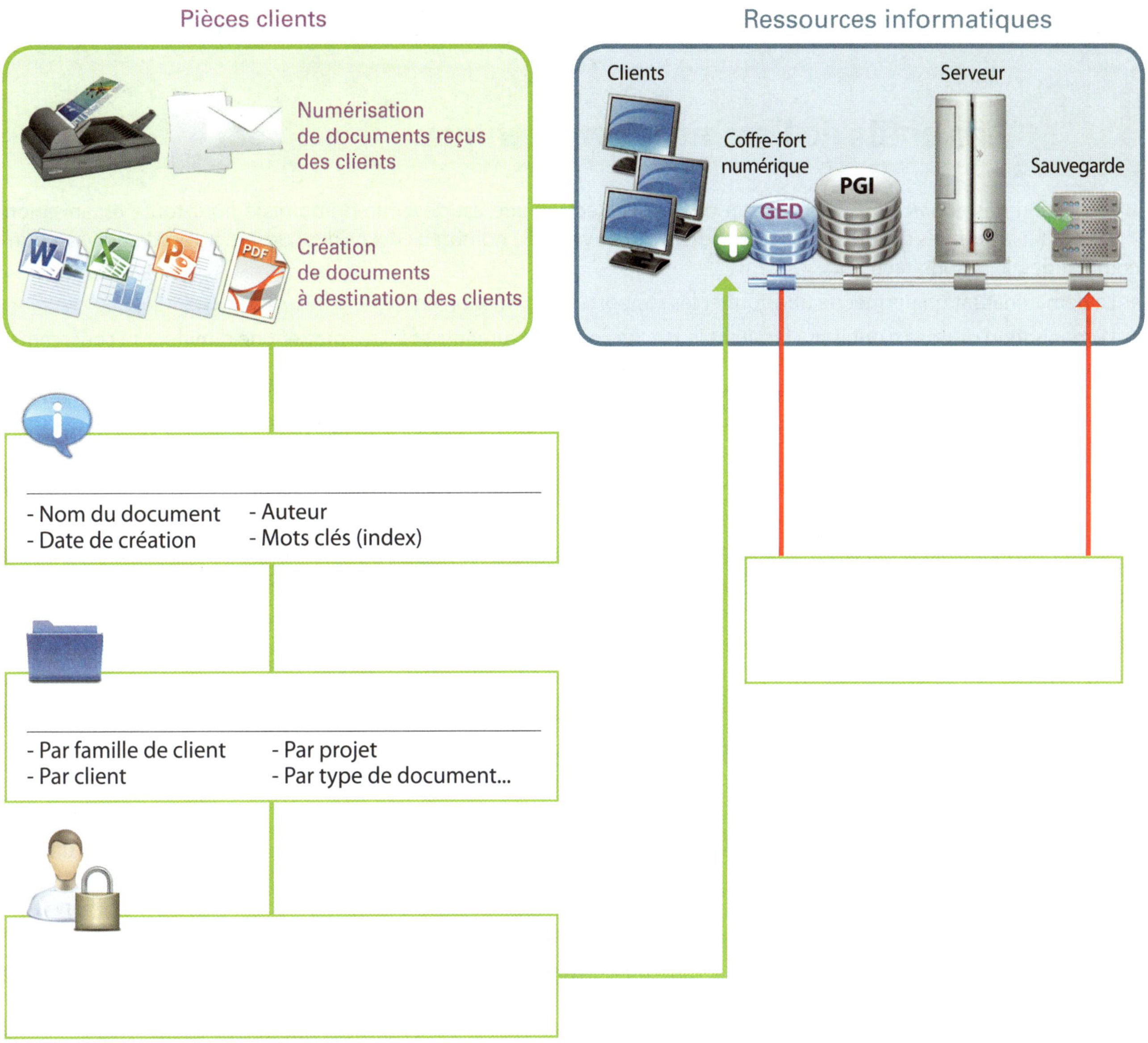

Assurer la tenue des dossiers clients

1 Les outils de l'archivage numérique

■ La gestion des **dossiers clients** dans un processus électronique est devenue primordiale pour toute organisation. La **dématérialisation** des documents et leur **archivage** couvrent de nombreux domaines : dossiers d'études, devis, courriels, commandes, livraisons, factures...

■ La dématérialisation permet de transformer les supports d'information en **fichiers informatiques**.

■ L'organisation dispose d'outils qui facilitent le **stockage** des documents et lui permettent de diminuer sa consommation de papier.

■ La **gestion électronique des documents** (GED) englobe l'ensemble des outils et des techniques visant à dématérialiser, classer, gérer et stocker des documents électroniques. Elle diminue le temps de recherche et de traitement des documents, permet d'éviter les photocopies et les fichiers redondants, et de **partager** aisément l'information.

■ L'acquisition informatique des documents peut se faire par dématérialisation de documents papier, production ou intégration de documents électroniques.

■ Le **format PDF** s'est imposé comme format d'échange et d'archivage de documents électroniques, il est devenu un standard international. Développé par la société Adobe®, il a pour but de faciliter le **transfert de documents** entre différentes plates-formes (Windows®, Mac OS®, Linux®...).

2 Le classement et l'archivage à l'aide de la gestion électronique des documents (GED)

■ Il convient de distinguer :
- l'**archivage de stockage**, permettant d'entreposer des contenus électroniques et servant de base à des utilisations ultérieures ;
- l'**archivage de sauvegarde**, destiné à dupliquer des contenus électroniques pour éviter leur perte en cas de dysfonctionnement et pour gagner de la place sur les supports de stockage.

■ L'archivage électronique de documents se fait dans un **espace numérique** de conservation appelé parfois **coffre-fort numérique**. Il s'agit d'un espace disque hyper-sécurisé et inviolable grâce à une gestion des **droits d'accès**.

■ Les **documents papier** sont numérisés grâce au **scanner** et les autres documents numériques sont créés à l'aide des logiciels et progiciels utilisés quotidiennement.

■ L'**indexation** des documents numériques est primordiale. Elle consiste à décrire chaque document électronique en lui attachant des **métadonnées** (type, auteur, titre, source, date...) et en lui affectant des mots clés destinés à faciliter les recherches.

EXO Assurer la tenue des dossiers clients

Vous êtes en formation au secrétariat de la société Microcom, spécialisée dans la vente, l'installation et la maintenance de systèmes réseau.

L'entreprise dispose d'outils de gestion électronique des documents et vous demande de participer à sa mise en place.

1 Examinez le plan de codification des documents internes adopté par l'entreprise (**doc. 1**) et proposez les codes des documents clients reçus et créés qui pourraient être adoptés (**annexe 1**).

Le 24 février, vous avez reçu et émis des documents clients.

2 Prenez connaissance de la note (**doc. 2**) et analysez les pièces à archiver en complétant le tableau (**annexe 2**).

DOC 1 Codification des « documents internes » adoptée par l'entreprise

Microcom – Codification des documents internes

Code	Mots clés	Description du document
CR	Compte rendu	Document relatif à une réunion ou à un échange d'idées
EX	Exposé	Document présenté sous forme de pages à projeter (diaporama)
FN	Formulaire numérique	Document qui contient des champs susceptibles d'être remplis
LE	Lettre envoyée	Document envoyé au format de lettre (texteur)
NI	Note d'information	Document contenant l'information destinée au personnel
NS	Note de service	Document contenant des instructions pour le personnel
OJ	Ordre du jour	Programme de réunion
PO	Procédure opératoire	Description d'un mode opératoire (ensemble d'étapes à respecter)
PV	Procès-verbal	Résumé de décisions prises au cours d'une réunion
RA	Rapport d'activité	Récapitulatif d'un travail spécifique, d'une mission, etc.

ANNEXE 1 Codification des « documents clients » reçus et créés

Codification des documents clients		
Code (*)	**Mots clés**	**Description du document**
	Demande de documentation	Demande de documentation / catalogue
	Demande de rendez-vous	Demande de rendez-vous client
	Offre client	Appel d'offres reçu d'un client
	Devis client	Devis destiné au client
	Commande client	Commande client reçue
	Livraison client	Bon de livraison destiné au client
	Facture client	Facture destinée au client
	Avoir client	Avoir destiné au client
	Lettre client reçue	Lettre reçue d'un client
	Mél reçu	Mél reçu d'un client
	Fax reçu	Télécopie reçue d'un client
	Autre document	Autre document reçu et envoyé

(*) *2 caractères*

DOC 2 Le format des fichiers informatiques

Microcom — Note d'information

L'entreprise dispose d'une configuration informatique réseau, d'un scanner et d'un logiciel de GED. Tous les documents sont stockés dans un coffre-fort numérique.

Les pièces commerciales clients sont réalisées à l'aide d'un PGI et enregistrées au format PDF. Le PGI permet de saisir les commandes clients, d'établir les bons de livraison, les factures et les avoirs.

Les documents de bureautique (lettres, feuilles de calcul, diaporamas) sont réalisés à l'aide de la suite Open Office aux formats ODF.

Les mél reçus et envoyés sont enregistrés au format PDF pour être conservés.

Les documents scannés sont enregistrés au format JPG (JPEG).

ANNEXE 2 Liste des pièces clients créées et reçues le 24 février

Pièces clients à archiver						
Client	**Document**	**Code mot clé**	**Créé (C) ou reçu (R)**	**Scanner oui/non**	**Format**	**Nom du fichier**
SOGAP	Commande papier N° 1533 du 21/02	CC	R	Oui	JPG	CC-SOGA-24-02-AA
GALECO	Courriel de confirmation de notre livraison du 28/02					
VAILLANT	Facture n° F7589 du 24/02 à envoyer					
SOGIPAC	Lettre de demande de documentation					
POLITECH	Devis n° D934 du 24/02 à envoyer					
JACQUIN	Lettre de réclamation (facture n° F4314 du 3/01 non payée)					
DOLIGEZ	Courriel de demande de rendez-vous avec notre commercial					
PAILLARD	Commande papier n° 12477 du 21/02					
HABBY	Retour du devis n° D927 accepté					
CARIDROY	Calcul du coût d'installation sur feuille de calcul					

INFO

Règles de nommage des fichiers :

- *Code mot clé*
- *4 premiers caractères du nom du client*
- *date de l'enregistrement sous la forme jj-mm-aa*

12

Répondre à un appel d'offres et établir un devis

Référentiel

SAVOIRS ASSOCIÉS	PERFORMANCE ATTENDUE
• Les procédures d'appels d'offres • La chaîne des documents commerciaux • Le processus automatisé du traitement des devis à l'aide d'un PGI • La dématérialisation des documents commerciaux	**Complexité** • Appel d'offres
COMPÉTENCE	**RÉSULTATS ATTENDUS**
• Assurer le traitement de devis	• La gestion administrative des devis et des commandes clients est assurée dans le respect des délais et des règles, notamment celles fixées par les services techniques et commerciaux.

Transversalité : PÔLE 3
Situation 3.1.2
Production d'informations structurées
Situation 3.1.3
Organisation et mise à disposition des informations

✔ La société **I-Comm** est une imprimerie installée à Argenteuil, en région parisienne. Son équipe de neuf personnes est capable d'assurer en interne l'ensemble des travaux **de prépresse, de presse, de façonnage et de logistique**.

✔ Dotée des meilleurs outils, elle traite tous les types de travaux d'impression standard ou spécifiques : dépliants, argumentaires, plaquettes, catalogues, journaux d'entreprise, brochures, affiches...

✔ En complément de son offre d'impression offset, elle est présente dans le secteur de l'impression numérique pour les travaux de communication ponctuels.

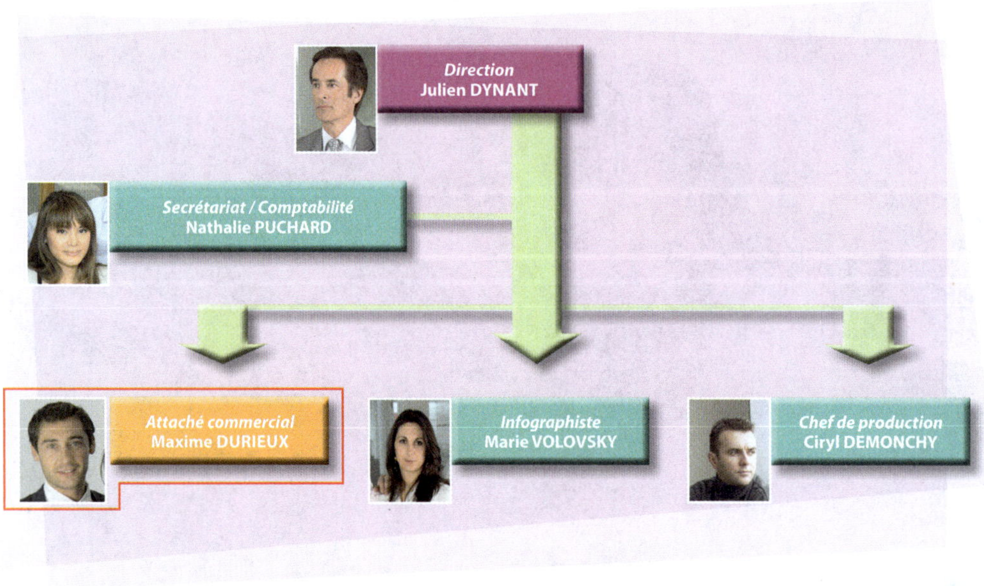

MISE EN SITUATION

■ Pour exercer son activité de services, l'entreprise doit répondre aux attentes de ses clients en leur offrant les meilleurs prix et en leur proposant des conditions commerciales qui lui permettent de fidéliser et de gagner de nouveaux clients.

■ Vous êtes en formation sous la responsabilité de M. Durieux et vous devez participer aux opérations commerciales.

VOS MISSIONS

Mars 6

M. Durieux vous confie plusieurs missions :

Mission 1 : Répondre à un appel d'offres

Mission 2 : Établir un devis

MISSION 1 Répondre à un appel d'offres

Depuis plusieurs années, I-Comm réalise pour son client Cartier et Masset des calendriers et des prospectus. Ce client pourrait lui confier d'autres travaux. Le 6 mars, vous recevez un appel d'offres et vous devez y répondre.

1 Observez le document reçu et répondez aux questions (doc. 1).

Qui a établi ce document ? Précisez la fonction de cette personne.

Quelle est l'utilité du document reçu ? Que devez-vous en faire ?

DOC 1 Appel d'offres reçu

INFO
Appel d'offres reçu ce jour.
Faire le nécessaire.
Utiliser le tarif « Impression numérique ».

C&M conseil
CARTIER & MASSET SA
Courtier en assurances
2, place de la Madeleine 75008 Paris
Tél. : 01 42 93 49 71 – Fax : 01 43 87 49 00
E-mail : contact@cartieretmasset.fr
SIRET : 54202613600021 – NAF : 6622Z

À
I-COMM SA
5 rue Anglade
95100 Argenteuil

Appel d'offres n° 214

Paris, le 3 mars N

Nous vous demandons de bien vouloir nous retourner pour le 12 mars la présente demande complétée, datée et signée afin de nous faire connaître vos meilleures conditions pour la fourniture éventuelle des articles suivants :

Désignation	Unité	Qté	PUHT	Observations
Papier à en-tête A4 papier blanc 90 g avec notre logo couleur	La feuille	5 000		
Cartes de correspondance 21 x 10 cm	La carte	2 000		
Enveloppes pré-imprimées 16,2 x 22,9 avec notre logo couleur	L'enveloppe	10 000		

Délai de livraison	Conditions de paiement	Frais à ajouter	Réductions à déduire

Nous vous remercions et vous prions d'agréer nos salutations les meilleures.

Charles Tittry,

Offre effectuée le Valable jusqu'au

Signature :

2 À l'aide du tarif de l'entreprise (doc. 2), complétez l'appel d'offres reçu (doc. 1).

DOC 2 Tarif « Impression numérique » (extrait)

i-COMM SA imprimeur — I-COMM SA - 5 rue Anglade - 95100 Argenteuil
Tél : 01 39 60 22 36 - Fax : 01 39 60 22 37 - www.i-comm.fr

TARIF
Impression numérique

Papier à en-tête A4

Quantités	Papier	HT	TTC
1 000 lettres	A4 21 x 29,7 Offset blanc 90g	82,50	99,00
2 500 lettres	A4 21 x 29,7 Offset blanc 90g	150,00	180,00
5 000 lettres	A4 21 x 29,7 Offset blanc 90g	187,50	225,00
10 000 lettres	A4 21 x 29,7 Offset blanc 90g	341,67	410,00

Enveloppes pré-imprimées DL - C5 - C4

Quantités	Enveloppes EV-DL - 11 x 22 cm		Enveloppes EV-C5 - 16,2 x 22,9 cm		Enveloppes EV-C4 - 32,4 x 22,9 cm	
	HT	TTC	HT	TTC	HT	TTC
1 000	185,83	223,00	229,17	275,00	235,83	283,00
2 000	241,67	290,00	285,00	342,00	327,50	393,00
3 000	284,17	341,00	351,67	422,00	411,67	494,00
4 000	325,83	391,00	422,50	507,00	505,83	607,00
5 000	361,67	434,00	499,17	599,00	597,50	717,00
10 000	529,17	635,00	735,00	882,00	876,67	1 052,00

À partir de votre logo (fichier image à nous faire parvenir)
Impression Offset Quadri – **Frais techniques compris**

Cartes de visite et de correspondance

Cartes de visite 8,5 x 5,5 cm				Cartes de correspondance 21 x 10 cm			
Réf.	Nbre d'ex.	HT	TTC	Réf.	Nbre d'ex.	HT	TTC
CVB01	250	37,50	45,00	CC01	250	95,83	115,00
CVB02	500	45,83	55,00	CC02	500	112,50	135,00
CVB03	1 000	54,17	65,00	CC03	1 000	129,17	155,00
CVB04	2 000	87,50	105,00	CC04	2 000	208,33	250,00
CVB05	3 000	120,83	145,00	CC05	3 000	291,67	350,00
CVB06	4 000	150,00	180,00	CC06	4 000	375,00	450,00
CVB07	5 000	179,17	215,00	CC07	5 000	458,33	550,00
CVB08	6 000	208,33	250,00	CC08	6 000	541,67	650,00
CVB09	7 000	233,33	280,00	CC09	7 000	625,00	750,00
CVB10	8 000	258,33	310,00	CC10	8 000	708,33	850,00
CVB11	9 000	283,33	340,00	CC11	9 000	791,67	950,00
CVB12	10 000	308,33	370,00	CC12	10 000	875,00	1050,00

Papier : qualité couché mat 350 g – Impression Offset Quadri
Frais techniques compris

Conditions accordées aux professionnels
Les professionnels bénéficient d'une remise de 10 % sur les prix hors taxes de notre tarif Impression numérique.
Les factures sont payables à 30 jours.
Le délai de livraison est de 72 h – Transport gratuit en France métropolitaine.

MISSION 2 Établir un devis

Le 5 mars, la société Art-Home demande à notre commercial M. Durieux de chiffrer l'impression éventuelle d'une plaquette publicitaire.

3 Observez la fiche prospect (doc. 3) remise par M. Durieux et répondez à la question.

DOC 3 Fiche prospect

INFO
Établir un devis.
Utiliser le tarif « Travaux d'imprimerie ».

i-COMM SA imprimeur — I-COMM SA - 5 rue Anglade - 95100 Argenteuil
Tél : 01 39 60 22 36 - Fax : 01 39 60 22 37 - www.i-comm.fr

Travaux d'imprimerie

Coordonnées du prospect	Commercial : M. Durieux
Société : ART-HOME Activité : Constructeur maisons	**FICHE PROSPECT N° 115**
Adresse : 5 rue du Mal Foch 77000 Melun	
Tél : 01 64 14 43 10 Fax : 01 64 14 43 00	
Mail : contact@art-home.fr	
Contact / Statut : Mme Lusset – Responsable d'agence	☑ Très intéressé ☐ À recontacter
À mettre en compte ☑	☐ Intéressé ☐ Pas iIntéressé

Date	Type de contact	RDV client	Observations
05/03/N	Entreprise	Prévu le 26/03/N	Demande de prix concernant : Plaquette publicitaire / dépliant 4 pages Impression : couleur recto-verso Quantité : 1 200 exemplaires Format : 420 x 297 mm Support : papier couché mat 250 g Qté : 1 200 feuilles 420 x 297 mm Façonnage : rainage-pliage Emballage : sous film thermo Livraison : Melun

Quels sont les éléments à prendre en compte dans le calcul du prix de l'impression de la plaquette publicitaire ?

4 À l'aide du tarif (doc. 4), établissez le devis n° D474 (annexe) et répondez aux questions.

DOC 4 Tarif « Travaux d'imprimerie » (extrait)

I-COMM SA imprimeur

I-COMM SA - 5 rue Anglade - 95100 Argenteuil
Tél. : 01 39 60 22 36 - Fax : 01 39 60 22 37 - www.i-comm.fr

Travaux d'imprimerie offset - TVA 20 % TARIF

Impression couleur				
Nombre d'exemplaires	Format 210 x 297 mm		Format 420 x 297 mm	
	Recto HT	Recto Verso HT	Recto HT	Recto Verso HT
50	92,00	172,00	134,00	194,00
100	102,00	194,00	158,00	238,00
150	126,00	216,00	182,00	282,00
200	159,00	238,00	206,00	326,00
300	178,00	282,00	254,00	414,00
400	192,00	326,00	302,00	467,00
500	224,00	370,00	350,00	477,00
600	288,00	414,00	398,00	487,00
700	296,00	441,00	424,00	497,00
800	317,00	448,00	431,00	506,00
Exemplaire suivant	0,27	0,34	0,38	0,78

Façonnage et emballage	
Rainage et pliage forfait jusqu'à 2 000 exemplaires	62,00
Emballage sous film thermo forfait jusqu'à 2 000 exemplaires	25,00

Support				
Papier à la feuille				
Papier couché mat		Prix d'achat HT*	Marge	Prix de vente HT**
115 g	210 x 297 mm	0,03	0,01	0,04
135 g	210 x 297 mm	0,04	0,01	0,05
170 g	210 x 297 mm	0,05	0,01	0,06
250 g	210 x 297 mm	0,07	0,03	0,10
300 g	210 x 297 mm	0,09	0,03	0,12
Papier couché mat		Prix d'achat HT*	Marge	Prix de vente HT**
115 g	420 x 297 mm	0,05	0,01	0,06
135 g	420 x 297 mm	0,06	0,01	0,07
170 g	420 x 297 mm	0,07	0,01	0,08
250 g	420 x 297 mm	0,09	0,03	0,12
300 g	420 x 297 mm	0,11	0,03	0,14

Livraison		
Forfait Paris/Province Prestataire : E-Express Délai : 48 h	210 x 297 mm	420 x 297 mm
Départements : 02 - 27 - 28 - 59 - 60 - 62 - 75 - 76 - 77 - 78	15,00 HT	25,00 HT
Départements : 91 - 92 - 93 - 94 - 95	11,00 HT	19,00 HT

** Prix d'achat hors taxe pour l'imprimeur.* *** Prix de vente hors taxe pour le client.*

ANNEXE **Devis n° D474**

I-COMM SA imprimeur	I-COMM SA - 5 rue Anglade - 95100 Argenteuil Tél : 01 39 60 22 36 - Fax : 01 39 60 22 37 - www.i-comm.fr SA au capital de 185 600 euros – SIRET : 31045839300041 – APE : 1812Z	Devis n° D474

CLIENT

NOM OU RAISON SOCIALE :

ADRESSE :

CONTACT : DATE :

PRODUITS / TRAVAUX DEMANDÉS

Désignation de la demande	Quantité

TRAVAUX D'IMPRESSION

Type d'impression	Format	Recto	Recto Verso	Quantité	Tarif HT	TOTAL
		☐	☐			
		☐	☐			
		☐	☐			

SUPPORT

Désignation	Format	Grammage	Quantité	PVHT Feuille	TOTAL

FACONNAGE	TOTAL

EMBALLAGE	TOTAL

LIVRAISON	TOTAL

TOTAL BRUT HT	
Remise exceptionnelle nouveau client 5 %	
TOTAL NET HORS TAXES	

Exemplaire à retourner à I-COMM

Devis établi le : L'offre est valable un mois soit jusqu'au :	Signature du client précédée de la mention « Bon pour accord »

Quelle est l'utilité du devis ?

....

....

Que devez-vous faire du devis que vous venez d'établir ?

....

....

Qu'attendez-vous du client ?

....

....

FAIRE LE POINT

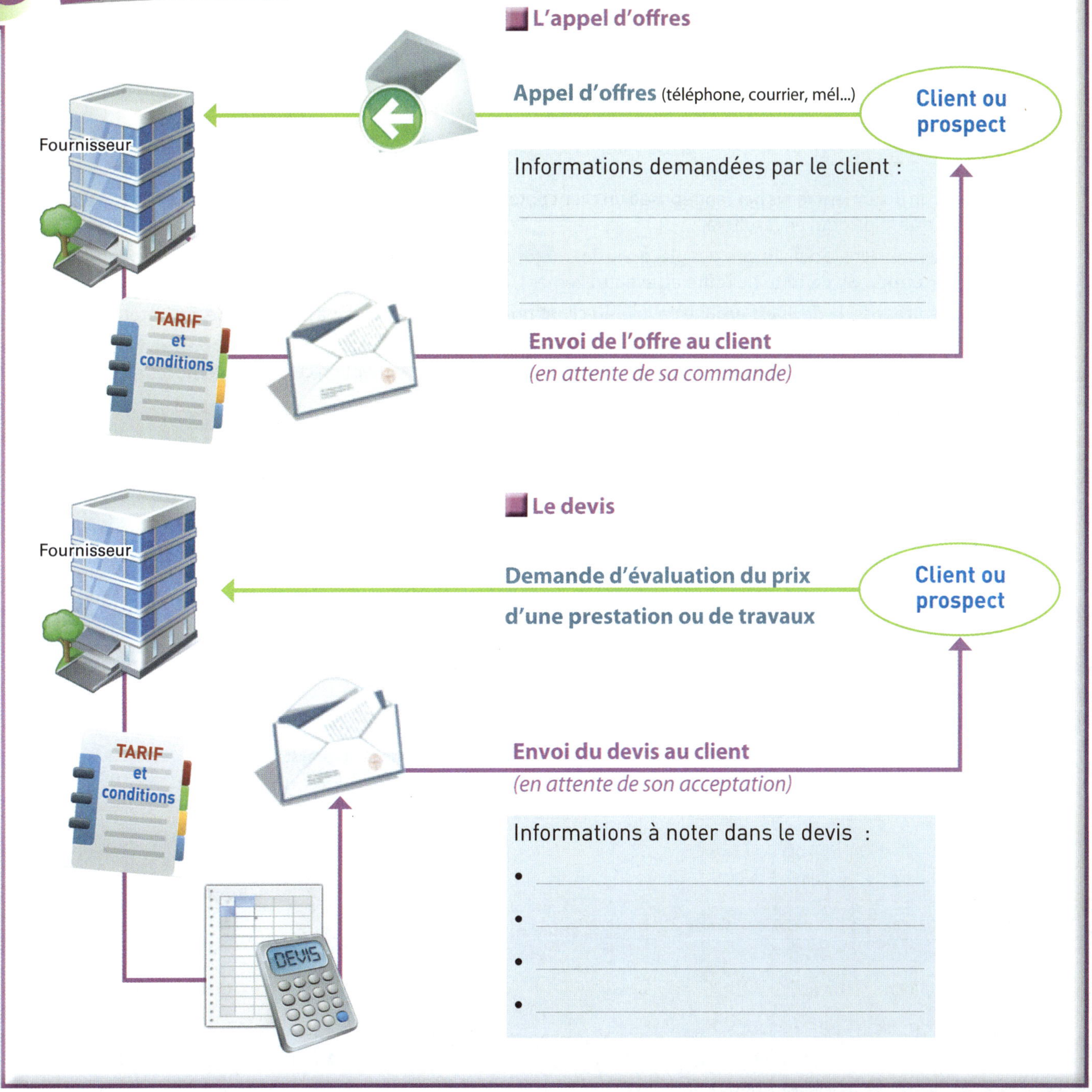

Répondre à un appel d'offres et établir un devis

1 La réponse à un appel d'offres

■ L'**appel d'offres** est une procédure qui consiste, pour un client ou un prospect, à s'adresser à l'entreprise pour lui demander ses **prix et conditions** concernant la fourniture de **produits** ou de **prestations** de services.

■ L'appel d'offres **reçu** peut avoir été effectué par courrier, téléphone, télécopie, ou par la demande de visite d'un commercial.

■ La **réponse** à apporter à un appel d'offres peut se faire par tout moyen de communication. Elle indiquera les **prix** proposés, les **réductions** accordées, les **conditions** de livraison et de paiement. Le client retiendra la proposition qui correspond le mieux à ses exigences.

2 L'établissement d'un devis

■ Le **devis** est un document remis par l'entreprise à un client potentiel mentionnant le détail des **travaux et de la prestation** à fournir ainsi que le prix qui en résultera.

■ Il doit mentionner dans le détail le prix des **pièces** ou des **matériaux**, celui de la **main-d'œuvre**, les **conditions commerciales** proposées, la **période de validité** de l'offre et, éventuellement, les conditions de **révision des prix**.

■ Signé par l'entreprise, le devis est ensuite envoyé au client pour **accord**. Si le client accepte l'offre, il la retourne signée.

■ Dès l'instant où le devis est **accepté** et **signé** par le professionnel et le client, il a la valeur d'un **contrat**. Le professionnel est tenu de respecter tous les **engagements** figurant sur le document, notamment en ce qui concerne les prix et les délais.

EXO Établir un devis

Vous êtes en formation au secrétariat de la société Solorama, spécialisée dans la vente et la pose de revêtements de sol. L'entreprise s'adresse aux particuliers et travaille aussi pour des constructeurs de maisons individuelles.

Examinez la fiche contact que vous a remise le commercial M. Delaby (doc. 1) puis, à l'aide du tarif (doc. 2), établissez le devis demandé (annexe).

DOC 1 Fiche contact client

SOLORAMA Vente et pose de revêtements de sol
37, rue du Chemin-Vert 62300 LENS – Tél. : 03 21 17 39 16 – Télécopie : 03 21 17 39 00
SA au capital de 200 000 euros – SIRET 32694240600032 – APE : 4333Z

Fiche contact client N° 874

Description des travaux

Pose carrelage sur dalle béton hall, séjour et cuisine, habitation neuve.
Chantier : 177 rue Victor Hugo 62000 Arras

Client
France confort
Constructeur
55 rue J.B. Defernez
62800 Liévin

☐ Particulier ☑ Professionnel

INFO
Préparer le devis, TVA 20 %.
Prévoir + 10 % des surfaces pour les chutes.

Détail des travaux

Pose marbre hall et séjour – Hall 2,50 m x 3 m – Séjour 5,50 x 4 m Marbre blanc Liberon 45 x 45 + plinthes 28 m	Pose carrelage cuisine 4 m x 4 m – Martel grès 32 x 32 coloris Dimo – Plinthes 14,50 m Le : 30/01/.. Le commercial L. Delaby

DOC 2 Tarif (extrait)

SOLORAMA Vente et pose de revêtements de sol
37, rue du Chemin-Vert 62300 LENS – Tél : 03 21 17 39 16 – Télécopie : 03 21 17 39 00
SA au capital de 200 000 euros – SIRET 32694240600032 – APE : 4333Z

TARIF (extrait)

Carrelages

Code	Désignation	PU HT (m²)
136755601	DESVRE Izoart 24 x 24	34,33
141874555	DESVRE Obby 32 x 32	41,34
174896541	FLOOR grès Lothar Col. Senna 32 x 32	24,24
174896541	FLOOR grès Lothar Col. Ravi 32 x 32	24,24
174896541	FLOOR grès Lothar Col. Lotari 32 x 32	24,24
181634782	MARTEL grès Sirène Col. Malet 32 x 32	27,31
181634782	MARTEL grès Sirène Col. Gaillet 32 x 32	27,31
181634782	MARTEL grès Sirène Col. Dimo 32 x 32	27,31
181634782	MARTEL grès Sirène Col. Palet 32 x 32	27,31

Marbre et pierres naturelles

Code	Désignation	PU HT (m²)
008179742	Marbre rose AZUR 40 x 40	68,60
008288941	Marbre blanc LIBERON 45 x 45	72,81
008561264	Marbre vert ORIMON 40 x 40	74,66
008366834	Travertin 50 x 50	59,32

Règlement : 30 % à la commande, le solde à la fin des travaux.
Remise de 15 % pour les clients professionnels.

Plinthes

Code	Désignation	PU HT (m²)
136755817	DESVRE Izoart	10,52
141874833	DESVRE Obby 32 x 32	10,84
174896834	FLOOR grès Lothar Col. Senna	8,74
174896835	FLOOR grès Lothar Col. Ravi	8,74
174896836	FLOOR grès Lothar Col. Lotari	8,74
181634857	MARTEL grès Sirène Col. Malet	9,12
181634858	MARTEL grès Sirène Col. Gaillet	9,12
181634859	MARTEL grès Sirène Col. Dimo	9,12
181634830	MARTEL grès Sirène Col. Palet	9,12
008179744	Marbre rose AZUR	18,24
008288752	Marbre blanc LIBERON	19,13
008561781	Marbre vert ORIMON	21,14
008366792	Travertin	26,12

Main-d'œuvre

Pose carrelages : 44,21 HT le m²
Pose marbre et pierres naturelles : 76,22 HT le m²
Pose plinthes : 13,72 HT le ML

Prix garantis 1 mois à compter de la date d'envoi du devis.

ANNEXE Devis à établir

SOLORAMA

Vente et pose de revêtements de sol

37, rue du Chemin-Vert 62300 LENS

Tél. : 03 21 17 39 16 – Télécopie : 03 21 17 39 00

SA au capital de 200 000 euros

SIRET 32694240600032 – APE : 4333Z

DEVIS N° 949

Lens, le

Fournitures				
Référence	**Désignation**	**Qté**	**PU HT**	**Montant HT**
			TOTAL fournitures HT	

Main-d'œuvre				
Désignation	**Unité**	**Qté**	**PU HT**	**Montant HT**
			TOTAL main-d'œuvre HT	

Nature des travaux :
Règlement :

Total HT	
Remise %	
TOTAL NET HT	

Notre devis gratuit est établi le

Nos prix sont fermes pour une durée de :

soit jusqu'au

Signature du commercial :

Signature du client :

13

Traiter les commandes reçues et assurer le suivi des livraisons

Référentiel

SAVOIRS ASSOCIÉS	PERFORMANCE ATTENDUE
• La planification des commandes • Le processus automatisé du traitement des commandes et de la livraison à l'aide d'un PGI • La dématérialisation des documents commerciaux	**Complexité** • Commande mixte de biens et de services associés
COMPÉTENCES	**RÉSULTATS ATTENDUS**
• Assurer le traitement de commandes • Assurer le traitement administratif des livraisons	• La gestion administrative des commandes clients est assurée dans le respect des délais et des règles, notamment celles fixées par les services techniques et commerciaux. • Le traitement et le suivi des livraisons est assuré.

Transversalité : PÔLE 3
Situation 3.1.2
Production d'informations structurées
Situation 3.1.3
Organisation et mise à disposition des informations

PRÉSENTATION

Situation de travail 1.2.3	Situation de travail 1.2.4
Traitement des commandes	Traitement des livraisons

Vêtements & accessoires
MOTO line
grossiste

- **Moto Line** est une entreprise spécialisée dans **l'équipement du motard et de la moto**.
- Créée en 1997, elle s'adresse aux professionnels pour leur proposer plus de 4 000 références choisies pour leurs qualités techniques et de fabrication.
- Elle propose également de personnaliser certains vêtements (veste, blouson, T-shirt, sellerie...) à l'enseigne et au logo du client grâce à la sérigraphie et à la broderie.

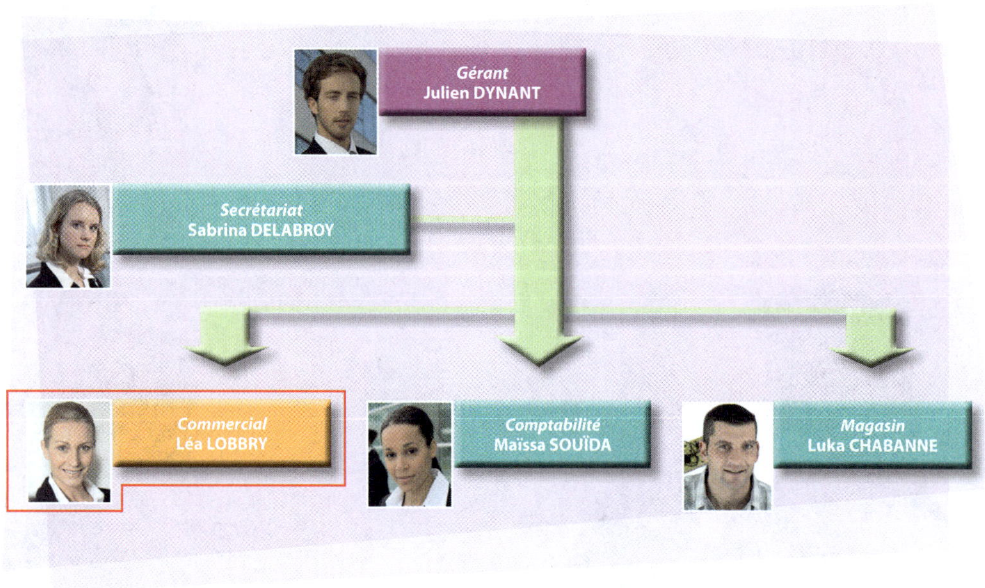

MISE EN SITUATION

- Chaque jour, Moto Line traite les commandes reçues de ses clients.
- Qu'il s'agisse de bons de commande, de télécopies ou de courriels, elle les enregistre dans son système informatique dès réception et livre les articles commandés dans les 8 jours.
- Vous êtes au service commercial et logistique sous la responsabilité de Mme Lobbry et vous êtes chargé de traiter les ventes du 29 mars.

VOS MISSIONS

Mme Lobbry vous confie plusieurs missions :

Mission 1 : Traiter les commandes reçues
Mission 2 : Assurer le suivi des livraisons

Mars
29

MISSION 1 Traiter les commandes reçues

Le 29 mars, Mme Lobbry vous remet deux commandes que vous saisissez dans le système informatique de la société.

1 Observez les documents reçus (**doc. 1**) et complétez l'état des commandes non livrées pour ces deux clients tel qu'il apparaîtra à l'écran (**annexes 1 et 2**).

DOC 1 Commandes reçues

ARTOIS MOTO

SARL au capital de 475 000 euros
SIRET 537 402 747 00012 – APE 4540Z
144 route de Lille
62000 ARRAS
Tél. : 03 21 36 89 90
Fax : 03 21 36 89 91
Email : info@artoismoto.com
BNP Paribas Arras 15674 12422 14212541251 29

Arras, le 27/03/20..

Reçu le 29/03/N
Cde n° C2416

MOTO LINE
ZAC des Hirondelles
62230 CARVIN

Commande n° 832

Livraison	Franco sous 8 jours

Réf.	Désignation	Unité	Qté	P.U. HT
9382	Gants pluie taille L – 5 paires	Cart.	10	59,69
9380	Gants demi-saison taille L 5 paires	Cart.	10	65,24
9381	Gants demi-saison taille XL 5 paires	Cart.	10	65,24
9353	Ceinture thermique – Cart. 2	Cart.	5	109,96
9063	Sous-casque cagoule coton Cart. 10		15	39,96

Rupture réf. 9380

Fax 03 26 17 30 30 29/03/N 10 : 34 Pg : 1

MOTO 3000 Nbre de page(s) : 1/1

17 rue Nationale 51100 Reims – Tél. : 03 26 17 29 87 – Fax : 03 26 17 30 30
SARL au capital de 110 000 euros – SIRET 451 324 657 00011 – APE 4540Z

Télécopie

À : Moto Line De : C. Vigneau
Télécopie : 03 21 17 55 88 Date : 29/03/N

Objet : Commande

☑ Urgent ☐ Pour information ☐ Veuillez répondre

Message :
Veuillez me faire parvenir les articles suivants :

En stock

– 1 cart. 5 Tabliers imperméables réf. 9355 à 25,91
– 1 cart. 5 Surbottes imperméables taille XL réf. 9343 à 39,96
– 2 cart. 5 Combinaisons de pluie taille L réf. 9903 à 60,45
– 3 cart. 5 Combinaisons de pluie taille XL réf. 9904 à 61,12

Pouvez-vous nous livrer exceptionnellement sous 48 h.
Merci

OK Vu avec le transporteur

Cordialement,
C. Vigneau

Reçu le 29/03/N
Cde n° C2417

ANNEXE 1 État des commandes clients non livrées

MOTO LINE – État des commandes par client – Commandes non livrées (extrait)

4110534 ARTOIS-MOTO

N° cde	Date cde	Code article	Désignation article	PU HT	Qté cdée	Qté livrée	Date livraison

ANNEXE 2 État des commandes clients non livrées (suite)

MOTO LINE – État des commandes par client – Commandes non livrées (extrait)							
4112618 MOTO 3000							
N° cde	Date cde	Code article	Désignation article	PU HT	Qté cdée	Qté livrée	Date livraison

MISSION 2 Assurer le suivi des livraisons

Pour assurer les livraisons des clients, vous devez appliquer les conditions pratiquées par l'entreprise.

2 Prenez connaissance de l'extrait des conditions générales de ventes (**doc. 2**) et relevez les conditions de livraison qui s'appliquent à ces deux commandes (**annexe 3**).

DOC 2 Conditions générales de ventes (extrait)

LIVRAISON

Les marchandises sont livrées dans les 8 jours qui suivent la date de réception de la commande du client. Nous déclinons toute responsabilité pour les retards de livraison et de prestation résultant de cas de force majeure et d'événements imprévisibles rendant la livraison extrêmement difficile ou impossible.

Nos livraisons sont assurées par nous-mêmes « franco de port » dans les départements du Nord (59) et du Pas-de-Calais (62). Pour les livraisons dans les autres départements, la livraison est assurée par une société de transport en « port dû ».

Les frais de transport sont à régler au transporteur, à la livraison de la marchandise.

En cas de manquement ou d'avarie, il appartient à l'acheteur de faire toutes les constatations par écrit sur le document de transport ou sur le bon de livraison auprès du livreur. Les manquements ou avaries seront à confirmer par lettre recommandée avec accusé de réception dans les 24 heures.

ANNEXE 3 Étude des conditions de livraison

Étude des conditions de livraison			
Client à livrer	Département de livraison	Qui exécute le transport ?	Qui supporte le coût du transport ?

Le système informatique a permis de créer le bon de livraison n° BL2416 destiné au client Artois Moto. Le document a été imprimé en deux exemplaires.

3 Indiquez la destination de chaque exemplaire (doc. 3).

DOC 3 Bon de livraison n° BL2416

Vêtements & accessoires MOTO line grossiste

Vêtements et accessoires moto et quad – Grossiste
ZAC des Hirondelles – BP 433
62230 CARVIN
Tél. : 03 21 17 55 33 Fax : 03 21 17 55 88
SARL au capital de 50 000 euros SIRET 364 539 571 00022 – APE 4642E

Carvin, le 06 avril 20..

ARTOIS MOTO
144 route de Lille
62000 ARRAS

V/Commande n° 832 du 27/03/..

Bon de livraison N° BL2416

Transport	Condition	Ville de départ	Ville d'arrivée
Nous-mêmes	Franco	Carvin	Arras

Réf.	Désignation	Unité	Qté	Obs.
9382	Gants pluie taille L – 5 paires	Cart.	10	
9380	Gants demi-saison taille L 5 paires	Cart.	10	Rupture
9381	Gants demi-saison taille XL 5 paires	Cart.	10	
9353	Ceinture thermique – Cart. 2	Cart.	5	
9063	Sous-casque cagoule coton Cart. 10		15	

Cadre réservé au destinataire	Prix livraison le : Signature :

Premier exemplaire

....

....

Second exemplaire

....

....

Le 6 avril, nous livrons le client. Dès son retour, notre chauffeur vous remet le second exemplaire du bon de livraison n° BL2416.

4 Observez le document rempli par le client Artois Moto (doc. 4) et indiquez ce que vous constatez à la lecture des éléments porté par le client sur le double du bon de livraison.

....

....

DOC 4 Bon de livraison n° BL2416 remis par le chauffeur après livraison

Cadre réservé au destinataire	Prix livraison le : 6/04/N
Gants de pluie XL 9388 Erreur de référence 10 cartons refusés	Signature : ARTOIS MOTO 62000 ARRAS

INFO
Second exemplaire

Qu'attendez-vous du client ?

Pour livrer le client Moto 3000 dans le département de la Marne, vous avez fait appel aux Transports Beauvois. Le 6 avril, le transporteur vous remet un exemplaire de la lettre de voiture qui a accompagné la marchandise chez le client.

5 Observez la lettre de voiture (doc. 5) puis analysez-la (annexe 4).

DOC 5 Lettre de voiture (feuillet 2)

CACHET DU TRANSPORTEUR

TRANSPORTS BEAUVOIS
SARL AU CAPITAL DE 40 000 EUROS
5 rue Roger Salengro – 62000 ARRAS
TÉL. : 03 21 17 89 89 – FAX : 03 21 17 89 90
CCP BX 522 56 U – RC 85 B 89 ARRAS – SIRET 469 201 320 00023

LETTRE DE VOITURE **162/67/189**
Délivré le : 06/04/N
Commande n° :
Immat. TR :
Immat. SR :
Conducteur
Autres

EUROS	PORT PAYE	PORT DÛ
Prix du TPT		25,15
Taxes Diverses		
Contre Rembt		
Total H.T.		25,15
T.V.A.		5,03
Total T.T.C.		30,18

NOMBRE, MARQUE ET NATURE DE LA MARCHANDISE, Poids, Volume, Mètres linéaires déclarés par l'expéditeur | MD | DP
7 colis carton kraft – Textile – 8 kg

INSTRUCTIONS DU TRANSPORTEUR AU(X) CONDUCTEUR(S)
Itinéraire sommaire, heure et lieu de début de mission
et prise d'ordre éventuelle en cours de mission

DONNEUR D'ORDRE (nom, adresse)
MOTO LINE
ZAC des Hirondelles
BP 433
62230 CARVIN

NOM ET ADRESSE DE L'EXPÉDITEUR-REMETTANT / Lieu de prise en charge
MOTO LINE
ZAC des Hirondelles
BP 433
62230 CARVIN
Arrivée : le .... à .... h. ....
Départ : le 04/04/N à .... h. ....
Livraison demandée le .... à .... h. ....
Prestations annexes réalisées au chargement

NOM ET ADRESSE DU DESTINATAIRE / Lieu de livraison
MOTO 3000
17 rue Nationale
51100 Reims
Arrivée : le 06/04/N à .... h. ....
Départ : le 04/04/N à .... h. ....
Prestations annexes réalisées au déchargement

NOM ET SIGNATURE DU CONDUCTEUR
J. Blaya
Le 06/04/N
Réserves éventuelles :

NOM, CACHET ET SIGNATURE DU REMETTANT
L. Chabanne — MOTO LINE 62230 CARVIN
Le 04/04/N
Réserves éventuelles :

NOM ET SIGNATURE DU CONDUCTEUR
J. Blaya
Le 06/04/N
Réserves éventuelles :

NOM, CACHET ET SIGNATURE DU DESTINATAIRE
C. Vigneau — MOTO 3000 51100 Reims
Le 06/04/N
Réserves éventuelles :

PALETTES Type : ☐ Eur/Epal ☐ 80/120 ☐ autres : ☐ 100/120 | ORIGINE DES PALETTES | CHARGÉES CHEZ L'EXPÉDITEUR | RENDUES À L'EXPÉDITEUR | LIVRÉES AU DESTINATAIRE | RENDUES PAR LE DESTINATAIRE | NON RENDUES À REPRENDRE | RESTITUTION FINALE | CERTIFICAT DE LAVAGE Classe Produit Niveau de Lavage 1 ☐ 2 ☐ 3 ☐ | NOM DE LA STATION DE LAVAGE Date et Cachet de la Station de Lavage

INFORMATIONS PRATIQUES AU VERSO
Feuillet 1 : Transporteur – Feuillet 2 : Expéditeur – Feuillet 3 : Destinataire – Feuillet 4 : Souche

ANNEXE 4 Analyse de la lettre de voiture

Lettre de voiture n° 162/67/189	
Donneur d'ordre	
Transporteur	
Expéditeur de la marchandise / Lieu de prise en charge	
Destinataire de la marchandise / Lieu de livraison	
Nature du transport	
Date d'enlèvement de la marchandise	
Date de livraison de la marchandise	

FAIRE LE POINT

La commande du client et la livraison par l'entreprise

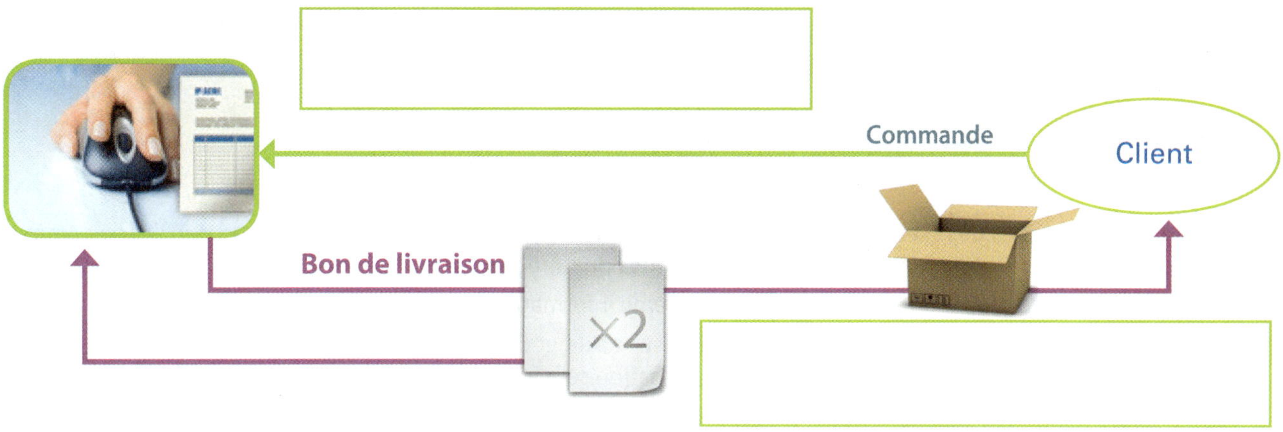

La commande du client et la livraison par un transporteur

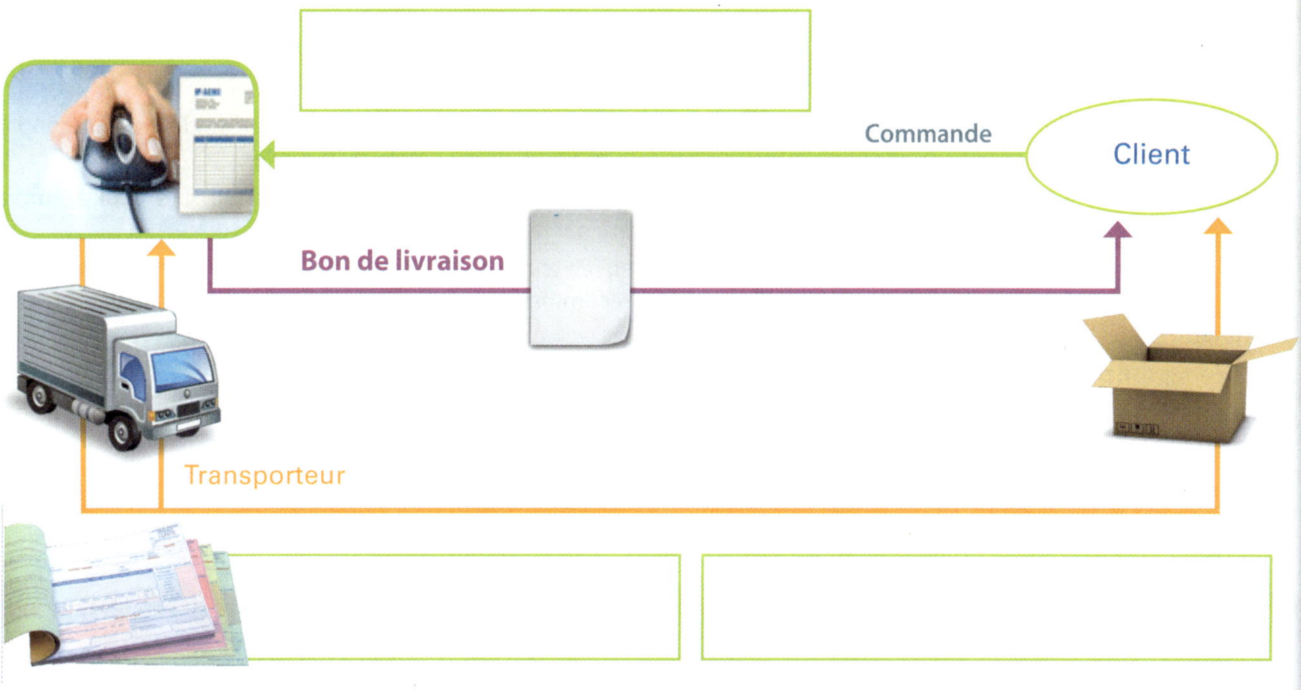

SYNTHÈSE

Situation de travail 1.2.3
Traitement des commandes

Situation de travail 1.2.4
Traitement des livraisons

Traiter les commandes reçues et assurer le suivi des livraisons

1 Le traitement des commandes reçues

- Les commandes reçues des clients peuvent être diverses. Il peut s'agir de **bons de commande papier**, de commandes **Internet**, de commandes **téléphoniques**, ou de commandes par **télécopie**.
- Les commandes reçues sont **enregistrées** dans le système informatique de l'entreprise pour être traitées.
- Chaque commande est traitée en fonction du **stock disponible** et des **conditions de ventes** pratiquées par l'entreprise. S'il s'agit d'une commande de prestation, le **délai** de réalisation sera fonction de sa charge de travail.

2 Le suivi des livraisons

- La livraison aux clients peut être assurée par l'entreprise **elle-même** ou confiée à un **transporteur**. Les modalités sont prévues par les conditions générales de vente.
- Lorsque l'entreprise livre la marchandise, elle édite un **bon de livraison** conforme à la commande du client et aux conditions qui lui sont accordées. Les références et quantités livrées sont fonction de ses stocks disponibles.
- Le bon de livraison est établi en **deux exemplaires** (l'un pour le vendeur et l'autre pour l'acheteur). Les deux exemplaires accompagnent la marchandise. L'exemplaire vendeur est **signé** par le client à la livraison.
- Si le client constate des **manquements** ou des **avaries**, il en fait état précisément sur le document de transport. Il doit en plus confirmer au fournisseur, dans les 48 heures, par lettre recommandée avec accusé de réception, les manquements ou avaries.
- L'entreprise peut confier ses livraisons à un **transporteur**.
- Le transporteur utilise une **lettre de voiture** qui représente un **contrat** entre le fournisseur et la société de transport. Ce document fait état des colis livrés et détaille le montant des frais facturés. Si le client constate des **manquements** ou des **avaries**, il les l'indique précisément sur la lettre de voiture et doit les confirmer par lettre recommandée au transporteur.

EXO Traiter les commandes reçues et assurer le suivi des livraisons

Vous travaillez dans la société Savel SA, grossiste spécialisé en vente de périphériques informatiques. Le 21 mars, vous recevez une commande du client Micro Diffusion. Le même jour, vous éditez le bon de livraison correspondant et vous demandez à votre transporteur de livrer la marchandise.

1. Analysez la commande reçue (doc. 1) en complétant le tableau (annexe 1).
2. Complétez l'état des commandes clients (doc . 1 et 2 ; annexe 2).
3. Analysez la lettre de voiture qui vous a été retournée par le transporteur (doc. 3 ; annexe 3).

DOC 1 Commande reçue

MICRO diffusion

L'informatique pour les professionnels
163 rue Jean Jaurès
13280 RAPHÈLE-LÈS-ARLES
Tél. : 04 90 98 49 50
Fax : 04 90 98 49 50
SARL au capital de 55 000 euros
SIRET 634 329 451 00011 – APE 518G

Raphèle-lès-Arles, le 19/03/20..

Reçu le 21/03/N

SAVEL SA
24 bd de la République
59480 LA BASSÉE

Commande n° 666

Transport	Délai de livraison	Mode de paiement	Échéance
Port dû	48 heures	Fin de mois	30/03/20..

Réf.	Désignation	Unité	Qté	P.U. HT
PE960	Hub USB 4 + 1	Bte 5	5	204,90
PE231	Kit réseau PCI RJ45 10/100	Bte 10	10	290,80
PE195	Serveur d'impression V-Pro	Bte 2	5	264,55
PE336	Hub switch 10/100 – 16	Bte 1	5	199,90
PE396	Panneau de brassage 1U – 16	Bte 2	5	144,51

Commande enregistrée sous le n° C2913

DOC 2 Bon de livraison n° BL2913

SAVEL périphériques

Le spécialiste du périphérique informatique

24 bd de la République
59480 LA BASSÉE
Tél. : 03 20 17 89 89 Fax : 03 20 17 89 90

Micro Diffusion
163 rue Jean Jaurès
13280 RAPHÈLE-LÈS-ARLES

V/Commande n° 666 du 19/03/..

Bon de livraison n° BL2913 La Bassée, le 21 mars 20..

Mode de transport	Condition	Ville de départ	Ville d'arrivée
Route	Port dû	La Bassée	Raphèle-lès-Arles

Réf.	Désignation	Unité	Qté	Obs.
PE960	Hub USB 4 + 1	Bte 5	5	
PE231	Kit réseau PCI RJ45 10/100	Bte 10	8	Rupture
PE195	Serveur d'impression V-Pro	Bte 2	5	
PE336	Hub switch 10/100 – 16	Bte 1	5	
PE396	Panneau de brassage 1U – 16	Bte 2	5	

ANNEXE 1 Analyse de la commande reçue

Étude de la commande Micro Diffusion	
Nom du client	
N° et date de commande	
N° d'enregistrement de la commande	
Conditions de livraison	
Mode de livraison	
Délai de livraison	

ANNEXE 2 État des commandes clients

SAVEL SA – État des commandes par client – Commandes non livrées (extrait)							
411897 MICRO DIFFUSION							
N° cde	Date cde	Code article	Désignation article	PU HT	Qté cdée	Qté livrée	Date livraison

DOC 3 Lettre de voiture

PREMIUM logistic
SA au capital de 255 000 euros
RC Lille 878154901 B - Code APE 634 A

Lettre de voiture 3417 Le : 21/03/20..

Expéditeur	Destinataire
SAVEL SA 24, bd de la République 59480 La Bassée	MICRO DIFFUSION 163, rue Jean Jaurès 13280 RAPHÈLE-LÈS-ARLES

N° de colis : 1679 à 1680 | Nombre de colis : 2 | Poids : 3,8 kg

Nature de la marchandise : Matériel informatique

Mode expéd.	N/Réf.	Bordereau	À encaisser	Port HT	C/Rembrs.	Débours	TVA	Val. déclarée
Route	879	3417	107,42	89,52	***	***	17,90	6 395,70

Marchandises reçues le : 21/03/N
Signature du livreur :
Signature du destinataire :
MICRO DIFFUSION
163, rue Jean Jaurès
13280 RAPHÈLE-LÈS-ARLES

Cadre réservé au destinataire

Z.I. Secteur B – 9 rue du Commerce – 59651 Villeneuve-d'Ascq – Tél. : 03 20 19 55 66 – Fax : 03 20 19 55 77

ANNEXE 3 Analyse de la lettre de voiture

Lettre de voiture n° 3417	
Donneur d'ordre	
Transporteur	
Expéditeur de la marchandise / Lieu de prise en charge	
Destinataire de la marchandise / Lieu de livraison	
Nature du transport	
Nombre de colis et poids	
Date de livraison de la marchandise	
Montant des frais de transport facturés (TTC)	

PÔLE 1	Gestion administrative des relations externes
	Classe de situation 1.2 **Gestion administrative des relations avec les clients et les usagers**
	Situation de travail 1.2.4 **Traitement de la facturation**

14

Facturer la vente de biens

Référentiel

SAVOIRS ASSOCIÉS	PERFORMANCE ATTENDUE
• Les calculs commerciaux, les réductions commerciales et financières • Le processus automatisé de la facturation à l'aide d'un PGI • La dématérialisation des documents commerciaux	
COMPÉTENCE	**RÉSULTATS ATTENDUS**
• Assurer le traitement administratif de la facturation	• Le traitement de la facturation est assuré.

Transversalité : PÔLE 3 **Situation 3.1.2** Production d'informations structurées **Situation 3.1.3** Organisation et mise à disposition des informations

PRÉSENTATION

Situation de travail 1.2.4
Traitement de la facturation

MobiQuick
Mobilier et rayonnages d'entreprise

✔ Numéro un français de la **fabrication de mobilier et de rayonnages** pour les entreprises, **MobiQuick** propose à sa clientèle des produits standard disponibles sur stock et des solutions sur mesure.

✔ En matière de sécurité, les produits MobiQuick sont conçus dans le respect des normes européennes.

✔ Un stock important, réparti sur plus de 10 000 m², permet à la société de livrer ses clients dans les 5 jours.

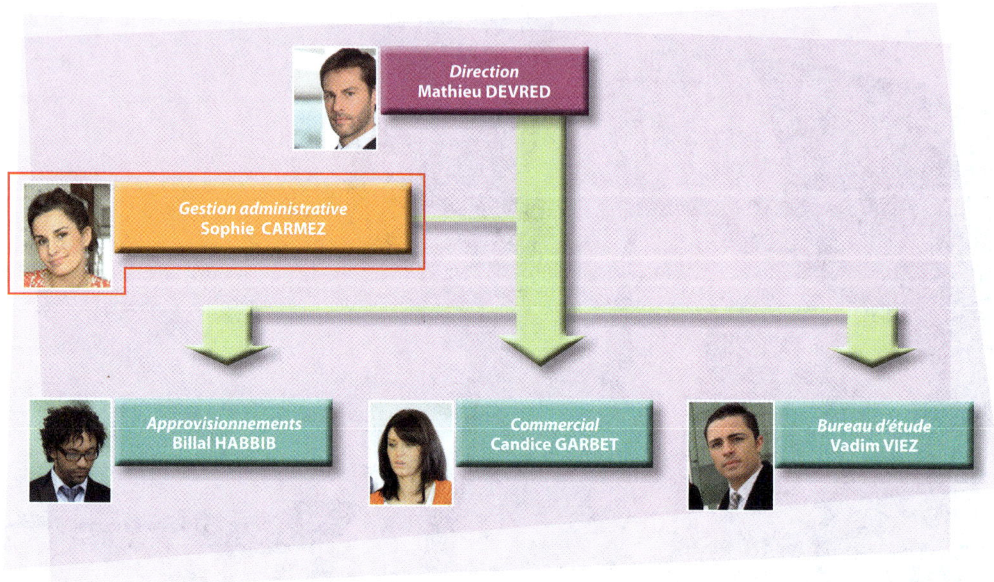

MISE EN SITUATION

- Chaque jour, MobiQuick facture à ses clients les marchandises qui leur sont livrées.
- Le double des bons de livraison et la base de données du système informatique permettent d'établir les factures en appliquant les conditions de vente accordées à chaque client.
- Vous êtes sous la responsabilité de Mme Carmez et vous êtes chargé d'établir les factures du 24 avril.

VOS MISSIONS

Avril 24

Mme Carmez vous confie plusieurs missions :

Mission 1 : Établir une facture simple
Mission 2 : Établir une facture avec des réductions commerciales et financières

MISSION 1 Établir une facture simple

Le 24 avril, Mme Carmez vous remet le double du bon de livraison n° BL3212 et vous demande de préparer la facture correspondante.

1 Prenez connaissance de la documentation (doc. 1), observez le bon de livraison et les extraits de fichiers (doc. 2 à 4) puis répondez aux questions.

Le délai de livraison a été respecté	☐ Oui	☐ Non
Le client a réceptionné la marchandise	☐ Oui	☐ Non
Le client a été totalement livré	☐ Oui	☐ Non
Le client bénéficie d'une remise	☐ Oui	☐ Non
Le client bénéficie d'un escompte de règlement	☐ Oui	☐ Non
Le client supporte les frais de port	☐ Oui	☐ Non

DOC 1 Les réductions commerciales et financières

La remise

La remise est une **réduction commerciale** accordée sur le prix de vente. Elle est accordée le plus souvent en raison de l'importance des ventes ou de la profession du client (vente à un autre professionnel).

Certaines remises sont appliquées sur chaque ligne de facture et n'intéressent dans ce cas que l'article sur lequel le client bénéficie d'une réduction. D'autres s'appliquent sur le total HT, en bas de la facture, et intéressent le total HT facturé. C'est le cas lorsqu'il s'agit d'une remise occasionnelle ou qui prend en compte une situation globale.

L'escompte de règlement

L'escompte de règlement est une **réduction financière** accordée au client pour un règlement au comptant ou lorsque la créance est payée avant l'échéance prévue. Elle est donc à appliquer sur le montant net hors taxes en bas de la facture.

DOC 2 Bon de livraison n° BL3212

MobiQuick
Mobilier et rayonnages d'entreprise
216 ZI Eiffel – Chemin départemental
77220 Tournan-en-Brie
Tél. : 0 800 503 955 – Fax : 0 800 376 362
SIRET : 514 256 321 – NAF : 2511Z
SA au capital de 100 000 euros

DOUBLE

COLIMAC SA
174, rue Capanière
14000 Caen

Tournan-en-Brie, le 24/04/20..

V/Commande n° 974 du 17/04/..

Bon de livraison N° BL3212

Transport	Ville de départ	Ville d'arrivée
Route Franco	Tournan-en-Brie	Caen

Réf.	Désignation	Qté Cdée	Qté livrée	Observation
RG-1731	Rayon. métal OLI2 1981 x 743 x 377	5	5	
RG-1031	Rayon. métal OLI2 1981 x 1027 x 743	10	10	
RAC-1973	Rayon. métal CLASS1 1981 x 813 x 621	5	0	Rupture

LIVRÉ

Cadre réservé au destinataire :	Prix livraison le : 24/04/20.. Signature : R. Marlière COLIMAC SA

DOC 3 Extrait du fichier articles

MOBIQUICK – Fichier articles (extrait)

FA004 – Rayonnages — TVA : taux normal 20 %

Rayonnage MÉTAL Oli 2

Réf.	H x L x P (mm)	Charge	PU HT	PU TTC
RG-1731	1981 x 743 x 377	2760 kg	86,41	103,69
RG-1931	1981 x 926 x 316	2400 kg	91,52	109,82
RG-1031	1981 x 1027 x 743	1650 kg	140,61	168,73

Rayonnage de classement MÉTAL Class 1

Réf.	H x L x P (mm)	Charge	PU HT	PU TTC
RAC-1866	1981 x 1841 x 621	1280 kg	394,72	473,66
RAC-1973	1981 x 813 x 621	980 kg	339,5	407,40

Rayonnage entrepôt MÉTAL STOCK Plus

Réf.	H x L x P (mm)	Charge	PU HT	PU TTC
RA-1554	1981 x 1536 x 468	1296 kg	204,01	244,81
RA-1556	1981 x 1536 x 621	1712 kg	237,75	285,30

FA002 – Mobilier

Mobilier atelier COMBIMOBI

Réf.	Désignation	H x L x P (mm)	PU HT	PU TTC
AH-2T	Meuble à outils	915 x 775 x 625	306,26	367,51
CH-2T	Établi combiné	1525 x 1525 x 625	304,22	365,06
MR-766	Table mobile	980 x 615 x 615	247,98	297,58
MX-777	Table évolutive	760 x 760 x 755	166,17	199,40

DOC 4 Extrait du fichier clients

411396 – COLIMAC SA

174 rue Capanière 14000 Caen
Tél. : 02 31 93 55 17 Fax : 02 31 93 55 00

Conditions	
Livraison : 48 h – Franco de port	Remise : – %
Règlement : Virement à 30 jours fin de mois	

2 Établissez la facture n° F3212 au 24 avril (**annexe 1**).

ANNEXE 1 Facture n° F3212

MobiQuick
Mobilier et rayonnages d'entreprise
216 ZI Eiffel – Chemin départemental
77220 Tournan-en-Brie
Tél. : 0 800 503 955 – Fax : 0 800 376 362
SIRET : 514 256 321 – NAF : 2511Z
SA au capital de 100 000 euros

Tournan-en-Brie, le

Référence client :

FACTURE N° F3212

Référence livraison	Condition de livraison	Mode de paiement	Échéance

Réf.	Désignation	Qté	PU HT	% Rem.	PU net HT	Montant HT

TVA		
Base hors taxes	Taux	Montant
Coupon à joindre au règlement		
Facture n° :	du :	
Client n° :	Montant :	

Total hors taxes	
Remise %	
Port forfaitaire hors taxes	
Total net hors taxes	
Escompte %	
Net financier hors taxes	
Total TVA	
NET À PAYER	

3 Justifiez les calculs.

Montant de la TVA : ....

Net à payer : ....

MISSION 2 Établir une facture avec des réductions commerciales et financières

Mme Carmez vous remet également le bon de livraison n° BL 3213.

4 Observez les documents dont vous disposez (doc. 5 à 7) et répondez aux questions.

Le client a été totalement livré .... ☐ Oui ☐ Non

Le client bénéficie d'une remise .... ☐ Oui ☐ Non

Le client bénéficie d'un escompte de règlement .... ☐ Oui ☐ Non

Le client supporte les frais de port .... ☐ Oui ☐ Non

DOC 5 Bon de livraison n° BL3212

MobiQuick
Mobilier et rayonnages d'entreprise

DOUBLE

216 ZI Eiffel
Chemin départemental
77220 Tournan-en-Brie
Tél. : 0 800 503 955 – Fax : 0 800 376 362
SIRET : 514 256 321 – NAF : 2511Z
SA au capital de 100 000 euros

GARAGE LEVRAY
17 rue Lebreton
77720 Saint-Ouen-en-Brie

Tournan-en-Brie, le 24/04/20..

V/Commande n° 14512 du 22/04/..

Bon de livraison N° BL3213

Transport	Ville de départ	Ville d'arrivée
Route Port dû	Tournan-en-Brie	Saint-Ouen-en-Brie

Réf.	Désignation	Qté Cdée	Qté livrée	Observation
RA-1556	Rayon. MÉTAL STOCK PLUS 1981 x 1536 x 621	5	5	
RG-1031	Rayon. Métal OLI2 1981 x 1027 x 743	5	5	
AH-2T	Meuble à outils COMBIMOBI	2	2	
MX-777	Table évolutive COMBIMOBI	4	4	
CH-2T	Établi combiné COMBIMOBI	2	2	

Cadre réservé au destinataire : LIVRÉ

Prix livraison le : 24/04/20..
Signature : P. Levray
GARAGE LEVRAY

DOC 6 Extrait du fichier articles

MOBIQUICK – Fichier articles (extrait)

FA004 – Rayonnages — TVA : taux normal 20 %

Rayonnage MÉTAL Oli 2

Réf.	H x L x P (mm)	Charge	PU HT	PU TTC
RG-1731	1981 x 743 x 377	2760 kg	86,41	103,69
RG-1931	1981 x 926 x 316	2400 kg	91,52	109,82
RG-1031	1981 x 1027 x 743	1650 kg	140,61	168,73

Rayonnage de classement MÉTAL Class 1

Réf.	H x L x P (mm)	Charge	PU HT	PU TTC
RAC-1866	1981 x 1841 x 621	1280 kg	394,72	473,66
RAC-1973	1981 x 813 x 621	980 kg	339,5	407,40

Rayonnage entrepôt MÉTAL STOCK Plus

Réf.	H x L x P (mm)	Charge	PU HT	PU TTC
RA-1554	1981 x 1536 x 468	1296 kg	204,01	244,81
RA-1556	1981 x 1536 x 621	1712 kg	237,75	285,30

FA002 – Mobilier

Mobilier atelier COMBIMOBI

Réf.	Désignation	H x L x P (mm)	PU HT	PU TTC
AH-2T	Meuble à outils	915 x 775 x 625	306,26	367,51
CH-2T	Établi combiné	1525 x 1525 x 625	304,22	365,06
MR-766	Table mobile	980 x 615 x 615	247,98	297,58
MX-777	Table évolutive	760 x 760 x 755	166,17	199,40

DOC 7 Extrait du fichier clients

411505 – GARAGE LEVRAY

17 rue Lebreton 77720 Saint-Ouen-en-Brie
Tél. : 01 64 08 44 47 Fax : 01 64 08 44 48

Conditions

Livraison : 48 h – Port forfaitaire 50 € HT	Remise : 5 %

Règlement : Virement comptant sous escompte de 1 %

5 Calculez, pour chaque référence, le prix unitaire net HT (annexe 2).

ANNEXE 2 Calculs du prix unitaire net hors taxes

Calcul du prix unitaire net hors taxes

Référence	Prix unitaire hors taxes	% de remise	Calcul	Prix unitaire net hors taxes

6 Établissez la facture n° F3213 au 24 avril (**annexe 3**) et répondez aux questions.

ANNEXE 3 Facture n° F3213

MobiQuick
Mobilier et rayonnages d'entreprise
216 ZI Eiffel – Chemin départemental
77220 Tournan-en-Brie
Tél. : 0 800 503 955 – Fax : 0 800 376 362
SIRET : 514 256 321 – NAF : 2511Z
SA au capital de 100 000 euros

Tournan-en-Brie, le

Référence client :

FACTURE N° F3213

Référence livraison	Condition de livraison	Mode de paiement	Échéance

Réf.	Désignation	Qté	PUHT	% Rem.	PU net HT	Montant HT

TVA		
Base hors taxes	Taux	Montant
Coupon à joindre au règlement		
Facture n° :	du :	
Client n° :	Montant :	

Total hors taxes	
Remise %	
Port forfaitaire hors taxes	
Total net hors taxes	
Escompte %	
Net financier hors taxes	
Total TVA	
NET À PAYER	

Chaque facture est établie en deux exemplaires. À qui sont-ils destinés ?

– Le premier exemplaire :

– Le second exemplaire :

7 Justifiez les calculs.

– Total net HT : ……………………………………

– Escompte de règlement : ……………………………………

– Net financier HT : ……………………………………

– Montant de la TVA : ……………………………………

– Net à payer : ……………………………………

FAIRE LE POINT

La facture de vente de biens

Fichier ……………………………………

Fichier ……………………………………

Client

Conditions de vente

Réductions :

– ……………………………………

– ……………………………………

Frais accessoires facturés :

– ……………………………………

Bon de livraison *(double)*

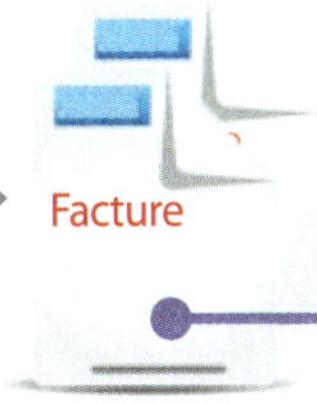

2 exemplaires

Facturer la vente de biens

1 La facture simple

■ La **facture** est le document établi par le **vendeur** et adressé au client à la suite d'une vente. Elle détaille le type de marchandise vendu, la quantité, le décompte du prix, la TVA et la somme totale due par le **client**.

■ La facture a pour objet de déclencher le règlement des **biens vendus**, de servir de **preuve** en cas de litige. Elle permet de contrôler le montant de la **TVA** à acquitter à l'État.

■ Lorsque la vente a fait l'objet d'une **livraison**, elle s'appuie sur le **bon de livraison** signé par le client.

■ La facture est établie en **deux exemplaires**. Le premier est envoyé au client et le second est conservé par le fournisseur.

■ Pour établir une facture, le fournisseur a besoin :
- du **fichier clients** pour connaître les coordonnées et les conditions accordées au client ;
- du **fichier articles** pour connaître le prix des produits à facturer ;
- du **bon de livraison** qui fait état des références et des quantités livrées.

2 La facture comportant des réductions commerciales et financières

■ L'entreprise doit faire apparaître sur la facture les **réductions** et les **frais accessoires** (frais de transport par exemple) conformément à la réglementation.

Réductions commerciales :
- les **rabais** et les **remises**, qui ont une incidence directe sur le prix unitaire, sont à appliquer sur chaque ligne de la facture ;
- les remises, prenant en compte une situation globale et qui intéressent l'ensemble des articles facturés, sont à appliquer sur le total net hors taxes dans le bas de la facture.

Réductions financières :
- l'**escompte** est une réduction financière accordée au client en cas de règlement comptant ou anticipé. Il est à appliquer sur le montant total net hors taxes, déduction faite des réductions commerciales et avec la prise en compte des frais accessoires facturés.

■ La **TVA** doit être calculée sur le montant **total net** des produits vendus, déduction faite des réductions commerciales et financières.

ENTRAÎNEMENT

EXO Facturer la vente de biens

Vous travaillez dans la société France Outillage, grossiste spécialisé dans la vente d'outillage. Le 28 mars, vous avez livré deux clients et vous devez établir les factures.

Prenez connaissance des documents mis à votre disposition (doc. 1 à 6) et établissez les factures n° FA660 et n° FA661 au 29 mars (**annexes 1 et 2**).

DOC 1 Conditions de vente

France Outillage

Familles clients

FA001	Grande distribution
FA002	Particuliers
FA003	Professionnels

Conditions de vente

Grande distribution	Particuliers	Entreprises industrielles
Franco de port	Franco de port	Port forfaitaire
Remise 10 %	Remise 0 %	Remise 5 %

Transport

Le transport est assuré par nos soins. Il peut être facturé forfaitairement pour un montant de 70 € HT selon les conditions accordées au client.

Escompte

Un escompte de 1 % est accordé pour tout règlement au comptant.

DOC 2 Bons de livraison

FRANCE Outillage

Outillage professionnel
ZI des Blancs Monts
34 rue Victor Hugo
59174 La Sentinelle
Tél. : 03 27 21 21 02 – Fax : 03 27 21 21 03
SIRET : 44942367200020
NAF : 4674A
SA au capital de 100 000 euros

DOUBLE

Les Mécaniques Générales
217 rue du 14 Juillet
59000 LILLE

La Sentinelle, le 26/03/20..

V/Commande n° 1274 du 24/03/..

Bon de livraison N° L660

Transport	Ville de départ	Ville d'arrivée
24 h en port dû	La Sentinelle	Lille

Réf.	Désignation	Unité	Qté Cdée	Qté livrée	Observation
17076	Jeu clés mixtes 12 pièces 8/22 mm	Cart. 5	3	3	
17133	Jeu clés à fourche 12 pièces 6/32 mm	Cart. 5	3	3	
17620	Jeu clés TRX 9 pièces 3/9 mm	Cart. 8	5	5	
17012	Jeu clés polygonales contre-soudées 8 pièces 6/22 mm	Cart. 3	5	3	Rupture

Cadre réservé au destinataire : LIVRÉ

Pris livraison le : 28/03/20..
Signature : J. Garnier
LES MÉCANIQUES GÉNÉRALES

FRANCE Outillage

Outillage professionnel
ZI des Blancs Monts
34 rue Victor Hugo
59174 La Sentinelle
Tél. : 03 27 21 21 02 – Fax : 03 27 21 21 03
SIRET : 44942367200020
NAF : 4674A
SA au capital de 100 000 euros

DOUBLE

POLIMARCHÉ
Zone d'activité
59650 Villeneuve-d'Ascq

La Sentinelle, le 26/03/20..

V/Commande n° 4876 du 24/03/..

Bon de livraison N° L661

Transport	Ville de départ	Ville d'arrivée
24 h franco	La Sentinelle	Villeneuve-d'Ascq

Réf.	Désignation	Unité	Qté Cdée	Qté livrée	Observation
17012	Jeu clés polygonales contre-soudées 8 pièces 6/88 mm	Cart. 3	15	15	
17013	Jeu clés polygonales contre-soudées 12 pièces 6/32 mm	Cart. 2	25	25	
17652	Jeu clés mâles sphériques 10 pièces 1,5/10 mm	Cart. 2	25	25	
17650	Jeu clés mâles 10 pièces 1,5/10 mm	Cart. 2	8	8	

Cadre réservé au destinataire : LIVRÉ

Pris livraison le : 28/03/20..
Signature : B. Delomel
POLIMARCHÉ

DOC 3 Fiches clients

411416 – LES MÉCANIQUES GÉNÉRALES	
Famille : FA003	
Adresse	
217 rue du 14 Juillet 59000 Lille	Tél. : 03 20 44 17 88 Fax : 03 20 44 17 89
Conditions de livraison	
– Par route sous 24 h – Port forfaitaire facturé	
Conditions de règlement	
Comptant sous escompte de 1 % Domiciliation bancaire : BNP Paribas Lille N° de compte : 00059 000227 367815601 01	

411445 – POLIMARCHÉ	
Famille : FA001	
Adresse	
Zone d'activité 59650 Villeneuve-d'Ascq	Tél. : 03 20 38 17 29 Fax : 03 20 38 17 00
Conditions de livraison	
– Par route sous 24 h – Franco de port et d'emballage	
Conditions de règlement	
Par traite fin de mois Domiciliation bancaire : HSBC Lille N° de compte : 12516 01266 15546235677 02	

DOC 4 Extrait du fichier articles

Fichier articles

Réf.	Désignation	PU HT	PU TTC
17012	Jeux clés polygonales contre-soudées 8 pièces 6 à 22 mm	58,50	70,20
17013	Jeux clés polygonales contre-soudées 12 pièces 6 à 32 mm	63,50	76,20
17076	Jeux clés mixtes 12 pièces 8 à 22 mm	68,55	82,26
17077	Jeux clés mixtes 26 pièces 6 à 32 mm	182,40	218,88
17132	Jeux clés à fourche 8 pièces 6 à 22 mm	44,45	53,34
17133	Jeux clés à fourche 12 pièces 6 à 32 mm	88,60	106,32
17221	Jeux clés pipes débouchées 8 à 19 mm	81,25	97,50
17222	Jeux clés pipes débouchées 8 à 24 mm	191,30	229,56
17620	Jeux clés TRX 9 pièces 3 à 9 mm	11,30	13,56
17650	Jeux clés mâles 10 pièces 1,5 à 10 mm	8,00	9,60
17652	Jeux clés mâles sphériques 10 pièces 1,5 à 10 mm	13,80	16,56

DOC 5 Opération promotion

OFFRE SPÉCIALE
ENTREPRISES
Opération Promotion

-20%

Au mois de mars
REMISE EXCEPTIONNELLE
sur les jeux de clés

DOC 6 Documentation : les remises

Les remises successives

Le client peut bénéficier de deux remises :
- une **remise habituelle** par article applicable sur le prix unitaire ;
- une **remise globale** applicable sur l'ensemble des articles facturés.

Dans ce cas, les remises sont successives et les taux ne s'ajoutent pas.
Ainsi, une remise de 5 % sur chaque article et une remise globale de 10 % ne sont pas équivalentes à une remise unique de 15 %.

ANNEXE 1 **Facture n° FA660**

FRANCE Outillage

Outillage professionnel

La Sentinelle, le

ZI des Blancs Monts
34 rue Victor Hugo
59174 La Sentinelle
Tél. : 03 27 21 21 02 – Fax : 03 27 21 21 03
SIRET : 44942367200020 NAF : 4674A
SA au capital de 100 000 euros

Référence client :

FACTURE N° FA660

Référence livraison	Condition de livraison	Mode de paiement	Échéance

Réf.	Désignation	Qté	PU HT	% Rem.	PU net HT	Montant HT

TVA		
Base hors taxes	Taux	Montant
Coupon à joindre au règlement		
Facture n° :	du :	
Client n° :	Montant :	

Total hors taxes	
Remise %	
Port forfaitaire hors taxes	
Total net hors taxes	
Escompte %	
Net financier hors taxes	
Total TVA	
NET À PAYER	

ANNEXE 2 Facture n° FA661

FRANCE Outillage

Outillage professionnel

La Sentinelle, le

ZI des Blancs Monts
34 rue Victor Hugo
59174 La Sentinelle
Tél. : 03 27 21 21 02 – Fax : 03 27 21 21 03
SIRET : 44942367200020 NAF : 4674A
SA au capital de 100 000 euros

Référence client :

FACTURE N° FA661

Référence livraison	Condition de livraison	Mode de paiement	Échéance

Réf.	Désignation	Qté	PU HT	% Rem.	PU net HT	Montant HT

TVA		
Base hors taxes	Taux	Montant
Coupon à joindre au règlement		
Facture n° :	du :	
Client n° :	Montant :	

Total hors taxes	
Remise %	
Port forfaitaire hors taxes	
Total net hors taxes	
Escompte %	
Net financier hors taxes	
Total TVA	
NET À PAYER	

15

Facturer des prestations de services

Référentiel

SAVOIRS ASSOCIÉS	PERFORMANCE ATTENDUE
• Les calculs commerciaux, les réductions commerciales et financières • Le processus automatisé de la facturation à l'aide d'un PGI • La dématérialisation des documents commerciaux	
COMPÉTENCE	**RÉSULTATS ATTENDUS**
• Assurer le traitement administratif des livraisons et de la facturation	• Le traitement et le suivi des livraisons et de la facturation sont effectués.

Transversalité : PÔLE 3
Situation 3.1.2
Production d'informations structurées
Situation 3.1.3
Organisation et mise à disposition des informations

impact WEB iW

- **Impact Web** est une **agence de création, de référencement et d'hébergement de sites internet** pour les professionnels.
- Quel que soit le secteur d'activité du client, Impact Web conseille et réalise la charte graphique, développe le site web et assure l'hébergement et le référencement.
- L'entreprise propose plusieurs formules adaptables aux besoins du client.

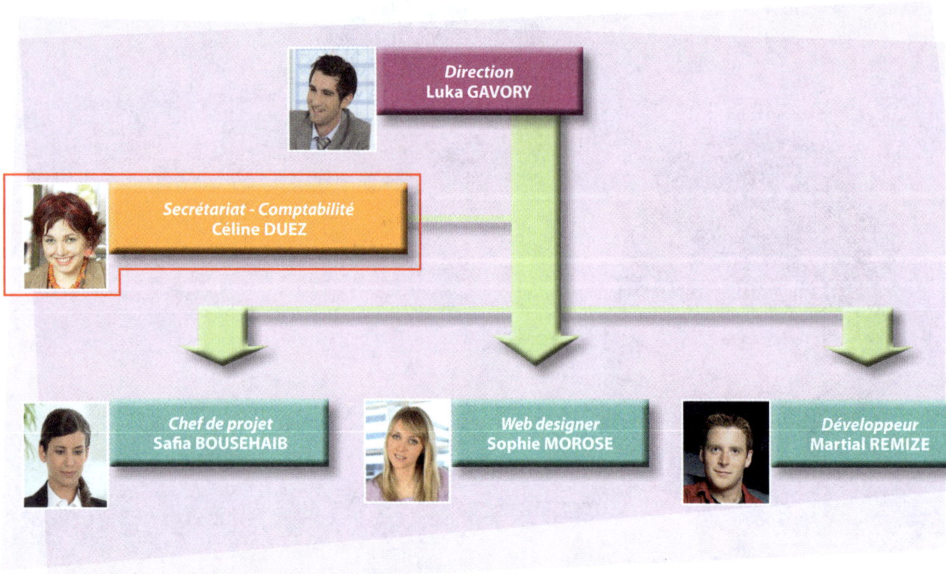

MISE EN SITUATION

- Chaque mois, Impact Web doit facturer à ses clients les contrats d'hébergement et de maintenance qui arrivent à échéance.
- Les travaux de conception de sites web sont réalisés après acceptation d'un devis proposé au client. Lorsque le site est terminé et validé par le client, la facture peut être éditée et envoyée.
- Vous êtes sous la responsabilité de Mme Duez, secrétaire comptable, et vous êtes chargé d'établir les factures du 22 avril.

VOS MISSIONS

Mme Duez vous confie plusieurs missions :

Mission 1 : Établir une facture de prestations de services simple

Mission 2 : Établir une facture de prestations de services à partir d'un devis

Avril 22

MISSION 1 Établir une facture de prestations de services simple

Les contrats d'hébergement et de maintenance à échéance le 31 mai sont à renouveler. Mme Duez vous remet les documents nécessaires et vous demande d'établir la dernière facture du mois.

1 Prenez connaissance des documents (doc. 1 à 3), et établissez la facture n° 896 au 22 mai (annexe 1).

DOC 1 Liste des contrats à échéance au 30 avril N

Impact Web

Liste des contrats à échéance au 31/05/N — Édition partielle au 22/05/N

N° de client	Nom ou raison sociale	N° de contrat	Durée du contrat	Échéance	Prestations			
					Hébergement	Domaine	Référencement	
6754	DEMIROIX SARL	09-6754-137	1 an	31/05	☑	☑	☑	Fait
3422	SIPEC SA	08-3422-097	1 an	31/05	☑	☑	☐	Fait
7113	APPLI SOFT	10-7113-185	1 an	31/05	☑	☐	☐	Fait
4489	MATY SA	10-4489-171	1 an	31/05	☑	☑	☑	

DOC 2 Extrait du fichier clients

Impact Web

Fichier clients (extrait) — Édition partielle au 22/05/N

N° de client	Raison sociale	Famille	Adresse	Conditions
4114489	MATY SA	FA001	17 rue Lebreton 45100 Orléans	Remise : 0 % Règlement : 30 jours fin de mois
Prestations				
Site créé le : 27/05/N-2		Hébergé ☑ Oui ☐ Non		
Contrat n° : 10-4489-171		Durée : 1 an	Date de renouvellement : 01 juin	

DOC 3 Tarif des prestations

TVA 20 %

Tarif prestations HT

Hébergement / Maintenance

Hébergement sur serveur pro (par mois)	9,90 € HT
Nom de domaine (par an à renouveler)	22,00 € HT
Référencement Google, Yahoo... (par an à renouveler)	299,00 € HT
Maintenance, ajout et modification de pages (l'heure)	59,00 € HT

ANNEXE 1 Facture n° 896

FACTURE N° 896

96 rue du Faubourg-Saint-Cyprien
86000 POITIERS

Tél. : 0 800 615 915 – Fax : 0 800 615 917

Internet : www.impact-web.com
E-mail : contact@impact-web.com

SIRET : 49901803400029 – NAF : 6201Z
SARL au capital de 4 500 euros

Poitiers, le

Numéro de client	Référence contrat	Condition de paiement	Échéance

Réf.	Désignation	Qté	PU HT	Montant HT
			Total HT	
			Remise %	

Client n° :	Total net HT	
N° de contrat :	Escompte %	
Montant :	Net financier HT	
Paiement :	TVA 20 %	
	NET À PAYER	

MISSION 2 Établir une facture de prestations de services à partir d'un devis

Le développement du site Web du client Lumet SA est terminé et vous devez le facturer.

2 À l'aide des documents dont vous disposez (doc. 4 et 5), établissez la facture n° 897 au 22 avril (annexe 2).

DOC 4 Tarif création

impact WEB IW

TVA 20 %

Tarif création HT

Nom du package	FIRST	STARTER	PRO	FULL
Prix du package	299 € HT	649 € HT	949 € HT	1 849 € HT
Étude du projet	✓	✓	✓	✓
Réunion de projet par tél., Skype ou dans vos locaux	✓	✓	✓	✓
Définition de la charte graphique	✓	✓	✓	✓
Présentation maquettes par Internet	✓	✓	✓	✓

Contenu du site

Nombre total de pages	2	5	10	25
Nombre de mises à jour sur page incluses/an	✗	2	5	10
Formulaire de contact	✗	✓	✓	✓
Plan d'accès, géolocalisation Google Maps	✓	✓	✓	✓
Diffusion auto d'un média sonore	✗	✗	✓	✓

Options

Ajout d'une page supplémentaire	79 € HT
Mise à jour du contenu d'une page existante	59 € HT
Module galerie de photos	399 € HT
Module FAQ (foire aux questions)	59 € HT
Création et intégration Flash (animation, vidéo...)	Nous consulter
Création et intégration graphisme spécifique	Nous consulter

DOC 5 Devis n° 993 accepté

impact WEB IW

Devis N° 993

96 rue du Faubourg-Saint-Cyprien
86000 POITIERS
SIRET : 49901803400029 – NAF : 6201Z
SARL au capital de 4 500 euros

LUMET SA
ZAC Malbosc
33 rue de Castelle
34000 Montpellier

Définition du projet

Le 03/03/N

Conception du site Web + hébergement + domaine + référencement

Détail du projet

Création du site www.lumet.com
– 1 Package Pro
– Option + 5 pages
– Option 1 galerie photo
– Option 1 FAQ

Client n° 4118751
Contrat n° 11-8751-214

Hébergement - Référencement - Maintenance
– Hébergement pour 1 an
– Référencement pour 1 an
– Domaine .fr pour 1 an

Conditions
– Réalisation : 30 jours à la date d'acceptation du devis
– Remise : 5 %
– Conditions de paiement : 30 jours fin de mois

Signature Impact Web : IMPACT WEB

Date et signature du client : Le 07/03/N

INFO
Site web terminé et validé par le client le 22/04.
Facturer le développement du projet + hébergement + référencement + domaine.

ANNEXE 2 Facture n° 897

FACTURE N° 897

96 rue du Faubourg-Saint-Cyprien
86000 POITIERS

Tél. : 0 800 615 915 – Fax : 0 800 615 917

Internet : www.impact-web.com
E-mail : contact@impact-web.com

SIRET : 49901803400029 – NAF : 6201Z
SARL au capital de 4 500 euros

Poitiers, le

Numéro de client	Référence contrat	Condition de paiement	Échéance

Réf.	Désignation	Qté	PU HT	Montant HT
		Total HT		
		Remise %		
		Total net HT		
		Escompte %		
		Net financier HT		
		TVA 20 %		
		NET À PAYER		

Client n° :

N° de contrat :

Montant :

Paiement :

3 Complétez la fiche client (**annexe 3**).

ANNEXE 3 Fiche client

Impact Web – Fichier clients

N° de client	Raison sociale	Adresse	Conditions
			Remise : Paiement :

Prestations		
Site créé le :	Hébergé ☐ Oui ☐ Non	
Contrat n° :	Durée :	Date de renouvellement :

4 Codifiez les deux nouvelles factures de ventes (**annexes 1 et 2**) en notant sur chacune le code comptable du produit (**doc. 6**).

DOC 6 Codification comptable

Impact Web – Plan de comptes (extrait)

Classe 7 – Comptes de produits
706 Prestations de services 706100 Hébergement, maintenance 706200 Création de site Web

INFO
La classification comptable est effectuée d'après le plan comptable général (PCG). Il s'agit d'une codification décimale.

FAIRE LE POINT

La facture de vente de prestations de services

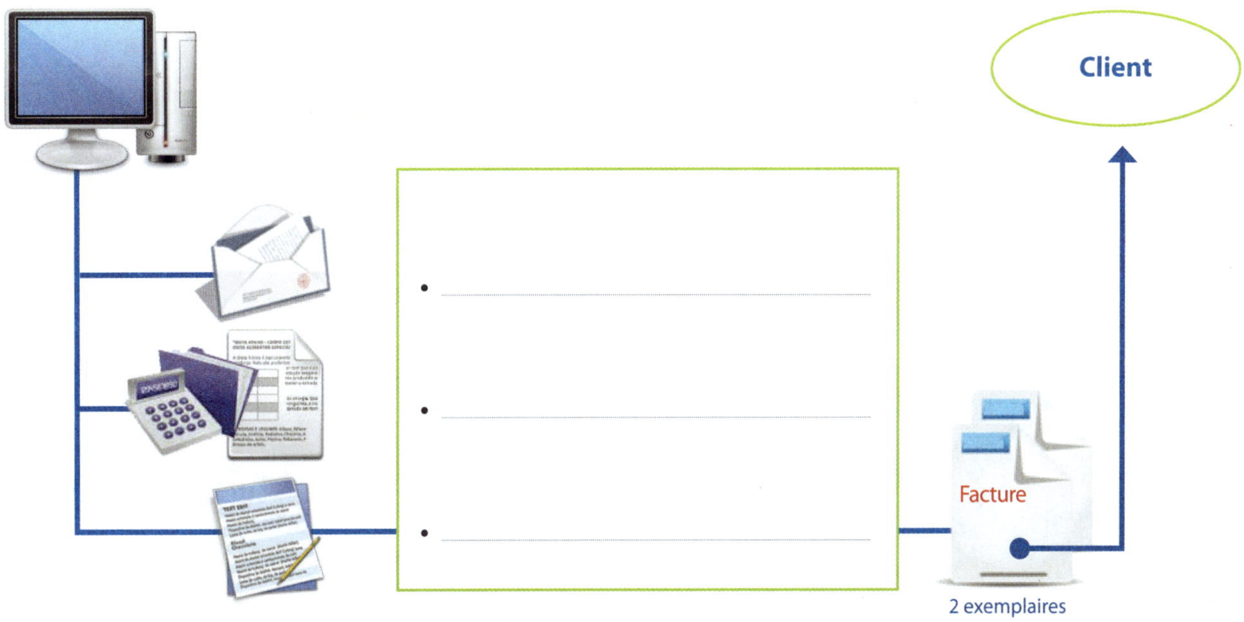

Facturer des prestations de services

1 La facture de prestations de services simple

■ Un **service** est une prestation qui consiste à mettre à disposition d'un client une **capacité technique** ou **intellectuelle** ou lui fournir un **travail** sans transformation de matière.

■ Une prestation de service peut faire l'objet d'une **commande** ou d'un **contrat** signé avec le client. Il peut s'agir d'un **service intellectuel** comme ceux qui existent en informatique (conception de sites web, logiciels, conseils, assistances...), ou d'un **service matériel** (entretien, réparation, maintenance, nettoyage, aide à la personne…).

■ Un service peut être facturé au **forfait**. Le forfait correspond alors à une évaluation globale de la valeur de ce qui est apporté et mis en œuvre par le prestataire.

■ Comme pour les ventes de biens, les **réductions** commerciales et financières sont applicables sur le **montant HT** de la prestation facturée. La **TVA** est appliquée sur le montant **total net hors taxes**.

2 La facture de prestations de services établie à partir d'un devis

■ La prestation de services peut faire l'objet d'un **devis**.

■ Le devis détaillera le **décompte** de chaque prestation en **quantité** et en **prix**, le **temps** nécessaire à leur réalisation et les outils à mettre en œuvre.

■ Lorsque le devis est **accepté** par le client, le service peut être mis en œuvre par le prestataire et lui être facturé en respectant les **obligations** qui ont été **définies et acceptées** par les parties.

EXO Facturer des prestations de services

Vous travaillez dans la société Combo services, spécialisée dans le nettoyage industriel.
Le 15 mai, vous recevez par courriel la confirmation de la commande du client Activa conseil (doc. 1).

À l'aide du tarif et de la fiche client (doc. 2 et 3), établissez la facture n° 8712 (annexe).

DOC 1 Courriel reçu

Commande

Fichier Edition Affichage Message Outils

Répondre | Rép. à tous | Transmettre | Précédent | Prochain | Imprimer | Suprimer | Adresse | Caractère | HTML

De : b.leplacier@activa-conseil.com
A : contact@combo-services.com
Date : 15/05/N
Sujet : Commande

Bonjour,

Comme convenu, je vous confirme notre commande de nettoyage des locaux suivants :
– moquette salle de réunion 140 m²
– moquette salle d'attente 80 m²
– 12 fauteuils salle d'attente

Selon vos tarifs et conditions habituels,

Cordialement,
B. Leplacier

ACTIVA CONSEIL
17 rue Constant Reynier
56000 VANNES

Tél. : 02 97 68 17 54
b.leplacier@activa-conseil.com

DOC 2 Extrait du tarif

COMBO SERVICES
Tarif entreprises – Nettoyage moquette et sièges

Moquette sol		
Tarif	**Superficie**	**Montant HT**
A	jusqu'à 30 m²	Forfait 135 €
B	de 31 à 200 m²	3,81 € le m²
C	de 201 à 1000 m²	2,59 € le m²
D	de 1001 à 2000 m²	1,52 € le m²
E	plus de 2000 m²	1,30 € le m²

Prestation	Montant HT
Moquette murale	10,68 le m²
Moquette escalier (marche / contremarche)	12 € l'unité
Canapés	45 € la place
Fauteuils	45 € l'unité
Coussins	25 € l'unité
Chaises	20 € l'unité
Détachage	60 € la tâche

TVA 20 %

DOC 3 Fiche client

411ACTIV – ACTIVA CONSEIL	
Contact	
17 rue Constant Reynier 56000 VANNES Tél. : 02 97 68 17 54 E-mail : b.leplacier@activa-conseil.com	Fax : 02 97 68 17 55
Conditions	
Remise : 5 % Règlement : Virement fin de mois Domiciliation bancaire : BNP Paribas N° de compte : 00062 00117 145214125412 01	

ANNEXE **Facture n° 8712**

COMBO services
Nettoyage industriel

56 boulevard des Flandres
56100 LORIENT
Tél. : 02 97 86 55 00 Fax : 02 97 86 55 01
SIRET : 44432397400031 – NAF : 8121Z
SARL au capital de 7 500 euros

FACTURE N° 8712

Lorient, le

Référence client	Référence contrat	Mode de paiement	Échéance

Réf.	Désignation	Qté	PU HT	Montant HT
		Total HT		
		Remise %		
Coupon à joindre à votre règlement		Total net HT		
		Excompte %		
Client n° :		Net financier HT		
Montant :		TVA 20 %		
Paiement :		**NET À PAYER**		

16

Facturer à un client de l'Union européenne et hors de l'Union européenne

Référentiel

SAVOIRS ASSOCIÉS	PERFORMANCE ATTENDUE
• Les calculs commerciaux, les réductions commerciales et financières • Le processus automatisé de la facturation à l'aide d'un PGI • La dématérialisation des documents commerciaux	
COMPÉTENCE	**RÉSULTATS ATTENDUS**
• Assurer le traitement administratif de la facturation	• Le traitement et le suivi des livraisons et de la facturation sont effectués.

Transversalité : PÔLE 3 **Situation 3.1.2** Production d'informations structurées
Situation 3.1.3 Organisation et mise à disposition des informations

PRÉSENTATION

Situation de travail 1.2.4
Traitement de la facturation

- Spécialiste de l'**emballage carton**, **Alloin Emballages** travaille dans tous les secteurs d'activité.
- La société propose à sa clientèle en France et en Europe les meilleures solutions pour conditionner, protéger et expédier.
- Au total, ce sont 15 000 m² de stockage garantissent une disponibilité des produits et des livraisons dans les meilleurs délais.

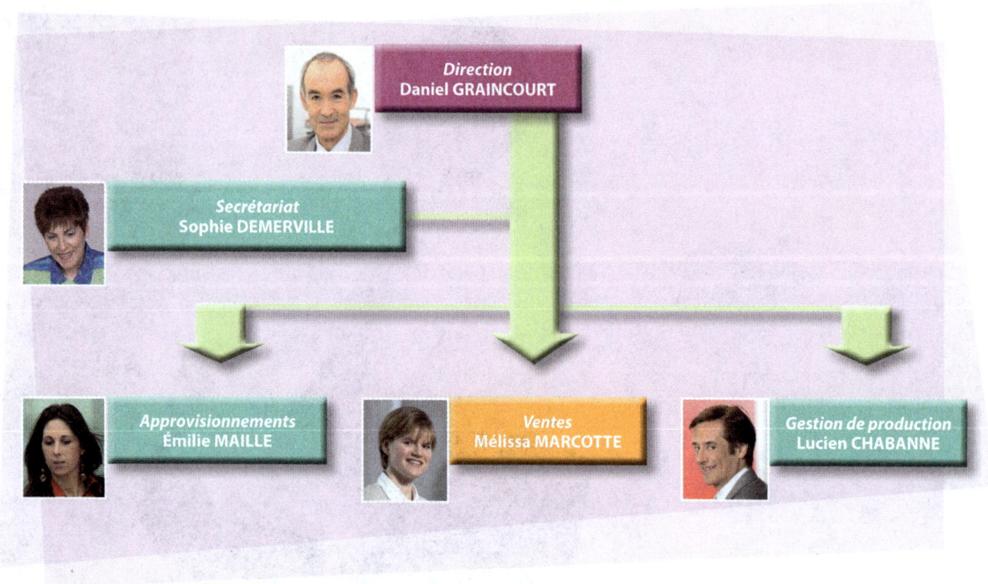

MISE EN SITUATION

- L'entreprise réalise des ventes en France et dans plusieurs pays d'Europe (Belgique, Luxembourg, Allemagne, Suisse et Autriche).
- Les ventes qu'elle réalise à l'intérieur et à l'extérieur des pays de l'Union européenne obéissent à des obligations légales.
- Vous êtes au service des ventes sous la responsabilité de Mme Marcotte et vous devez traiter les dernières ventes réalisées avec l'étranger.

VOS MISSIONS

Mai 4

Mme Marcotte vous confie plusieurs missions :

Mission 1 : Établir une facture de vente à un client de l'Union européenne

Mission 2 : Établir une facture de vente à un client hors de l'Union européenne

Mission 3 : Établir une déclaration d'échange de biens (DEB)

MISSION 1 Établir une facture de vente à un client de l'Union européenne

Le client Glass Center a été livré le 2 mai. Mme Marcotte vous remet les documents et vous demande de préparer la facture correspondante.

1 Prenez connaissance des documents (doc. 1 à 4) et répondez aux questions.

La livraison a été faite :	☐ en France	☐ à l'étranger
Il s'agit :	☐ d'une exportation	☐ d'une livraison intracommunautaire
Les biens à facturer sont :	☐ assujettis à la TVA	☐ exonérés de TVA

DOC 1 Bon de livraison

Le 02/05/20.. DOUBLE

Alloin emballages

Zone d'activité des Trois Fontaines
54360 MONT-SUR-MEURTHE

Naf : 1721C – Siret : 34970449600017
N° TVA : FR 24 349704496
SA au capital de 110 000 euros

GLASS CENTER SA
ZA Laangwiss
L-6131 Junglister
LUXEMBOURG

Bon de livraison
n° BL12515

V/ commande n° 4487
du 27/04/..

Réf.	Désignation	Unité	Qté	Observations
ADS01	PP havane CS 48 mm × 100 m	rlx	180	
ADK01	Kraft adhésif 50 mm × 50 m	rlx	108	
POC02	Pochette 160 × 110 mm	Col. 1 000	5	
POC05	Pochette 315 × 225 mm	Col. 500	2	

Réserves Réf. ADK01 1 colis manquant
Livré le : 02/05/.. Signature :
GLASS CENTER SA
JUNGLISTER

DOC 2 Fiche client

4119GLASS – Glass Center SA
38 rue Hiehl Zone d'Activité Laangwiss L-6131 Junglinster (Junglënster) LUXEMBOURG N° TVA intracommunautaire : LU13987960
Contact
Nordine Saïdi Tél. : 31 91 71 Fax : 31 05 12 E-mail : contact@glasscenter.lu Web : www.glasscenter.lu
Conditions
Port : franco Remise 10 % Règlement 30 jours fin de mois

DOC 3 Ventes à un client de l'UE

Les ventes à un client de l'UE

Les ventes de biens expédiés ou transportés vers un pays de l'Union européenne sont appelées des « livraisons intracommunautaires ».

Les livraisons intracommunautaires sont exonérées de TVA, sous deux conditions : il doit y avoir mouvement de marchandises entre deux États membres, et le numéro TVA de l'acheteur (soumis à la TVA dans son propre pays) doit être mentionné sur la facture.

DOC 4 Extrait du tarif

Alloin Emballages

TARIF HT (extrait)

Pochettes adhésives transparentes porte-documents

Réf.	Désignation	Colisage	PU HT 1 colis	PU HT 5 colis et +
POC01	Pochette 120 × 110 mm	1 000	17,56 €	15,80 €
POC02	Pochette 160 × 110 mm	1 000	20,90 €	18,81 €
POC06	Pochette 160 × 225 mm	1 000	23,85 €	19,74 €
POC03	Pochette 225 × 110 mm	1 000	27,59 €	24,83 €
POC04	Pochette 225 × 160 mm	1 000	38,46 €	34,61 €
POC05	Pochette 315 × 225 mm	500	36,79 €	33,11 €
POC07	Pochette 315 × 315 mm	500	39,55 €	34,81 €
POC08	Pochette 176 × 250 mm	500	31,41 €	28,17 €

Adhésifs d'emballage

Réf.	Désignation	Colisage	PU HT 1 colis	PU HT 5 colis et +
ADH01	PP havane HM 48 mm × 100 m	36 rlx	0,82 € le rl	0,77 € le rl
ADH04	PP incolore HM 48 mm × 100 m	36 rlx	0,82 € le rl	0,77 € le rl
ADS01	PP havane CS 48 mm × 100 m	36 rlx	1,24 € le rl	1,13 € le rl
ADS02	PP incolore CS 48 mm × 100 m	36 rlx	1,24 € le rl	1,13 € le rl
ADP01	PVC havane 48 mm × 100 m	36 rlx	1,52 € le rl	1,46 € le rl
ADP02	PVC incolore 48 mm × 100 m	36 rlx	1,52 € le rl	1,46 € le rl
ADK01	Kraft adhésif 50 mm × 50 m	36 rlx	1,52 € le rl	1,46 € le rl
ADI01	PP imprimé 48 mm × 100 m	36 rlx	1,52 € le rl	1,46 € le rl

2 Établissez la facture n° 12515 au 4 mai (**annexe 1**) et répondez à la question qui suit.

ANNEXE 1 Facture n° 12515

Alloin emballages

Zone d'activité des Trois Fontaines
54360 MONT-SUR-MEURTHE
N° TVA : FR 24 349704496
Naf : 1721C – Siret : 34970449600017
SA au capital de 110 000 euros

Le

Facture n° 12515

Livraison n° du

N° de client : N° de TVA :

Réf.	Désignation	Unité	Qté	PU HT	Rem.	Net HT	Montant HT

TVA				
Base HT	Taux	Montant	Remise %	
	20 %		Escompte %	
	Exon.(*)		Total net HT	
Règlement :			Total TVA	
			NET À PAYER	

Total HT (ligne d'en-tête du bloc TVA) :

(*) *Exonération de TVA : article 262 ter-1 du code général des impôts (CGI)*

Quels sont les éléments qui doivent obligatoirement figurer sur une facture à destination d'un client de l'Union européenne ?

MISSION 2 Établir une facture de ventes à un client hors de l'Union européenne

Mme Marcotte vous demande de préparer la facture à envoyer au client HVK Électronique.

3 Prenez connaissance des documents (doc. 5 à 8), et répondez aux questions.

La livraison a été faite :	☐ en France	☐ à l'étranger
Il s'agit :	☐ d'une exportation	☐ d'une livraison intracommunautaire
Les biens à facturer sont :	☐ assujettis à la TVA	☐ exonérés de TVA

DOC 5 Bon de livraison

Le 02/05/20.. DOUBLE

Alloin emballages

Zone d'activité des Trois Fontaines
54360 MONT-SUR-MEURTHE
Naf : 1721C – Siret : 34970449600017
N°TVA : FR 24 349704496
SA au capital de 110 000 euros

HVK Électronique
Avenue industrielle 14
1227 Carouge GE
SUISSE

V/ commande n° 91417
du 28/04/..

Bon de livraison
n° BL12516

Réf..	Désignation	Unité	Qté	Observations
EPC12108	Boîte PF kraft 2P 10 x 12 x 8 cm	La bte	500	
EPC15156	Boîte PF kraft 2P 15 x 15 x 6 cm	La bte	100	
EPC302410	Boîte PF kraft 2P 30 x 24 x 10 cm	La bte	150	

Livré le : 02/05/.. Signature :

HVK ÉLECTRONIQUE

DOC 6 Fiche client

4119HVKEL – HVK Électronique
Avenue Industrielle 14 1227 Carouge GE SUISSE
Contact
Catherine Demonchy Tél. : 22 301 01 01 Fax : 22 301 73 41 E-mail : info@hvk-electronique.ch Web : www.hvk-electronique.ch
Conditions
Port : franco Remise 10 % Règlement 30 jours fin de mois

DOC 7 Ventes à un client hors de l'UE

Les ventes de biens expédiés ou transportés vers un pays qui ne fait pas partie de l'Union européenne sont appelées des « exportations ».

Les exportations vers les pays tiers sont exonérées de TVA.

Les marchandises exportées doivent faire l'objet de formalités d'exportation dans un bureau de douane.

DOC 8 Extrait du tarif

Alloin Emballages

Boîte petit format kraft – Doubles parois sur les 2 grands côtés — **TARIF HT (extrait)**

Référence	Format	Colisage	Tarif hors taxes dégressif (€)			
			La boîte	de 21 à 50 boîtes	de 51 à 200 boîtes	+ de 200 boîtes
EPC12108	12 × 10 × 8 cm	50 boîtes	0,36	0,31	0,29	0,25
EPC1274	12 × 7 × 4 cm	50 boîtes	0,28	0,24	0,22	0,20
EPC15107	15 × 10 × 7 cm	50 boîtes	0,36	0,31	0,29	0,25
EPC15156	15 × 15 × 6 cm	50 boîtes	0,44	0,37	0,35	0,31
EPC251010	25 × 10 × 10 cm	50 boîtes	0,66	0,56	0,53	0,46
EPC252010	25 × 20 × 10 cm	50 boîtes	0,67	0,57	0,54	0,47
EPC302410	30 × 24 × 10 cm	50 boîtes	0,91	0,77	0,73	0,64
EPC331010	33 × 10 × 10 cm	50 boîtes	0,73	0,62	0,58	0,51

4 Établissez la facture n° 12516 au 4 mai (**annexe 2**).

ANNEXE 2 Facture n° 12516

Alloin emballages

Zone d'activité des Trois fontaines
54360 MONT-SUR-MEURTHE
N° TVA : FR 24 349704496
Naf : 1721C – Siret : 34970449600017
SA au capital de 110 000 euros

Le

Facture n° 12516

Livraison n° du

N° de client : N° de TVA :

Réf.	Désignation	Unité	Qté	PU HT	Rem.	Net HT	Montant HT

TVA				
Base HT	Taux	Montant	Total HT	
			Remise %	
	20 %		Escompte %	
	Exon.(*)		Total net HT	
Règlement :			Total TVA	
			NET À PAYER	

(*) *Exonération de TVA : article 262 ter-1 du code général des impôts (CGI)*

MISSION 3 Établir une déclaration d'échange de biens (DEB)

Chaque mois, l'entreprise doit déclarer aux services des douanes les échanges intracommunautaires.

5 Prenez connaissance de la documentation (doc. 9) et répondez aux questions.

Quel est le document à remplir par l'entreprise chaque mois ?

Quelle est l'utilité de cette obligation ?

DOC 9 La déclaration d'échange de biens (DEB)

DEB - Obligations légales

À l'intérieur de l'Union européenne, les échanges commerciaux sont libres, sans formalité et sans contrôle aux frontières. L'entreprise n'établit pas de déclaration en douane. Toutefois, elle doit remplir chaque mois une déclaration d'échange de biens (DEB) reprenant l'ensemble de ses échanges intracommunautaires. Ces déclarations permettent aux services des douanes d'établir des statistiques sur le commerce extérieur et de surveiller les flux intracommunautaires de marchandises.

Une DEB simplifiée doit être remplie dès le 1er euro facturé à l'expédition (ventes) jusqu'à 460 000 euros. Au-delà, l'entreprise doit remplir une DEB détaillée.

La déclaration du mois d'avril doit être traitée avant le 15 mai. L'entreprise a l'habitude de saisir ses déclarations sur le site internet de la douane.

6 À l'aide du relevé de comptes clients UE (doc. 10), remplissez le formulaire de la DEB pour le mois d'avril (annexe 3).

DOC 10 Relevé des ventes UE – Mois d'avril N

RELEVÉ DE COMPTES CLIENTS DU 01/04/N au 30/04/N

Famille clients : UE - Union européenne

Ventes intracommunautaires pour le mois d'avril. DEB à saisir le site de la douane avant le 15 mai (déclaration simplifiée).

4119GLASS – Glass Center SA
38 rue Hiehl Zone d'Activité Laangwiss
L-6131 Junglinster (Jonglënster) LUXEMBOURG N° TVA intracommunautaire : LU13987960

Type	Numéro	Date de pièce	Échéance	Total HT	Total TTC	Montant réglé	Solde dû
F	11414	03/04/N	31/05/N	1 740,00	1 740,00	-	1 740,00
F	12084	22/04/N	31/05/N	135,00	135,00	-	1 875,00
F	12297	30/04/N	31/05/N	8 916,00	8 916,00	-	10 791,00
			Total en euros	10 791,00	10,791,00	-	10 791,00

4119HONIG - HONIGFIELD
27 Werkstrasse
D-66606 Sankt-Wendel ALLEMAGNE N° TVA intracommunautaire : DE148009334

Type	Numéro	Date de pièce	Échéance	Total HT	Total TTC	Montant réglé	Solde dû
F	11596	07/04/N	07/04/N	897,30	897,00	897,00	-
F	12288	27/04/N	27/04/N	4 896,00	4 896,00	4 896,00	-
			Total en euros	5 793,30	5 793,30	5 793,30	-

ANNEXE 3 Déclaration d'échange de biens

Écran 1

douane.gouv.fr https://pro.douane.gouv.fr/prodouane.asp

PRODOU@NE La Douane au service des professionnels | Webmestre | Assistance |

::OUTILS DISPONIBLES:: [CONNEXION PRIVÉE] Douane.gouv.fr

DEB PRO.DOU@NE : LA DÉCLARATION D'ÉCHANGES DE BIENS SUR PRO.DOU@NE

ACCUEIL :: VOS DEB EN LIGNE :: SIMULATION :: LES OUTILS :: INFORMATIONS PRATIQUES :: ASSISTANCE

CRÉER UNE DÉCLARATION

Etape 1

Etape 2 : Saisir le mois et le type de déclaration

*champs obligatoire

Société	
Numéro de TVA / Raison sociale	
SIRET	
ANNEE DE LA DECLARATION	20

Période de référence

Mois*

Expédition pour une société:

Ayant réalisé l'année précédente (ou au cours de l'année en cours) des expéditions d'un montant total HT supérieur ou égal à 460 000 Euros

Ayant réalisé l'année précédente (ou au cours de l'année en cours) des expéditions d'un montant total HT inférieur à 460 000 Euros

Introduction pour une société:

Ayant réalisé l'année précédente (ou au cours de l'année en cours) des introductions d'un montant total HT supérieur ou égal à 460 000 Euros

SUIVANT

Écran 2

douane.gouv.fr https://pro.douane.gouv.fr/prodouane.asp

PRODOU@NE La Douane au service des professionnels | Webmestre | Assistance |

::OUTILS DISPONIBLES:: [CONNEXION PRIVÉE] Douane.gouv.fr

DEB PRO.DOU@NE : LA DÉCLARATION D'ÉCHANGES DE BIENS SUR PRO.DOU@NE

ACCUEIL :: VOS DEB EN LIGNE :: SIMULATION :: LES OUTILS :: INFORMATIONS PRATIQUES :: ASSISTANCE

SAISIE D'UNE LIGNE

Saisir la ligne de DEB

*champs obligatoire

Société		Période		Flux	
Numéro de TVA		Mois		Flux	Expédition
SIRET		Année		Niveau	4

Aide sur la déclaration d'échanges de bien

Référence interne (facultatif)

Numéro de ligne 01

Régime * 21 : Livraison exonérée en France et taxable dans l'état membre d'arrivée

Valeur Fiscale * Euros CONVERSION

Numéro de TVA de l'acquéreur C.E.* MES PARTENAIRES

ANNULER VALIDER

ANNEXE 3 Déclaration d'échange de biens (suite)

Écran 3

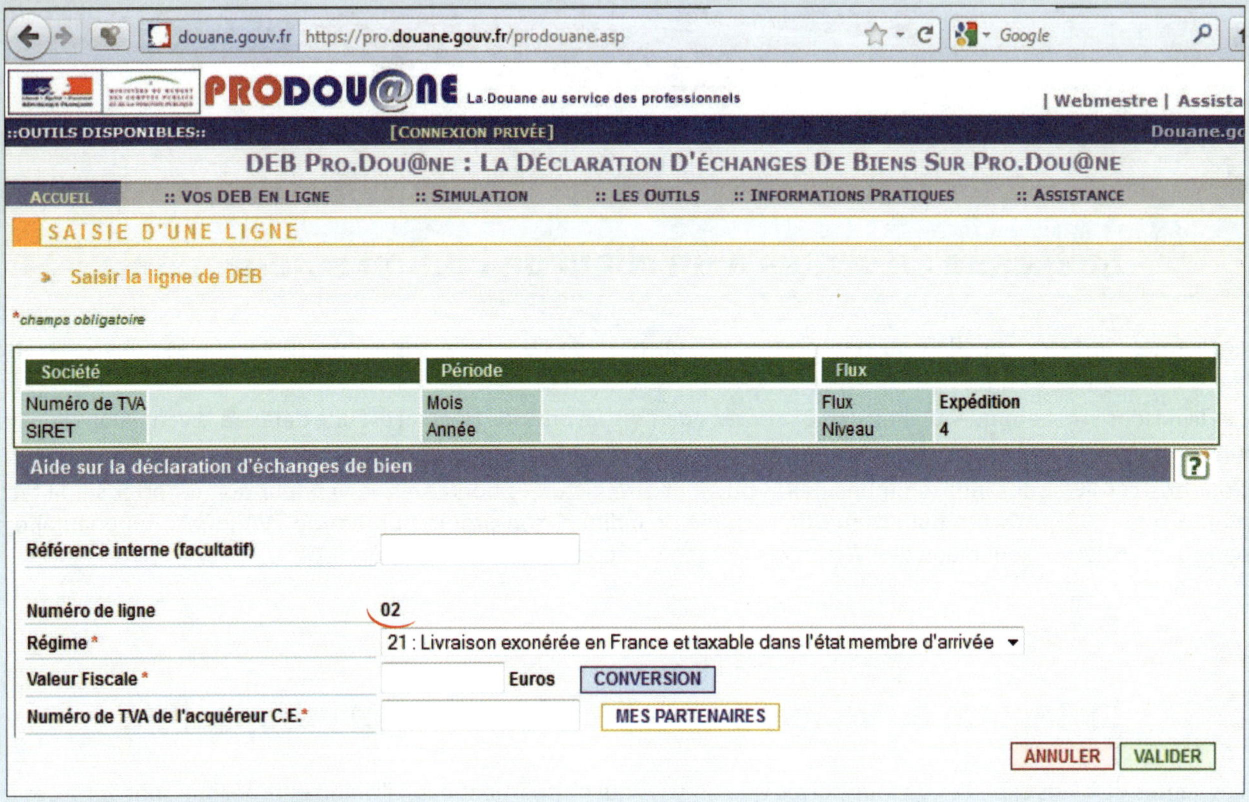
douane.gouv.fr https://pro.douane.gouv.fr/prodouane.asp

PRODOU@NE La Douane au service des professionnels | Webmestre | Assista

::OUTILS DISPONIBLES:: [CONNEXION PRIVÉE] Douane.go

DEB PRO.DOU@NE : LA DÉCLARATION D'ÉCHANGES DE BIENS SUR PRO.DOU@NE

ACCUEIL :: VOS DEB EN LIGNE :: SIMULATION :: LES OUTILS :: INFORMATIONS PRATIQUES :: ASSISTANCE

SAISIE D'UNE LIGNE

› Saisir la ligne de DEB

*champs obligatoire

Société		Période		Flux	
Numéro de TVA		Mois		Flux	Expédition
SIRET		Année		Niveau	4

Aide sur la déclaration d'échanges de bien

Référence interne (facultatif)	
Numéro de ligne	02
Régime *	21 : Livraison exonérée en France et taxable dans l'état membre d'arrivée
Valeur Fiscale *	Euros CONVERSION
Numéro de TVA de l'acquéreur C.E.*	MES PARTENAIRES

ANNULER VALIDER

FAIRE LE POINT

Les ventes à l'étranger

- ……………………………………
- ……………………………………

Client

Bon de livraison — Double

Les taxes

Facture

Ventes à l'étranger

Les formalités

- Livraisons intracommunautaires :

- Exportations

DOUANES & DROITS INDIRECTS

Facturer à un client de l'Union européenne et hors de l'Union européenne

1 La facture de ventes à un client de l'Union européenne

- Les ventes de biens expédiés ou transportés vers un pays de l'**Union européenne** sont appelées des « **livraisons intracommunautaires** ».
- Les livraisons intracommunautaires sont **exonérées de TVA**. Le principe général est une détaxe à la vente dans le pays de départ et une taxation à l'achat dans le pays d'arrivée.
- Pour que ces livraisons intracommunautaires puissent être facturées hors taxes, le vendeur doit reporter sur la facture le **numéro de TVA intracommunautaire** de l'acquéreur, indiquer son propre numéro de TVA intracommunautaire et y inscrire la **mention** « Exonération de TVA : article 262 ter-1 du code général des impôts (CGI) ».

2 La facture de ventes à un client hors Union européenne

- Les ventes de biens expédiés ou transportés vers un pays qui n'appartient pas à l'Union européenne sont appelées des **exportations**.
- Les exportations vers les pays tiers sont **exonérées de TVA**.
- Les marchandises exportées doivent faire l'objet de **formalités d'exportation** dans un bureau de douane, appelé bureau de dédouanement.
- Les exportations nécessitent la production d'un **document administratif unique** (DAU) qui justifie l'exportation auprès des services fiscaux.

3 La déclaration d'échange de biens (DEB)

- Les échanges commerciaux dans les pays de l'**Union européenne** sont libres, **sans formalité** et sans contrôle aux frontières. Il n'y a donc pas de déclaration en douane.
- L'entreprise doit toutefois remplir, chaque mois, une **déclaration d'échange de biens** (DEB) reprenant l'ensemble des échanges intracommunautaires.
- La déclaration d'échange de biens permet aux services des douanes d'établir des **statistiques** sur le commerce extérieur et de surveiller les **flux intracommunautaires** de marchandises (contrôle des TVA).

EXO Facturer à un client de l'Union européenne et hors de l'Union européenne

Vous travaillez dans la société Dkpack, spécialisée dans la fabrication de sachets en polyéthylène. L'entreprise vend ses produits en France et à l'étranger.

Le 30 avril, vous avez livré le client Unicom et vous devez établir la facture.

1 À l'aide du bon de livraison, de la fiche client et du tarif (**doc. 1, 2 et 4**), établissez la facture n° FA4479 (**annexe 2**).

2 Saisissez la DEB pour les livraisons intracommunautaires du mois d'avril (**doc. 3**) (**annexe 1**).

DOC 1 Bon de livraison

DKPACK

Sachets en polyéthylène
ZI de Mohon – 55 rue Ampère
08000 Charleville-Mézières
Tél. : 03 24 36 40 50
Fax : 03 24 36 40 55

TVA : FR26 642 100 482

Le 29/04/20.. DOUBLE

UNICOM SA
Boulevard industriel 31
B-1070 Bruxelles
BELGIQUE

TVA n° BE0476557139

V/ commande n° 4458
du 26/04/..

Bon de livraison
n° L4479

Réf..	Désignation	Unité	Qté	Observations
OT108	Sachets Grip neutres	1 000	7	
	120 x 180 mm			
OT119	Sachets Grip neutres	1 000	19	
	220 x 280 mm			
OT125	Sachets Grip neutres	1 000	2	
	300 x 400 mm			
21032	Polyzip bleu	100	50	
	405 x 250 mm			
	Remise 5 % sur Polizip			

Livré le : 30/04/..
Signature : UNICOM SA

SARL au capital de 90 000 euros – Naf : 2222Z – SIRET : 64210048200022

DOC 2 Fiche client

411E9714 - UNICOM SA

Boulevard industriel 31
B-1070 Bruxelles
Belgique
Numéro de TVA : BE 0476557139

Tél. : +32 (0)2 425 49 15
Fax : +32 (0)2 425 54 92
Web : www.unicom.be
E-mail : info@unicom.be

Conditions :
Paiement 30 jours fin de mois
Franco de port

DOC 3 Relevé des ventes UE – Mois d'avril N

RELEVÉ DE COMPTES CLIENTS DU 01/04/N au 30/04/N

411EGLASS – BINAMÉ SPRL
1702 Groot-Bijgaarden BELGIQUE — N° TVA intracommunautaire : BE 0465871478

Type	Numéro	Date de pièce	Échéance	Total HT	Total TTC	Montant réglé	Solde dû
F	L4437	12/04/N	31/05/N	18 417,80	18 417,80	-	18 417,80
			Total en euros	18 417,80	18 417,80	-	18 417,80

411EHONIG - SILENTRON SPA
Via Sagra San Michele 25/27 10139 Torino ITALIE — N° TVA intracommunautaire : IT 14517842541

Type	Numéro	Date de pièce	Échéance	Total HT	Total TTC	Montant réglé	Solde dû
F	L4452	19/04/N	31/05/N	5 420,10	5 420,10	-	5 420,10
F	L4461	26/04/N	31/05/N	1 355,00	1 355,00	-	6 775,10
			Total en euros	6 775,10	6 775,10	-	6 775,10

DOC 4 Tarif (extrait)

DKPACK

TARIF HT en euros

Sachets Grip neutres (tarif par 1 000 pièces)

Réf.	Designation	Jusqu'à 1 000 pièces	Jusqu'à 5 000 pièces	Jusqu'à 10 000 pièces	Jusqu'à 15 000 pièces	Jusqu'à 25 000 pièces	Jusqu'à 30 000 p et +
OT128	70 × 100 mm	10,68	9,09	8,02	6,95	6,26	5,63
OT103	80 × 120 mm	11,29	9,64	8,50	7,40	6,66	5,99
OT104	90 × 100 mm	14,64	12,43	10,96	9,49	8,54	7,69
OT106	100 × 150 mm	15,43	13,11	11,59	10,00	9,00	8,10
OT108	120 × 180 mm	18,82	16,74	14,30	12,26	11,03	9,93
OT114	150 × 200 mm	31,93	27,12	23,96	20,73	18,66	16,79
OT115	160 × 230 mm	36,28	30,85	27,27	23,56	21,21	19,09
OT140	160 × 250 mm	41,64	35,37	31,25	27,07	24,36	21,92
OT117	190 × 250 mm	45,87	39,20	34,69	29,64	26,69	24,02
OT119	220 × 280 mm	53,23	45,48	40,25	34,41	30,97	27,87
OT120	230 × 320 mm	59,01	50,16	44,29	38,33	34,53	31,08
OT123	250 × 350 mm	69,83	59,38	52,38	45,37	40,83	36,75
OT125	300 × 400 mm	90,54	76,17	67,40	58,29	52,46	47,21
OT127	350 × 450 mm	111,25	94,58	83,45	72,32	65,10	58,59

Polyzip (tarif par 100 pièces)

Réf.	Designation	Jusqu'à 100 pièces	Jusqu'à 300 pièces	Jusqu'à 500 pièces	Jusqu'à 1 000 pièces	Jusqu'à 5 000 pièces	Jusqu'à 10 000 p et +
21001	250 × 170 rouge	81,75	71,16	64,80	58,73	55,14	52,10
21002	250 × 170 bleu	81,75	71,16	64,80	58,73	55,14	52,10
21003	250 × 170 vert	81,75	71,16	64,80	58,73	55,14	52,10
21004	250 × 170 jaune	81,75	71,16	64,80	58,73	55,14	52,10
21021	360 × 250 rouge	98,93	86,02	78,46	70,95	66,69	62,71
21022	360 × 250 bleu	98,93	86,02	78,46	70,95	66,69	62,71
21023	360 × 250 vert	98,93	86,02	78,46	70,95	66,69	62,71
21024	360 × 250 jaune	98,93	86,02	78,46	70,95	66,69	62,71
21031	405 × 250 rouge	102,90	89,40	81,57	75,62	71,07	66,82
21032	405 × 250 bleu	102,90	89,40	81,57	75,62	71,07	66,82
21033	405 × 250 vert	102,90	89,40	81,57	75,62	71,07	66,82
21034	405 × 250 jaune	102,90	89,40	81,57	75,62	71,07	66,82

ANNEXE 1 Déclaration d'échange de biens

Écran 1

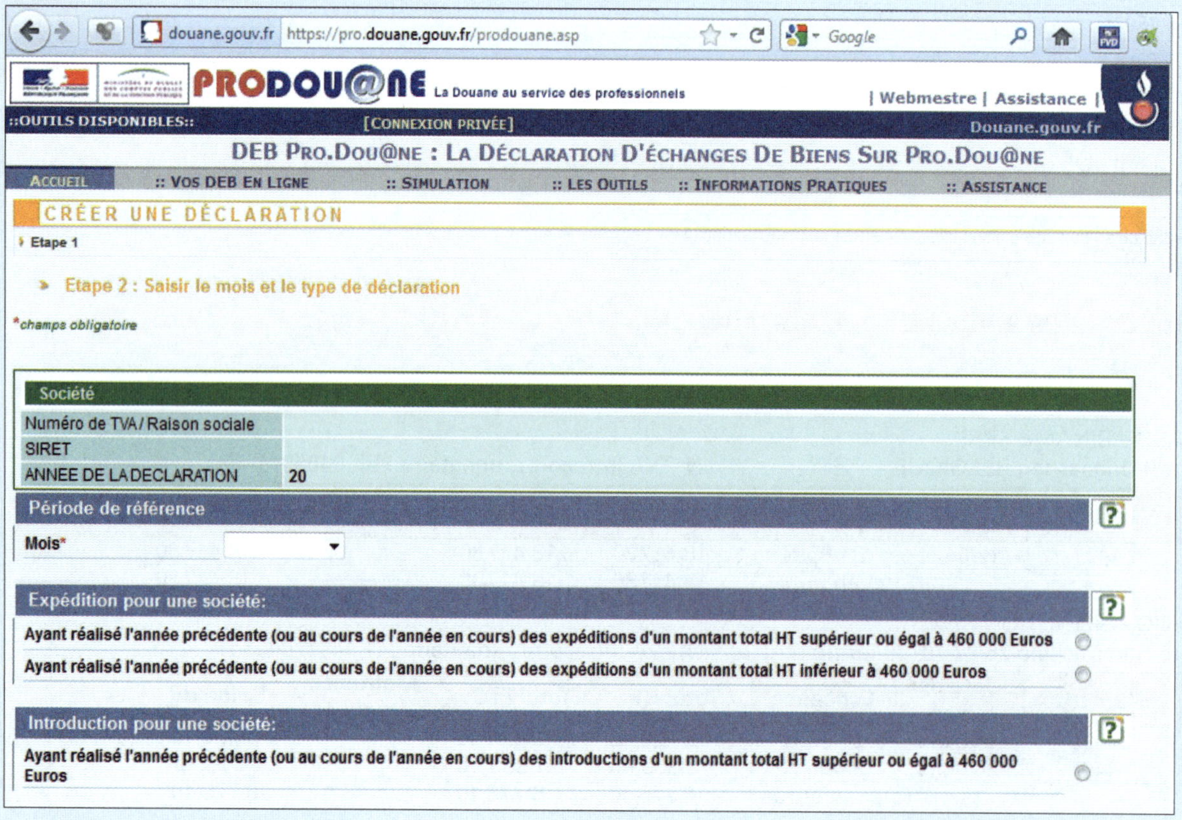

ANNEXE 1 Déclaration d'échange de biens (suite)

Écran 2

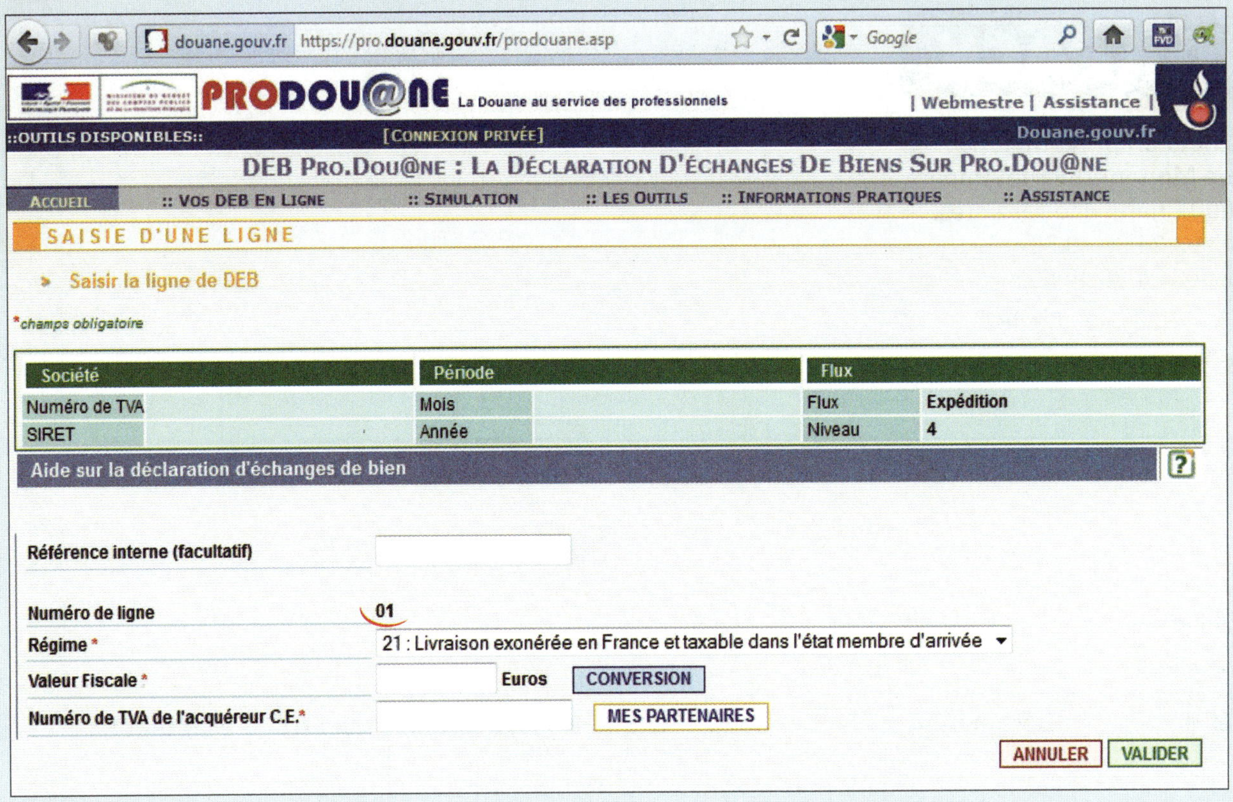
douane.gouv.fr https://pro.douane.gouv.fr/prodouane.asp

PRODOU@NE La Douane au service des professionnels | Webmestre | Assistance |

::OUTILS DISPONIBLES:: [CONNEXION PRIVÉE] Douane.gouv.fr

DEB PRO.DOU@NE : LA DÉCLARATION D'ÉCHANGES DE BIENS SUR PRO.DOU@NE

ACCUEIL :: VOS DEB EN LIGNE :: SIMULATION :: LES OUTILS :: INFORMATIONS PRATIQUES :: ASSISTANCE

SAISIE D'UNE LIGNE

› Saisir la ligne de DEB

*champs obligatoire

Société		Période		Flux	
Numéro de TVA		Mois		Flux	Expédition
SIRET		Année		Niveau	4

Aide sur la déclaration d'échanges de bien

Référence interne (facultatif)

Numéro de ligne 01

Régime * 21 : Livraison exonérée en France et taxable dans l'état membre d'arrivée

Valeur Fiscale * Euros CONVERSION

Numéro de TVA de l'acquéreur C.E.* MES PARTENAIRES

ANNULER VALIDER

Écran 3

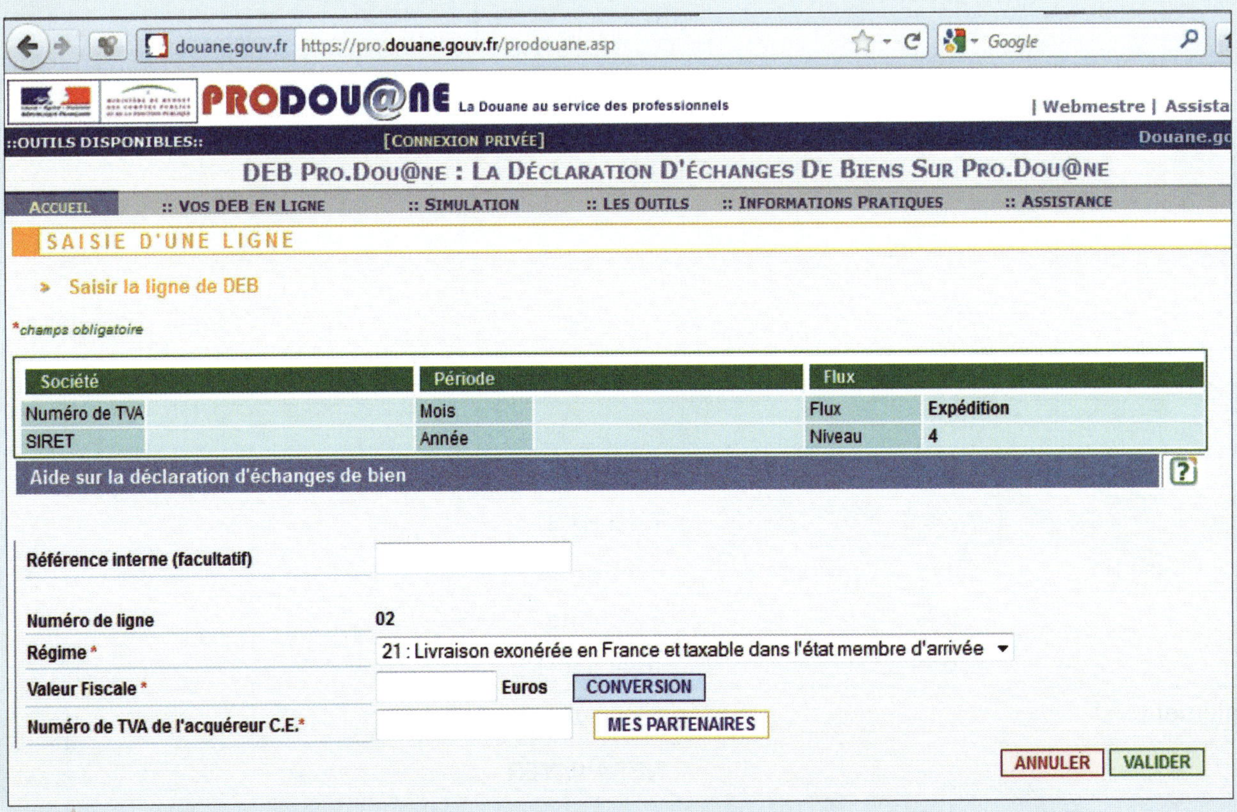
douane.gouv.fr https://pro.douane.gouv.fr/prodouane.asp

PRODOU@NE La Douane au service des professionnels | Webmestre | Assista

::OUTILS DISPONIBLES:: [CONNEXION PRIVÉE] Douane.gc

DEB PRO.DOU@NE : LA DÉCLARATION D'ÉCHANGES DE BIENS SUR PRO.DOU@NE

ACCUEIL :: VOS DEB EN LIGNE :: SIMULATION :: LES OUTILS :: INFORMATIONS PRATIQUES :: ASSISTANCE

SAISIE D'UNE LIGNE

› Saisir la ligne de DEB

*champs obligatoire

Société		Période		Flux	
Numéro de TVA		Mois		Flux	Expédition
SIRET		Année		Niveau	4

Aide sur la déclaration d'échanges de bien

Référence interne (facultatif)

Numéro de ligne 02

Régime * 21 : Livraison exonérée en France et taxable dans l'état membre d'arrivée

Valeur Fiscale * Euros CONVERSION

Numéro de TVA de l'acquéreur C.E.* MES PARTENAIRES

ANNULER VALIDER

ANNEXE 2 Facture n° FA4479

DKPACK

Sachets en polyéthylène
ZI de Mohon – 55 rue Ampère
08000 Charleville-Mézières
Tél. : 03 24 36 40 50
Fax : 03 24 36 40 55
TVA : FR26 642 100 482
NAF : 2222Z SIRET : 64210048200022

Le

Facture n° FA4479

Livraison n° du

N° de client : N° de TVA :

Réf.	Désignation	Unité	Qté	PU HT	Rem.	Net HT	Montant HT

TVA				
Base HT	Taux	Montant	Total HT	
			Remise %	
	20 %		Escompte %	
	Exon.(*)		Total net HT	
Règlement :			Total TVA	
			NET À PAYER	

(*) *Exonération de TVA : article 262 ter-1 du code général des impôts (CGI).*

Nom et prénom de l'élève ....

Date de l'épreuve ....

Classe ....

Durée ....

ÉVALUATION 1

La gestion administrative des relations avec les fournisseurs

Dossier	Barème	Compétences	BEP	Bac pro
Dossier 1	… /…	Classer les partenaires de l'entreprise 1. Analyser les types de fournisseurs et les classer	O 3	1.1.1
Dossier 2	… /…	Tenir les dossiers fournisseurs 2. Préparer la saisie de nouveaux partenaires dans le PGI de l'entreprise	O 4	1.1.1
Dossier 3	… /…	Traiter les ordres d'achat, les commandes 3. Comparer les offres et choisir un fournisseur 4. Commander des produits	T 5	1.1.2
Dossier 4	… /…	Traiter les livraisons et les factures et suivre les anomalies 5. Contrôler les factures reçues des fournisseurs	T 5	1.1.3
Total	… /…			
Note	… /20	(arrondi au demi-point supérieur)		

▶ MISE EN SITUATION

- Créée en 2001, la SARL Ateliers savoyards est spécialisée dans la fabrication de meubles de montagne et de cuisines de style savoyard.
- La fabrication s'effectue à partir de bois anciens, principalement de l'épicéa, travaillés et sculptés dans le respect des traditions, et finis par une patine à l'huile.

▶ VOTRE MISSION

Vous êtes en période de formation au service des achats sous l'autorité de M. Hugues Marand.

• Votre mission sera la gestion administrative des relations avec les fournisseurs.

ÉVALUATION 1

DOSSIER 1 Classer les partenaires de l'entreprise

M. Marand, directeur des achats, vous communique la liste des fournisseurs habituels de l'entreprise (doc. 1).

Pour améliorer le classement des partenaires, des catégories ont été créées dans le système informatique de l'entreprise (doc. 2).

1 Indiquez, pour chaque partenaire, la catégorie précise à laquelle il appartient (**annexe 1**).

DOSSIER 2 Tenir les dossiers fournisseurs

À la suite d'une demande de l'atelier, la décision d'acheter une machine-outil a été prise (doc. 3). Un appel d'offres a été lancé auprès de deux fournisseurs qui nous ont répondu (doc. 4).

2 Relevez les informations qui concernent ces deux partenaires afin de les enregistrer dans notre PGI (**annexe 2**).

DOSSIER 3 Traiter les ordres d'achat, les commandes

Les propositions reçues doivent être étudiées pour ne retenir que celle qui correspond le mieux à nos attentes (doc. 3 et 4).

3 Comparez les offres reçues et indiquez le fournisseur choisi (**annexe 3**).

4 Complétez, le 10/11/.., le bon de commande qui sera télécopié au fournisseur (**annexe 4**).

DOSSIER 4 Traiter les livraisons et les factures, suivre les anomalies

Le 10 novembre, le fournisseur Arsac nous a livré notre commande de bois brut (doc. 5). La facture correspondante nous est parvenue le 16 novembre (doc. 6).

Les conditions de vente vous sont communiquées et vous interrogez la fiche fournisseur pour contrôler la facture reçue (doc. 7 et 8).

5 Procédez à la vérification de la facture reçue et relevez les anomalies constatées (**annexe 6**).

Nom et prénom de l'élève ....

Date de l'épreuve ....

Classe ....

Durée ....

ÉVALUATION 2

La gestion administrative des relations avec les clients

Dossier	Barème	Compétences	BEP	Bac pro
Dossier 1	… /…	Participer à la gestion administrative de la prospection **1.** Analyser le marché des climatiseurs	T 3	1.2.1
Dossier 2	… /…	Tenir les dossiers clients **2.** Préparer la saisie d'un nouveau partenaire dans le PGI de l'entreprise	O 4	1.2.2
Dossier 3	… /…	Traiter les devis, les commandes **3.** Élaborer un devis pour une prestation de services **4.** Justifier le choix du taux de TVA	T 5	1.2.3
Dossier 4	… /…	Traiter les livraisons et les factures **5.** Facturer une livraison de biens	T 5	1.2.4
Total	… /…			
Note	… /20	(arrondi au demi-point supérieur)		

MISE EN SITUATION

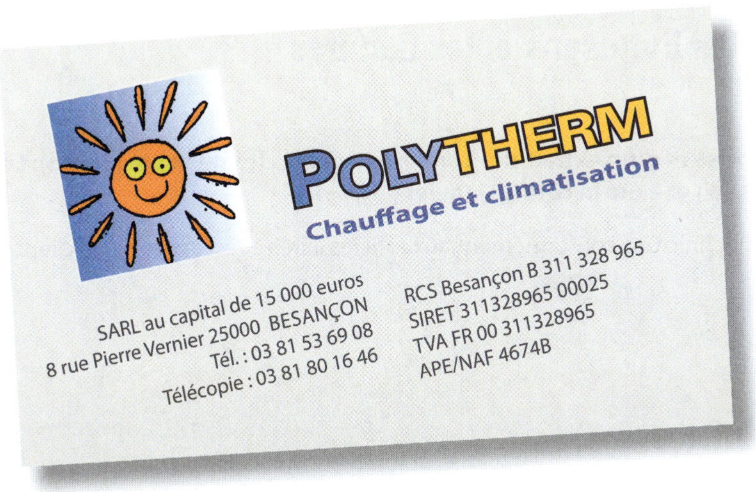

- Créée en 1977, la SARL Polytherm s'adresse aux professionnels et aux particuliers dans le domaine du chauffage et de la climatisation.
- L'entreprise distribue en gros, sous plusieurs marques, des matériels et accessoires de chauffage auprès de professionnels. Elle assure également la maintenance et la réparation des installations chez les particuliers.
- Soucieuse de s'adapter au marché, elle s'intéresse au chauffage bois. Elle compte élargir sa gamme pour proposer aux clients de nouveaux produits.

VOTRE MISSION

Vous êtes en période de formation au service commercial sous l'autorité de M. Loïc Dutoit.

• Votre mission sera la gestion administrative des relations avec les clients.

ÉVALUATION 2

DOSSIER 1 Participer à la gestion administrative de la prospection

Pour élargir sa gamme de produits et proposer des systèmes de chauffage bois, la société Polytherm a réalisé une étude auprès de ses revendeurs.

M. Dutoit, directeur commercial, vous a remis la synthèse des résultats obtenus et vous demande de les étudier (doc. 1).

1 Analysez les résultats de cette étude et proposez les outils de prospection les mieux adaptés (**annexe 1**).

DOSSIER 2 Tenir les dossiers clients

L'entreprise Technic Gaz nous a contacté pour un devis (doc. 2). Vous devez saisir ce nouveau partenaire dans le PGI de l'entreprise.

2 Relevez les informations qui concernent ce nouveau partenaire afin de l'enregistrer dans notre PGI (**annexe 2**).

DOSSIER 3 Traiter les devis, les commandes

Vous disposez du tarif général de l'entreprise et d'un extrait des conditions générales de vente (doc. 3).
À la suite de la visite d'un technicien, une prévision d'intervention chez le client Delermes a été rédigée (doc. 4).

3 Présentez, le 31/01/.., le devis à envoyer au client Delermes pour la réalisation de l'intervention prévue (**annexe 3**).

4 Justifiez votre choix du taux de TVA (**annexe 4**).

DOSSIER 4 Traiter les livraisons et les factures

Vous disposez du tarif général de l'entreprise et d'un extrait des conditions générales de vente (doc. 3). Le client Technic Gaz a passé commande (doc. 5) et a été livré le 28 janvier (doc. 6).

5 Établissez, le 31/01/.., la facture au client Technic Gaz conformément aux articles livrés et acceptés par le client (**annexe 5**).

DOC 1 Le marché du chauffage vert

Les énergies les plus vertes à l'honneur

Les particuliers ont une nette préférence pour les chauffages les plus écologiques : pompes à chaleur 46 % et chauffage bois 41 % (chaudière et poêle).

Si l'on observe le marché de l'existant, le gaz et le fioul représentent plus de la moitié des installations existantes, mais seulement 13 % des nouveaux projets alors que la PAC(*) et le bois représentent moins de 20 % des systèmes de chauffage existants et 85 % des demandes de projets de chauffage.

Le poêle à bois, chauffage vert préféré des Français

L'hiver rigoureux a redonné l'envie aux Français de se retrouver près du feu. Produit de prédilection : le poêle à bois. Au niveau des demandes, la PAC(*) géothermique et la chaudière à granulés de bois sont très demandées par rapport à la réalité de ce qui s'installe chez les clients de nos revendeurs.

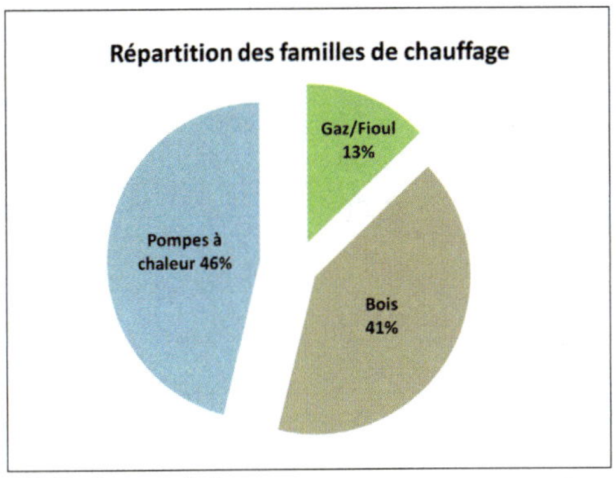

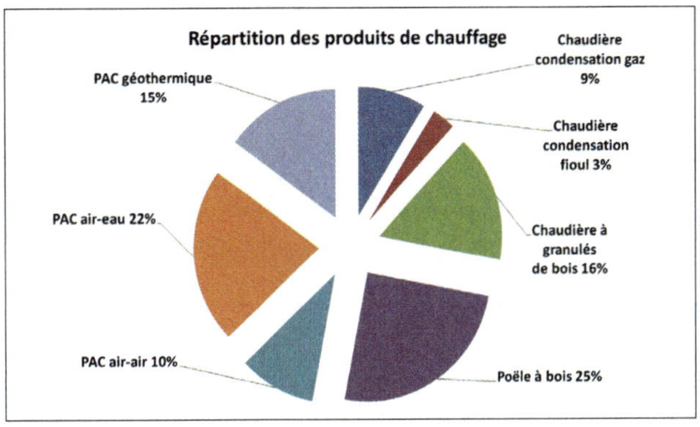

(*) PAC = Pompe à chaleur

DOC 2 Demande de devis

appel d'offres - Message (HTML)

Message | Adobe PDF

Répondre | Répondre à tous | Transférer | Supprimer | Courrier indésirable | Classer | Assurer un suivi | Marquer comme non lu(s) | Rechercher

Répondre | Actions | Options

De : damien.benameur@technicgaz.fr **Date :** 06/11/.. 10:12
À : loic.dutoit@polytherm.com
Cc :
Objet : appel d'offres

Demande de prix pour les articles ci-dessous :
- 3 Chaudières ÉCOTEC PLUS VCW 346
- 2 Chaudières TURBOMAX PLUS VUW 362
- 1 Chaudière TURBOMAX PLUS VUW 242
- 6 kits de montage pour chaudières murales mixtes à condensation

A préciser :
- conditions de livraison et coût du transport
- conditions de facturation (remises et escomptes) et conditions de paiement

Merci.

Technic Gaz EURL - Damien Benameur, gérant
88 rue du Château
25000 BESANÇON
Tél. : 03 81 53 10 45 - Fax : 03 81 53 10 68
www.technigaz.fr

DOC 3 Tarif et conditions générales de vente

POLYTHERM
Chauffage et climatisation

TARIF hors taxes (€) au 01/01/.. (extraits)

DÉSIGNATION	Réf.	Puissance	Prix HT particuliers	Prix HT professionnels
■ Chaudière murale seule à condensation				
EcoMax Exclusiv VHR-S35	305 189	10,3 - 34,3 kW	1 885,00	1 320,00
■ Chaudière murale mixte à condensation				
EcoTec plus VCW 296	012511	9 - 24 kW	1 425,00	995,00
EcoTec plus VCW 346	012512	10 - 30 kW	1 710,00	1 200,00
Kit de montage	306225		46,00	32,00
■ Chaudière murale mixte à ventouse				
TurboMax plus VUW 242	306327	8 - 24 kW	1 280,00	895,00
TurboMax plus VUW 282	306328	10,4 - 28 kW	1 335,00	935,00
TurboMax plus VUW 362	306579	10,5 - 36,9 kW	1 516,00	1 060,00
Kit de montage	306225		46,00	32,00
■ Chauffe-eau électrique				
Chauffe-eau VEK 5	005117	2,4 kW/5l	189,00	132,00
Kit de montage	005223		34,50	24,50

DÉSIGNATION	Prix HT
■ Fortaits entretien	
Chauffe-eau	55,50
Chaudière gaz	80,30
Chaudière fuel	108,50
Plomberie	65,50
Climatisation	71,00
Pompes à chaleur air/eau	84,00

■ TVA
TVA professionnels : taux normal
TVA particuliers : taux normal, taux intermédiaire ou taux réduit

DÉSIGNATION	Prix HT
■ Fortaits autres prestations	
Ramonage entretien cheminée gaz	35,50
Ramonage entretien cheminée fuel	45,60
Assistance plomberie	48,66
■ Déplacements	
de 0 à 20 km	32,60
supérieur à 20 km	32,60 + 1,10 / km
■ Main-d'œuvre installation et dépannage	
par heure	42,50

■ Escompte aux professionnels pour paiement comptant	1 %

INFO

TVA aux particuliers :

– Le taux intermédiaire s'applique sur les travaux d'amélioration, de transformation, d'aménagement et d'entretien, ainsi que sur la fourniture des équipements et matières premières nécessaires (à condition qu'elles soient facturées par l'entreprise) qui concernent les locaux à usage d'habitation achevés depuis plus de deux ans (y compris la maintenance et les déplacements).

– Le taux réduit s'applique aux travaux d'amélioration énergétique des locaux à usage d'habitation achevés depuis plus de deux ans.

DOC 4 Prévision d'intervention

POLYTHERM Chauffage et climatisation

Compte rendu de visite

Technicien : Nicolas Laurent
Date : 25/01/..

Client : Bertrand Delermes
55 rue de Lorraine
39700 SAMPANS

Type client : particulier
Type habitation : habitation principale de plus de deux ans

Nature des travaux : Installation nouveau chauffe-eau électrique classique réf. : 005117 (VEK 5) + kit de pose
Remise nouveau client 5 % sur le chauffe-eau
Main-d'œuvre :
- Démontage ancien chauffe-eau : 1 heure
- Installation nouveau chauffe-eau : 1 h 30 min
- Nettoyage et réglage : 30 min

Déplacement : 38 km
Le chauffe-eau à poser est considéré comme travaux d'entretien de l'habitat

Acompte à la commande 20 % du TTC
Solde comptant après travaux

DOC 5 Commande reçue de Technic Gaz

Technic Gaz Chauffagiste
88 rue du Château
25000 BESANÇON
Tél. : 03 81 53 10 45
Professionnel

Besançon, le 15/01/..

POLYTERM
8 rue Pierre Vernier
25000 BESANÇON

BON DE COMMANDE N° 01-12544

Transport	Délai de livraison	Mode de paiement
franco route	20 jours	comptant avec escompte habituel

Réf.	Désignation	Quantité	PUHT	Observations
012512	Chaudière ECOTEC PLUS VCW 346	3	1 200,00	Remise 5 %
306579	Chaudière TURBOMAX PLUS VUW 362	2	1 060,00	
306627	Chaudière TURBOMAX PLUS VUW 242	1	895,00	
306225	Kit de raccordement	6	32,00	
	LIVRÉ			

Signature
Benameur

TECHNIC GAZ – SIRET : 394624751 00042
APE 4322B – EURL Capital social 5 000,00 €

DOC 6 Livraison à Technic Gaz

POLYTHERM Chauffage et climatisation

Besançon, le 28/01/..

8 rue Pierre Vernier 25000 BESANÇON
Tél. : 03 81 53 69 08
Fax : 03 81 80 16 46
RCS Besançon B311328965
APE 4674B
SARL Capital social 15 000 €

TECHNIC GAZ
Professionnel
88 rue du Château
25000 BESANÇON
N° client : 411TECHN

BON DE LIVRAISON N° BL-8516

Nombre de colis	Poids total	Livraison	Votre commande
6	295,5 kg	par nos soins	N° 01-12544 du 15/01/..

Réf.	Désignation	Quantité	Observations
012512	Chaudière ECOTEC PLUS VCW 346	3	
306579	Chaudière TURBOMAX PLUS VUW 362	1	Rupture stock 1 non livré
306328	Chaudière TURBOMAX PLUS VUW 282	1	
306225	Kit de raccordement	6	

Cadre réservé au destinataire		
Observations Réf. 306328 refusée, erreur de référence	Livré le 28/01/.. Signature du livreur	Pris livraison le 28/01/.. Benameur Signature du client

ÉVALUATION 2

ANNEXE 1 Analyse des résultats de l'étude réalisée sur le chaufffage vert

Systèmes de chauffage préférés des particuliers	→ →
Part des produits de chauffage les plus demandés (supérieure à 15 %)	→ → →
Produits à proposer	→ →
Outils de prospection proposés (se limiter à deux propositions)	→ →

ANNEXE 2 Nouveaux partenaires

Nouveau partenaire	
Type de partenaire	
Nom / Raison sociale	
Contact	
Adresse postale	
Rue	
Code postal et ville	
Pays	
Catégorie de parten.	
Communication	
Téléphone	
Télécopie	
Courriel	
Site web	

ANNEXE 3 Devis pour M. Delermes

POLYTHERM
Chauffage et climatisation

8 rue Pierre Vernier 25000 BESANÇON
Tél. : 03 81 53 69 08
Fax : 03 81 80 16 46

RCS Besançon B311328965
APE 4674B
SARL Capital social 15 000 €

DEVIS N°	Date
D8921	

Livraison	Paiement

Code	Désignation	Qté	PU HT	Rem.	PU net HT	Montant HT

Cadre réservé au destinataire		
	Frais divers	
	Total net HT	
	Escompte %	
Coupon à joindre au règlement	Net financier HT	
Facture n° du	TVA (taux normal) %	
N° de client :	TVA (autre taux) %	
Net à payer :	Net à payer	
Échéance :	Échéance	

ANNEXE 4 Taux de TVA utilisé

Choix du taux de TVA et raisons de ce choix

ANNEXE 5 Facture pour Technic Gaz

POLYTHERM
Chauffage et climatisation

8 rue Pierre Vernier 25000 BESANÇON
Tél. : 03 81 53 69 08
Fax : 03 81 80 16 46

RCS Besançon B311328965
APE 4674B
SARL Capital social 15 000 €

FACTURE N°	Date
F8922	

Livraison	Paiement

Code	Désignation	Qté	PU HT	Rem.	PU net HT	Montant HT

Cadre réservé au destinataire		
	Frais divers	
	Total net HT	
	Escompte %	
Coupon à joindre au règlement	Net financier HT	
Facture n° du	TVA (taux normal) %	
N° de client :	TVA (autre taux) %	
Net à payer :	Net à payer	
Échéance :	Échéance	

Pôle 1
Gestion administrative des relations externes

Classe de situation
Gestion administrative des relations avec les fournisseurs, les clients et les autres usagers

Créée en 2005, la société Clip Clap est spécialisée dans la vente de vélos pliants ultracompacts.

Installée en région parisienne, l'entreprise fournit principalement les magasins de sports et de loisirs en France et à l'étranger.

SCÉNARIOS

FICHE D'IDENTITÉ

SARL CLIP CLAP

155 avenue Laennec
93380 PIERREFITTE-SUR-SEINE
Tél. : +33 (0)1.55.25.23.23
Fax : +33 (0)1.55.25.10.00
contact@clipclap.com
www.clipclap.com
SARL au capital de 45 000 euros
SIRET 351 577 952 00010
TVA : FR03351577952

ACTIVITÉS

Vente de vélos pliants aux magasins de sports et de loisirs

Vélos pliants

- gamme Brompton
- gamme Strida
- gamme Mobiky

Accessoires

- Accessoires Brompton
- Accessoires Strida
- Accessoires Mobiky

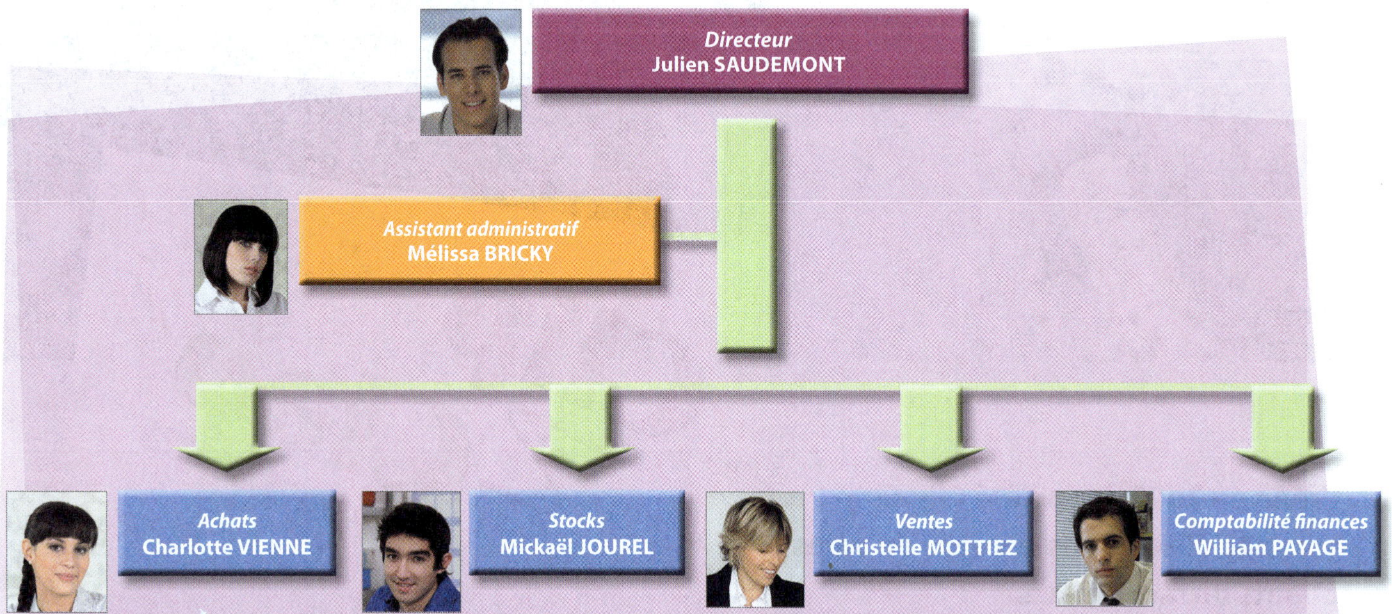

ORGANISATION

Mélissa Bricky assiste le directeur de la société. Elle intervient sur l'ensemble des affaires courantes, sur les aspects administratifs, organisationnels et d'échanges avec l'extérieur.

Charlotte Vienne assure le suivi des approvisionnements. Elle est en relation avec les fournisseurs de l'entreprise.

Christelle Mottiez traite les ventes et mène les actions commerciales en direction des clients de la société.

Mickaël Jourel est chargé du stockage en magasin, de la réception et de l'expédition de la marchandise.

William Payage traite la comptabilité et les opérations financières de l'entreprise.

Références bancaires

HSBC Saint-Denis
3 place de la Résistance
93200 Saint-Denis
Tél. : 01 55 87 26 00
RIB : 30056 00092 00922000180 13
BIC : CCFRFRPPXXX
IBAN : FR76 3005 6000 9200 9220 0018 013

SCÉNARIO 1

Chapitres 1 à 8

RÉFÉRENTIEL	
Pôle	**Pôle 1 :** Gestion administrative des relations externes
Classe de situation	**1.1 Gestion administrative des relations avec les fournisseurs**
Situations	**1.1.1** Tenue des dossiers fournisseurs et des sous-traitants **1.1.2** Traitement des ordres d'achat, des commandes **1.1.3** Traitement des livraisons, des factures et suivi des anomalies
Compétences	– Actualiser une base de données fournisseurs – Passer commande à des fournisseurs – Suivre le processus commande-livraison-facturation
Résultats attendus	– Les dossiers fournisseurs et sous-traitants sont mis à jour en permanence – Le traitement des ordres d'achat et des commandes est assuré dans le respect des délais impartis – Le traitement et le suivi des livraisons et des factures sont assurés ; les anomalies sont traitées et/ou transmises au responsable
Complexité Aléa	– Défaillance du fournisseur

MISE EN SITUATION

Clip Clap diffusion

pages 153 - 154

- Chaque jour, l'entreprise examine ses stocks pour s'approvisionner auprès de ses fournisseurs.
- Lorsqu'un produit n'est plus disponible, une commande est immédiatement déclenchée.
- Soucieuse de se développer et de satisfaire sa clientèle, Clip Clap veut élargir sa gamme. Elle veut ajouter à son catalogue de nouveaux vélos à assistance électrique et s'adresser à de nouveaux clients.
- Son développement et ses objectifs l'obligent à investir dans des nouveaux matériels et mobilier pour offrir à ses salariés des conditions de travail optimales.
- Pour mener à bien ses activités de gestion, les services administratifs disposent d'un PGI et d'une suite de logiciels de bureautique.

La mise à jour des dossiers fournisseurs

Les commandes et les livraisons des fournisseurs

L'achat de biens immobilisés

ORGANISATION DU TRAVAIL EN ÎLOTS

Direction
Poste : Assistant administratif
Nom : Mélissa Bricky
E-mail : assist+vos initiales@gmail.com
OpenERP
Identifiant : bricky *Mot de passe :* assist-mb

Achats
Poste : Responsable des achats
Nom : Charlotte Vienne
E-mail : achats+vos initiales@gmail.comcom
OpenERP
Identifiant : vienne *Mot de passe :* achats-cv

Modalités de travail

Clip Clap utilise un système de codification pour nommer chaque document reçu ou créé.
Pour conserver une trace numérique des documents créés dans le PGI, ils seront enregistrés au format PDF sous un nom significatif dans l'espace privé de chaque élève en reprenant cette codification.

Exemples :

▸ OpenERP

PO00002.PDF *(***P***(urchase)* **O***(rder))* pour commande d'achat n° PO00002, sera enregistré sous **C_HA_AB-01-03_02.PDF**

▸ ebp

CF00000002 *(***C***(ommande)* **F***(ournisseur))* pour commande fournisseur n° FC00000002, sera enregistré sous **CF_AB-01-03_02.PDF**

Comptabilité finances
Poste : Responsable comptabilité finances
Nom : William Payage
E-mail : compta+vos initiales@gmail.com
OpenERP
Identifiant : payage *Mot de passe :* compta-wp

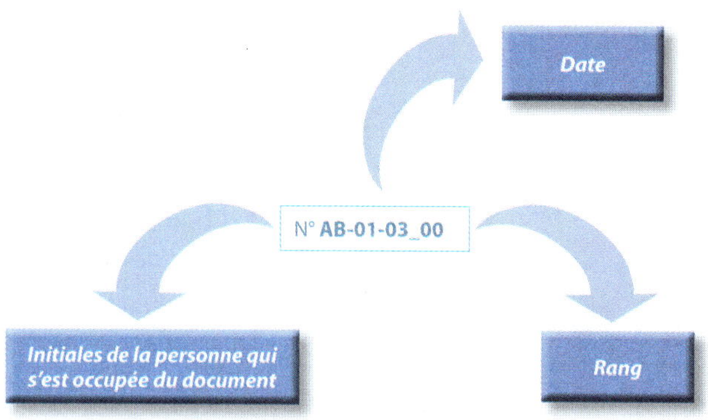

Constitution des îlots et gestion de la base de données

Pour s'approcher de la réalité professionnelle, la façon de travailler est la constitution d'îlots de 3 élèves.
Chaque élève se verra attribuer un rôle. Lorsque le scénario est terminé par tous les élèves d'un même îlot, les rôles sont échangés entre eux jusqu'à ce que chaque élève ait fait le scénario dans son ensemble.

Dans le cas d'une configuration avec le PGI et un NAS ou un serveur	Dans le cas d'une installation du PGI en local
Il y a autant d'entreprises que d'îlots et la base de départ est dupliquée.	La base de départ est restaurée sur chaque poste informatique.
Lorsque le scénario est terminé par tous les élèves d'un même îlot, il est nécessaire de supprimer la base et la restaurer aux changements de rôles.	

Le rôle du gérant sera tenu par le professeur qui pourra ainsi réceptionner et valider les travaux.

PLANIFICATION DES ACTIVITÉS

Étape 1 | **5 février**

Acteur	Tâches	Outils
M. Bricky – Assistant administratif – La mise à jour des dossiers fournisseurs	**1.** Prenez connaissance du courriel de M. Saudemont (doc. 1). **2.** Examinez l'extrait du compte rendu de la réunion du 4 février et mettez à jour le dossier fournisseurs dans le PGI (doc. 2 et 3). **3.** À l'aide de l'extrait de catalogue et du tarif Véloscoot (doc. 4 et 5), complétez le bordereau de mise à jour des nouveaux produits **(annexe 1)**. **4.** Mettez à jour le dossier produits dans le PGI (➲ FICHE MICRO 1). **5.** Rendez compte de votre travail à M. Saudemont par courriel.	OpenERP ou ebp
C. Vienne – Responsable des achats – Les commandes aux fournisseurs	**1.** Prenez connaissance de la demande de M. Jourel (doc. 6). **2.** Traitez et imprimez les commandes fournisseurs à l'aide du PGI (doc. 7) (➲ FICHE MICRO 2). **3.** Enregistrez les commandes au format PDF. **4.** Rendez compte de votre travail à M. Saudemont par courriel.	OpenERP ou ebp PDF
W. Payage – Responsable comptabilité – L'étude de prix d'un fournisseur	**1.** Prenez connaissance du courriel de M. Saudemont (doc. 8). **2.** Recherchez les prix des produits sur le site de notre fournisseurs habituel (doc. 9), complétez et imprimez le tableau d'étude (**SC01_etude_prix_fournisseurs.xls**). **3.** Rendez compte de votre travail à M. Saudemont par courriel.	www X

Activités réalisées par l'assistante administrative Mélissa Bricky

DOC 1 Demande de M. Saudemont

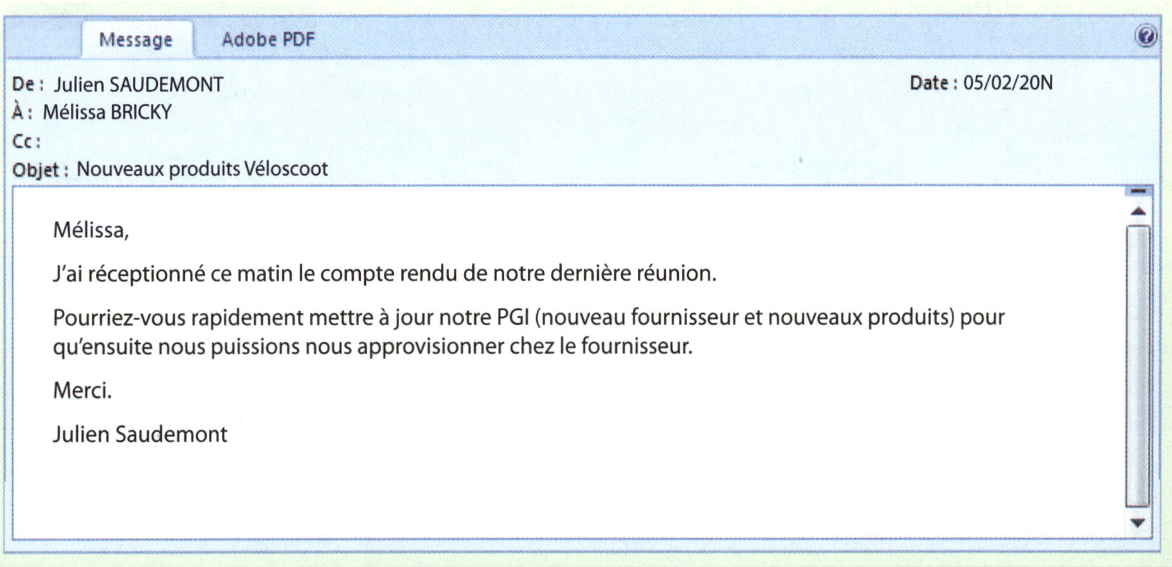
Message | Adobe PDF

De : Julien SAUDEMONT **Date :** 05/02/20N
À : Mélissa BRICKY
Cc :
Objet : Nouveaux produits Véloscoot

Mélissa,

J'ai réceptionné ce matin le compte rendu de notre dernière réunion.

Pourriez-vous rapidement mettre à jour notre PGI (nouveau fournisseur et nouveaux produits) pour qu'ensuite nous puissions nous approvisionner chez le fournisseur.

Merci.

Julien Saudemont

DOC 2 Compte-rendu de réunion (extrait)

Compte rendu de la réunion du 4 février 20N

COPIE

Présents :
Julien SAUDEMONT, Mélissa BRICKY, Charlotte VIENNE, Mickaël JOUREL, Christelle MOTTIEZ, William PAYAGE

Ordre du jour :
1 – Élargissement de la gamme de produits
2 – Promotion et prospection
3 – Constitution des stocks

1 – Élargissement de la gamme de produits

La gamme des produits au catalogue va être élargie aux vélos pliants à assistance électrique dès le 1er mars. Le fournisseur Veloscoot fabricant à St-Georges-lès-Baillargeaux (86) a été retenu pour nous fournir deux modèles :
- le Plios-City-SAD2 ;
- le Plios-Urban-SAD2.

Véloscoot nous a fait parvenir des fiches produits que nous allons distribuer (fichiers PDF) et le tarif correspondant.

…

Créez une nouvelle famille de produits : Vélos pliables à assistance électrique.

INFO

Open ERP
La GED contient les pièces commerciales, les documents types et documentations produits. Ils peuvent être consultés et téléchargés à tout moment.

ebp
Tous les documents sont disponibles dans le dossier ClipClap_Documents.

DOC 3 Fiche d'identité du nouveau fournisseur

infogreffe.fr
Les Greffes des Tribunaux de Commerce

Registre du Commerce et des Sociétés

EXTRAIT KBIS | DOCUMENTS OFFICIELS | SURVEILLANCE | SERVICES | FORMALITÉS | ACTIVITÉ JUDICIAIRE | LES GREFFES | ACTUS & DOSSIERS

RECHERCHER — Entreprise (nom, nom + code postal, SIREN, dirigeant) — RECHERCHE AVANCÉE

DOCUMENTS OFFICIELS & SERVICES | ABONNÉS & MEMBRES | SE CONNECTER | CRÉER UN COMPTE | DERNIERS ACHATS | MON PANIER

VELOSCOOT
490 812 889 RCS POITIERS
Greffe du tribunal de commerce de POITIERS

Surveiller cet établissement | EFFECTUER UNE FORMALITÉ — Sélectionner | NOUVELLE RECHERCHE AVANCÉE

INFORMATIONS SUR L'ENTREPRISE

IDENTITÉ | ÉTABLISSEMENT(S) | 11 ACTES DÉPOSÉS | ANNONCES BODACC

SIÈGE SOCIAL
ZONE ARTISANALE CLOS DE L'ORMEAU
4 BIS RUE CLOS DE L'ORMEAU
86130 ST GEORGES BAILLARCEAUX
TEL. : 05 49 49 10 00 FAX : 05 49 49 49 49

SIRET
490 812 889 00036

NOM COMMERCIAL
VELOSCOOT

ACTIVITÉ (CODE NAF)
3091Z : Fabrication de motocycles

INSCRIPTION
Immatriculée le 27/06/2006

FORME JURIDIQUE
Société par actions simplifiée

DERNIERS CHIFFRES CLÉS

Clôture	CA	Résultat	Effectif
30/09/2013	Comptes annuels non déposés		
30/09/2012	Comptes annuels non déposés		
30/09/2011	629 619 €	7 767 €	4
30/09/2010	499 123 €	18 096 €	

ACTES DÉPOSÉS

DOC 4 Gamme des vélos pliants au catalogue du fournisseur Veloscoot

Veloscoot — Vélo & Assistance Électrique — Fabriqué en France

Accueil | Vélos Électriques | Technologies Veloscoot | Revendeurs | Conseils | Veloscoot | Contactez-nous | My Veloscoot | CONNECT

Espace Revendeurs > Pliants > Tarif

VILLE | PLIANTS | CITY TREKKING | SPORT

Ces autonomies sont non contractuelles et mentionnées à titre indicatif car dépendantes de nombreux facteurs.

LES DAMES AIMENT BIEN MON CADRE BAS
PETIT, JE ME REPLIE FACILEMENT

PLIOS CITY SAD2

Prix de vente conseillé

	36 Volts			
	11 Ah 396 Wh	13,2 Ah 475 Wh	15,6 Ah 562 Wh	17,1 Ah 616 Wh
Autonomie	30 à 70 km	40 à 90 km	50 à 100 km	60 à 130 km
Prix de vente HT €	1 173,25	1 218,75	1 264,25	1 329,90

LE CHOUCHOU DES VOYAGEURS
PLIÉ, JE ME FAIS TOUT PETIT

PLIOS URBAN SAD2

Prix de vente conseillé

	36 Volts			
	11 Ah 396 Wh	13,2 Ah 475 Wh	15,6 Ah 562 Wh	17,1 Ah 616 Wh
Autonomie	30 à 70 km	40 à 90 km	50 à 100 km	60 à 130 km
Prix de vente HT €	1 173,25	1 218,75	1 264,25	1 329,90

INFO

Nous pratiquerons les prix de vente conseillés par le fournisseur.
Nous ne sommes pas intéressé par les modèles 11 Ah 396 Wh (*).

(*) Consommation électrique :
Ah = Ampère-heure
Wh = Watt-heure

DOC 5 Tarif Veloscoot réservé aux professionnels

Veloscoot — Vélo & Assistance Électrique
4 BIS RUE CLOS DE L'ORMEAU
86130 ST GEORGES BAILLARCEAUX

Reçu le 03/02/N

TARIF HT PROFESSIONNELS
TVA 20 %

Gamme pliants

Référence	Libellé	Prix HT	Référence	Libellé	Prix HT
PCITY396	Plios City 11 Ah	902,50	PURBAN396	Plios Urban 11 Ah	902,50
PCITY475	Plios City 13,2 Ah	937,50	PURBAN475	Plios Urban 13,2 Ah	937,50
PCITY562	Plios City 15,6 Ah	972,50	PURBAN562	Plios Urban 15,6 Ah	972,50
PCITY616	Plios City 17,1 Ah	1 023,00	PURBAN616	Plios Urban 17,1 Ah	1 023,00

Tarif net hors taxes au 01/01/20N
Livraison sous 48 h – Franco de port et d'emballage – Paiement par virement à 30 jours fin de mois

ANNEXE 1 Bordereau de mise à jour

Clip Clap diffusion
155 avenue Laennec
93380 PIERREFITTE-SUR SEINE
Téléphone : 01 55 25 23 23

Bordereau de mise à jour

☑ Nouveau(x) produit(s)
☐ Nouveau(x) tarif(s)

Référence	Désignation	Prix d'achat hors taxes	Prix de vente hors taxes	Fournisseur	Délai de livraison

Opérateur : Le Signature

Activités réalisées par la responsable des achats Charlotte Vienne

DOC 6 Appel de M. Jourel

Mickaël JOUREL
MAGASIN

Bonjour Charlotte, c'est Mickaël,

Bonjour Mickaël !

J'ai déposé hier soir sur ton bureau ma demande de réapprovisionnement. Tu as vu que j'étais en rupture de stock sur plusieurs produits.
Pourrais-tu traiter les commandes fournisseurs dans la journée ?

Oui j'ai vu. Pas de problème. Je vais faire ça tout de suite...

Merci, c'est gentil.
À tout à l'heure...

À tout à l'heure...

Charlotte VIENNE
ACHATS

DOC 7 Bordereau de réapprovisionnement

Clip Clap diffusion

155 avenue Laennec
93380 PIERREFITTE-SUR-SEINE
Téléphone : 01 55 25 23 23

Bordereau de réapprovisionnement

Service : Magasin

Référence	Désignation	Stock disponible	Stock maximum	Qté à commander	Fournisseur
BROP6LX	VELO PLIANT BROMPTON 6 vitesses	0	80	80	Brompton
BRO9030033	BROMPTON EASY WHELL SET	–3	100	77	Brompton
ST6420	STRIDA PNEU 16 POUCES	–2	100	78	Strida
M022	MOBIKY PNEU MARATHON 12 POUCES	0	100	100	Mobiky

Opérateur : Mickaël Jourel   Le 04/02/20N   Signature : M. Jourel

Saisissez et imprimez les trois commandes.
Enregistrez-les au format PDF dans l'espace numérique.

Activités réalisées par le responsable comptable et financier William Payage

DOC 8 Demande de M. Saudemont

Message | Adobe PDF

De : Julien SAUDEMONT — **Date :** 05/02/20N
À : William PAYAGE
Cc :
Objet : Commande magasin

William,

Mickaël m'a remis la demande d'achat de matériels et de mobilier pour le magasin.
Étudiez et chiffrez la commande puis retournez-moi votre étude.

Merci
Julien Saudemont

DOC 9 Demande d'achat

Clip Clap diffusion
155 avenue Laennec
93380 PIERREFITTE-SUR-SEINE
Téléphone : 01 55 25 23 23

Demande d'achat

Demandeur	Mickaël JOUREL
Service	MAGASIN

Nature de la demande
Matériel et mobilier pour l'entrepôt

Fournisseur(s) habituel(s)
AXESS Industries

Site du fournisseur : www.axess-industries.com

Date de la demande
03/02/20N

Accord de la direction

Désignation	Qté	Observations
Chariot magasin charge 400 kg grand plateau	2	Conditions habituelles : Franco de port - Livr. 72 h
Cercleuse sur table semi-automatique	1	
Vestiaire monobloc industrie propre avec deux cases et deux portes sur pieds - larg. 600 mm	2	

– Étudiez les prix sur le catalogue en ligne.
– Retournez l'étude à la direction pour accord dans un tableau Excel en pratiquant les conditions fournisseur.

DOC 10 Fiche fournisseur

Fiche fournisseur

AXESS INDUSTRIES
13 rue de Guebwiller
67100 Strasbourg
Siret : 489 469 890 00045
APE : 4666Z

Contact
Tél. : +33 (0)3 88 18 31 00
Fax : +33 (0)3 88 33 20 74
Web : http://www.axess-industries.com
Courriel : commercial@axess-industries.com

Conditions de règlement
Virement 45 jours fin de mois

Conditions de livraison
Délai : 8 jours
Mode : par route

Frais de port

de 1 à 99 €	Forfait 9 € HT	de 300 à 999 €	Forfait 35 € HT
de 100 à 299 €	Forfait 20 € HT	Plus de 1 000 €	Franco

PLANIFICATION DES ACTIVITÉS

Étape 2 **19 février**

Collaborateur	Travail à faire	Outils
M. Bricky Assistant administratif La commande à un nouveau fournisseur	**1.** Réceptionnez le courriel de M. Saudemont **(doc. 11)**. **2.** Saisissez et imprimez la commande au fournisseur Veloscoot **(annexe 1)** (➔ FICHE MICRO 2). **3.** Rendez compte de votre travail à M. Saudemont par courriel.	OpenERP Ou ebp PDF @
C. Vienne Responsable des achats Les livraisons des fournisseurs	**1.** Prenez connaissance de la demande de M. Jourel **(doc. 12)**. **2.** Traitez et imprimez les réceptions des fournisseurs dans le PGI **(doc. 13)** (➔ FICHE MICRO 2). **3.** Rendez compte de votre travail à M. Jourel par courriel.	OpenERP Ou ebp PDF @
W. Payage Responsble comptabilité L'achat de biens immobilisés	**1.** Réceptionnez le courriel de M. Saudemont **(doc. 14)**. **2.** Passez la commande au fournisseur Axess Industries à l'aide du formulaire (**SC01_formulaire_cde.doc**). **3.** Rendez compte de votre travail à M. Saudemont par courriel.	W @

Activités réalisées par l'assistante administrative Mélissa Bricky

DOC 11 Demande de M. Saudemont

Message | Adobe PDF

De : Julien SAUDEMONT **Date :** 19/02/20nn
À : Mélissa BRICKY
Cc :
Objet : Nouvelle gamme Veloscoot

Mélissa,

Vous avez mis à jour le PGI. Vous pouvez dès aujourd'hui lancer les commandes chez Veloscoot.

Je vous rappelle que nous avions prévu, pour commencer, d'acheter 50 exemplaires des modèles City et Urban en versions 13, 15 et 17 Ah.

Prévenez-moi dès que les commandes sont parties.

Merci.
Julien Saudemont

Traitez la commande Veloscoot avec le PGI.

Enregistrez le document au format PDF dans l'espace numérique.

Activités réalisées par la responsable des achats Charlotte Vienne

DOC 12 Appel de M. Jourel

Bonjour Charlotte,

J'ai réceptionné les commandes Brompton, Strida et Mobiky.

J'ai relevé des anomalies pour deux de nos fournisseurs. Je t'ai envoyé sur ta boîte mél le scan des bons de livraison.

Mickaël JOUREL
MAGASIN

Charlotte VIENNE
ACHATS

Bonjour Mickaël !

D'accord, je traite de suite les réceptions.

Merci !

De rien...

DOC 13 Bons de livraison des fournisseurs

BROMPTON
118 rue des Boulets
75012 PARIS
Tél. : 01 43 48 65 45
SIRET : 40019421300023
RCS : Paris B 400 194 213

CLIP CLAP SARL
155 avenue Laennec
93380 PIERREFITTE-SUR-SEINE

Le 17/02/20N

BON DE LIVRAISON N° 55 874

Réf.	Désignation	Qté
BROP6LX	VELO PLIANT BROMP 6 VIT.	80
BRO9030033	BROMP EASY WHELL SET	55

Rupture réf. BRO9030033
Reliquat 22 pces

Cadre réservé au destinataire :
le 18/02/20N
CLIP CLAP
M. Jourel

STRIDA
Foldable Bicycles
105 rue du Château
75014 PARIS

Tél. : 04 43 21 86 34
SIRET 49143223300014

CLIP CLAP SARL
155 avenue Laennec
93380 PIERREFITTE-SUR-SEINE

BON DE LIVRAISON
N° BL7488

Le 17/02/20N

Réf.	Désignation	Qté	Obs.
ST6420	STRIDA PNEU 16'	78	

Transports LEGENDRE

Réceptionné le :
18/02/20N
CLIP CLAP
M. Jourel

DOC 13 Bons de livraison des fournisseurs (suite)

MOBIKY
MOBY-TECH
Promenade des Ports
50000 SAINT-LÔ
Tél. : 02 33 77 25 70
SIRET : 52276178200021

Le 17/02/20N

CLIP CLAP SARL
155 avenue Laennec
93380 PIERREFITTE-SUR-SEINE

BON DE LIVRAISON
N° L21 963

Réf.	Désignation	Qté	Observations
	V/Commande du 05/02/20N		
M025	MOB PNEU MARATHON 16′	100	
Erreur de référence 18/02/20N Refusé CLIP CLAP M. Jourel			

Activités réalisées par le responsable comptable et financier William Payage

DOC 14 Demande de M. Saudemont

Message | Adobe PDF

De : Julien SAUDEMONT **Date :** 05/02/20N
À : William PAYAGE
Cc :
Objet : Commande magasin

William,

J'ai reçu le chiffrage des matériels et mobilier à acheter pour l'entrepôt. Je vous ai retourné la demande d'achat acceptée.
Vous pouvez lancer la commande chez notre fournisseur Axess Industries.

Prévenez-moi dès que la commande est partie.

Merci.
Julien Saudemont

INFO

Les immobilisations* ne sont pas gérées avec le PGI.
Les commandes se font à l'aide d'un formulaire de commande imprimé et envoyé au fournisseur.

*Ensemble des biens durables détenus par une entreprise et qui ne sont pas destinés à la revente.
Ces biens représentent des investissements engagés afin de développer son activité.

PGI | OpenERP

FICHE MICRO 1

Saisir un nouveau fournisseur
Saisir une nouvelle catégorie de produits – Saisir un nouveau produit

1. 1. Saisir un nouveau fournisseur

ACHATS

1. Cliquer sur le bouton [Achats] .
2. Cliquer sur le menu [Carnet d'adresses].
3. Cliquer sur le menu [Fournisseurs].
4. Cliquer sur le bouton [Créer].

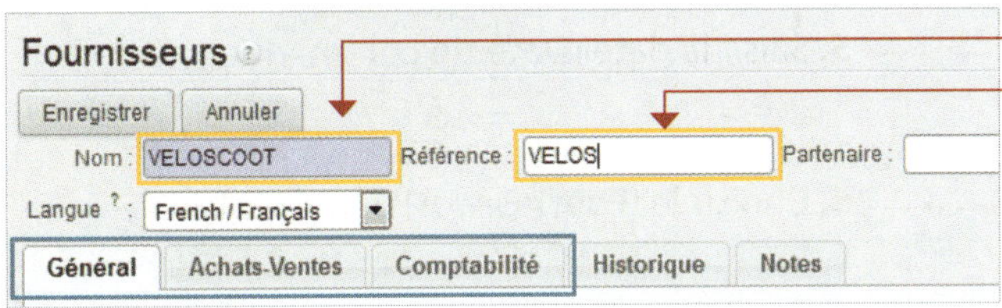

5. Saisir le [Nom] du fournisseur.
6. Saisir la [Référence] du fournisseur (code).

Onglet Général

Saisir l'adresse postale [Rue, Code postal, Ville, Pays].
Saisir les informations de communication [Tél., Fax, Courriel].

Onglet Achats-Ventes

Saisir l'adresse du site Web [Site web].

Onglet Comptabilité

Saisir la condition de règlement [Condition de règlement].

1. 2. Créer une nouvelle catégorie de produits

ACHATS

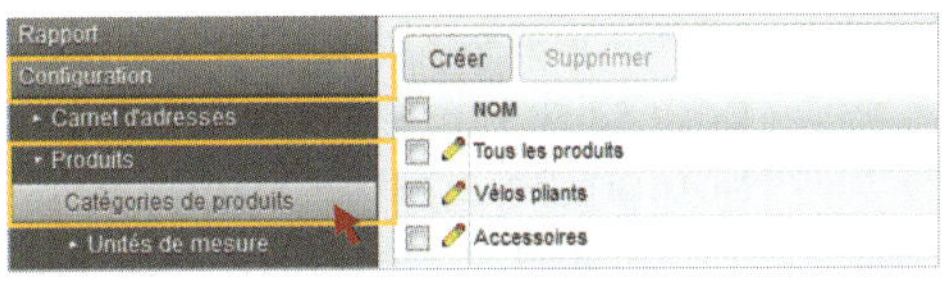

1. Cliquer sur le bouton [Achats].
2. Cliquer sur le menu [Configuration].
3. Cliquer sur [Produits].
4. Cliquer sur [Catégories de produits].
5. Cliquer sur le bouton [Créer].
6. Saisir le [Nom] de la nouvelle catégorie de produits.
7. Cliquer sur le bouton [Enregistrer].

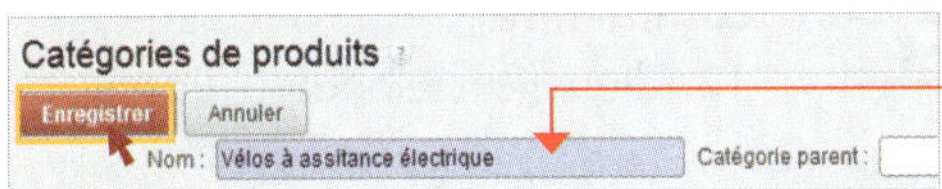

1. 3. Saisir un nouveau produit

ACHATS

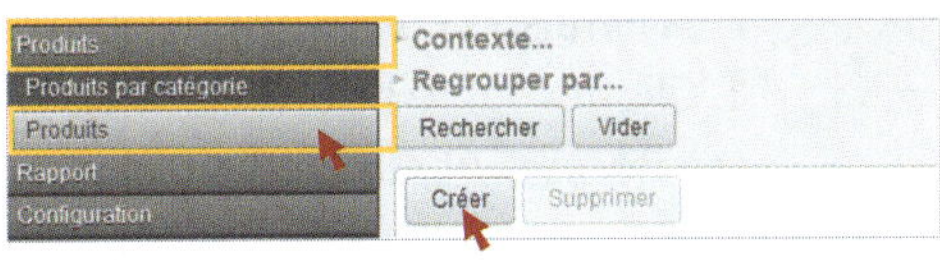

1. Cliquer sur le bouton [Achats] .
2. Cliquer sur le menu [Produits].
3. Cliquer sur le menu [Produits].
4. Cliquer sur le bouton [Créer].

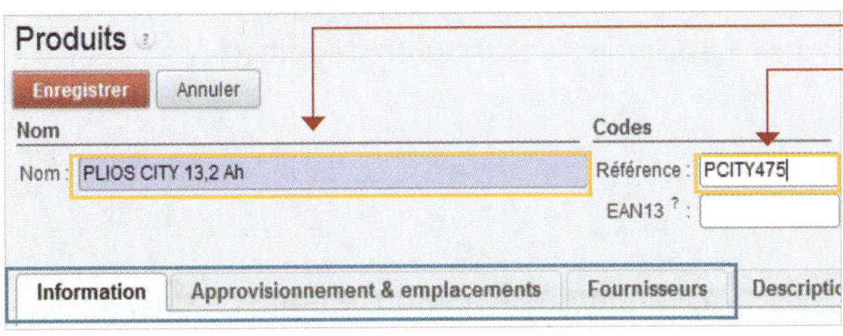

5. Saisir le [Nom] du produit.
6. Saisir la [Référence] du produit.

Onglet Information

Saisir la désignation du produit [Nom].
Saisir le code du produit [Référence].
Choisir : **Produit stockable** [Type de produit].
Saisir le prix de vente HT [Prix de vente].
Saisir le prix d'achat HT [Prix de revient].

Onglet Approvisionnement

Saisir en nombre de jours le [Délai de livraison client].

Onglet Fournisseurs

Ajouter le fournisseur du produit en cliquant sur le bouton [Créer].

7. Cliquer sur le bouton [Enregistrer] pour terminer.

FICHE MICRO 2

PGI | OpenERP

Saisir une commande fournisseur
Réceptionner des produits commandés

2. 1. Saisir une commande fournisseur

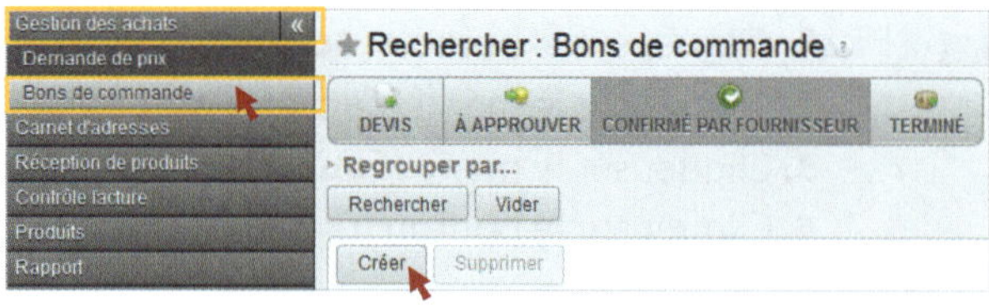

1. Cliquer sur le bouton [Achats] .
2. Cliquer sur le menu [Gestion des achats].
3. Cliquer sur [Bons de commande].
4. Cliquer sur le bouton [Créer].

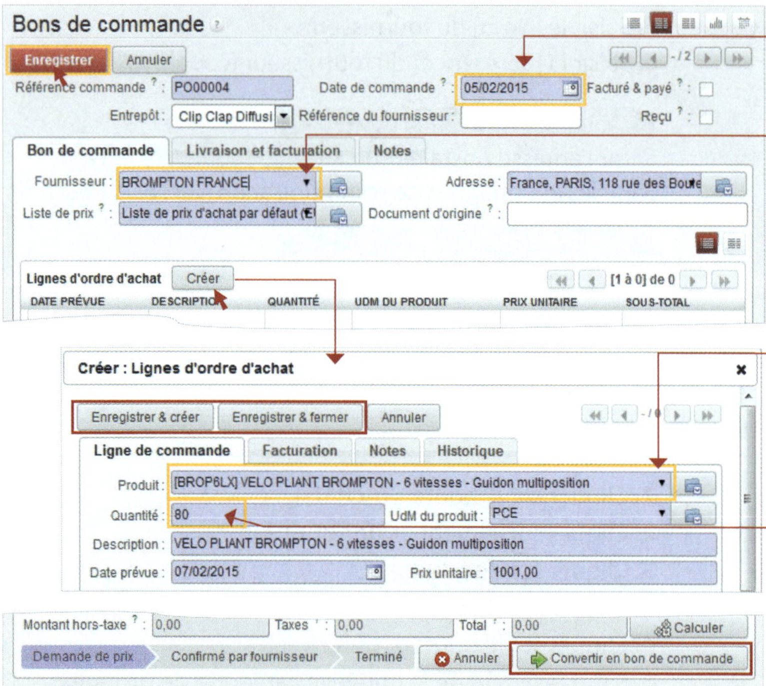

5. Saisir la date [Date de commande].
6. Choisir le [Fournisseur] dans la liste.
7. Cliquer sur le bouton [Créer] pour saisir les lignes de commande.
8. Choisir le [Produit] dans la liste (ou saisir les premiers caractères du nom du produit puis choisir dans la liste).
9. Saisir la [Quantité].
10. Cliquer sur le bouton [Enregistrer & créer] pour saisir une seconde ligne ou cliquer sur le bouton [Enregistrer & fermer] pour finir.
11. Cliquer sur le bouton [Convertir en bon de commande].
12. Cliquer sur le bouton [Enregistrer] pour terminer.

2. 2. Réceptionner des produits commandés

- La livraison **correspond** à la commande :

1. Cliquer sur le bouton [Traiter] [ ].

Les stocks sont mouvementés.

- La livraison **ne correspond pas** à la commande :

1. Cliquer sur le bouton [Modifier] [ ]

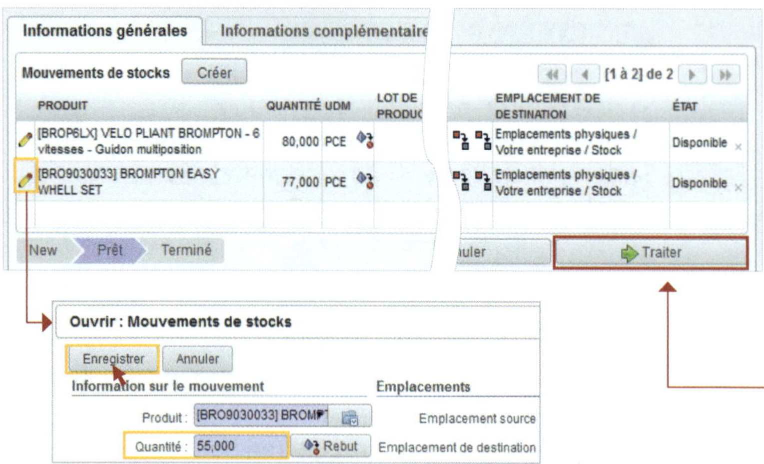

2. Cliquer sur le bouton [Modifier] [ ] pour saisir la quantité réceptionnée.
3. Saisir la nouvelle [Quantité] et cliquer sur le bouton [Enregistrer].
4. Cliquer sur le bouton [Traiter] pour valider le bon de réception.

Saisir un nouveau fournisseur
Saisir une nouvelle famille d'articles – Saisir un nouvel article

1. 1. Saisir un nouveau fournisseur

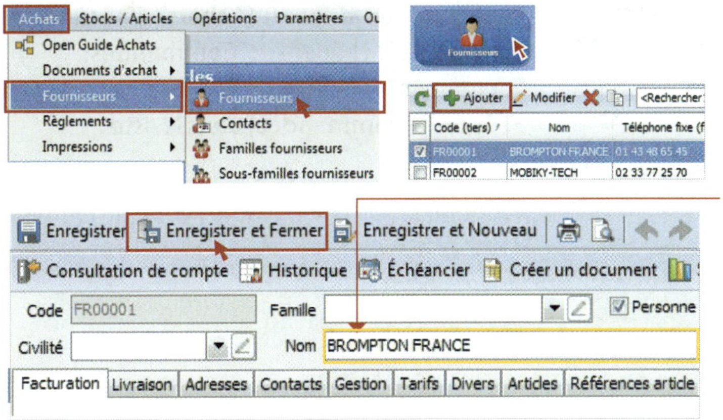

1. Cliquer sur le menu [**Achats**], [**Fournisseurs**] puis cliquer sur [**Fournisseurs**].
Ou, cliquer sur le bouton [**Fournisseurs**]

2. Cliquer sur [✚ **Ajouter**].

3. Saisir le nom du fournisseur [**Nom**].

Onglet Facturation

Saisir l'adresse de facturation [**Adresse, Code postal, Ville, Département, Pays, Site web**].
Saisir le contact de facturation [**Téléphone fixe, Fax, e-mail**].

Onglet Divers

Choisir le [**Mode de règlement**].

4. Cliquer sur le bouton [**Enregistrer et fermer**] pour terminer.

1. 2. Saisir une nouvelle famille d'articles

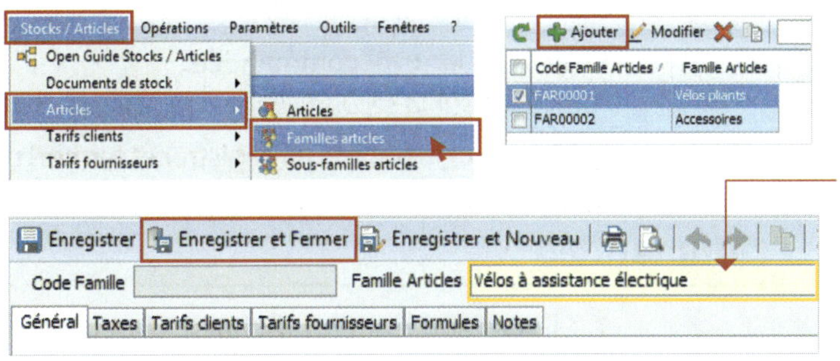

1. Cliquer sur le menu [**Stocks/Articles**], [**Articles**] puis cliquer sur [**Familles articles**].

2. Cliquer sur [✚ **Ajouter**].

3. Saisir le nom de la famille d'article [**Famille articles**].

4. Cliquer sur le bouton [**Enregistrer et fermer**] pour terminer.

1. 3. Saisir un nouvel article

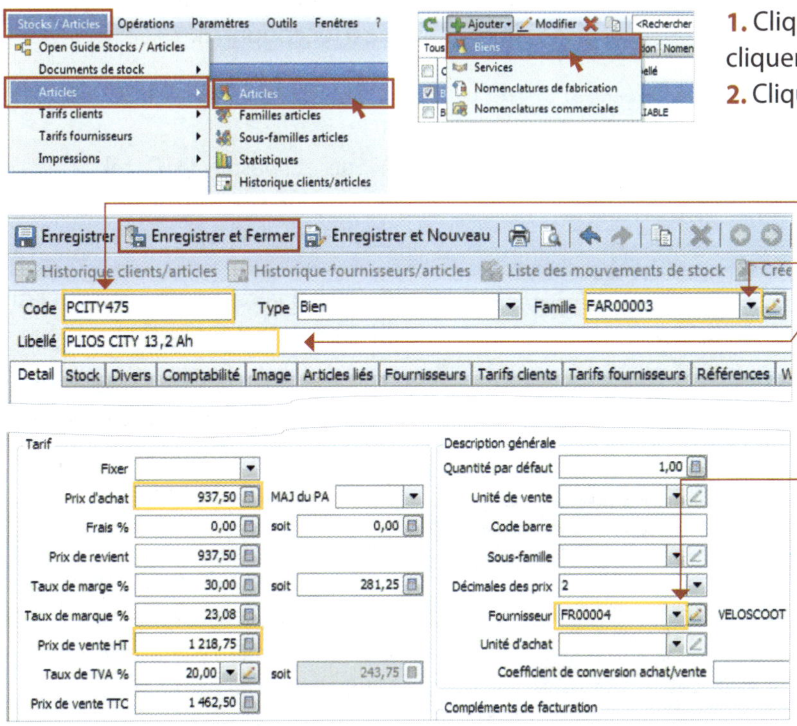

1. Cliquer sur le menu [**Stocks/Articles**], [**Articles**] puis cliquer sur [**Articles**].

2. Cliquer sur [✚ **Ajouter**] et choisir [**Biens**] ou [**Services**].

3. Saisir le [**Code**] article.

4. Choisir la [**Famille**] d'article dans la liste.

5. Saisir la désignation de l'article [**Libellé**].

Onglet Détail

Saisir le [**Prix d'achat HT**].
Saisir le [**Prix de vente HT**].
Choisir le [**Fournisseur**] dans la liste.

Onglet Fournisseurs

Saisir le prix d'achat [**Prix d'achat public HT**] et [**Prix d'achat net public HT**].

6. Cliquer sur le bouton [**Enregistrer et fermer**] pour terminer.

FICHE MICRO 2

PGI | ebp

Saisir une commande fournisseur
Réceptionner des articles commandés

2. 1. Saisir une commande fournisseur

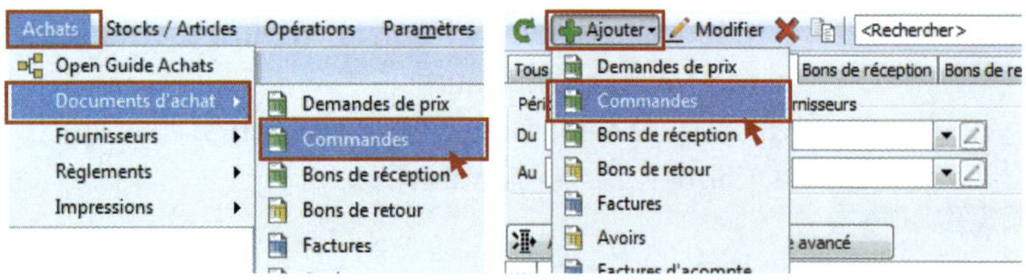

1. Cliquer sur le menu [Achats], [Documents d'achat] puis cliquer sur [Commandes].
2. Cliquer sur [✚ Ajouter].
3. Choisir [Commandes] dans la liste.
4. Choisir le [Code tiers] ou le [Nom] du fournisseur.

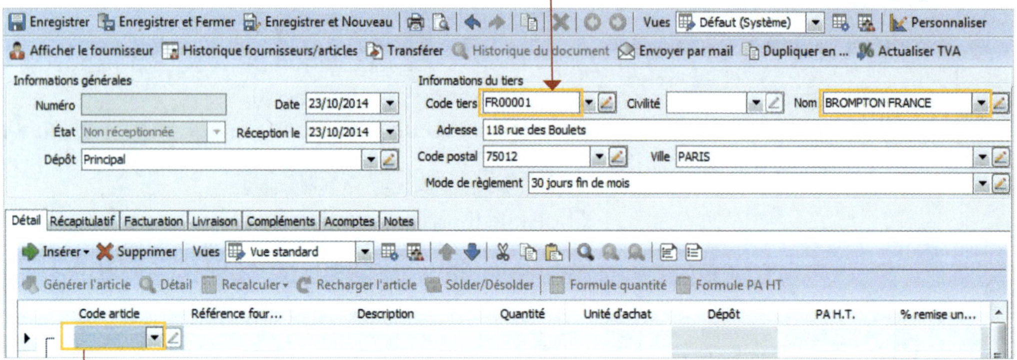

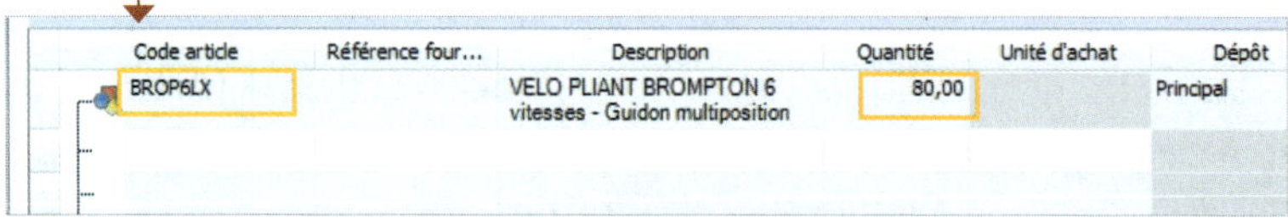

Onglet Détail

Saisir le [Code article].

Saisir la [Quantité] commandée.

Poursuivre sur la seconde ligne si nécessaire.

5. Cliquer sur le bouton [Enregistrer et fermer] pour terminer.

2. 2. Réceptionner des articles commandés

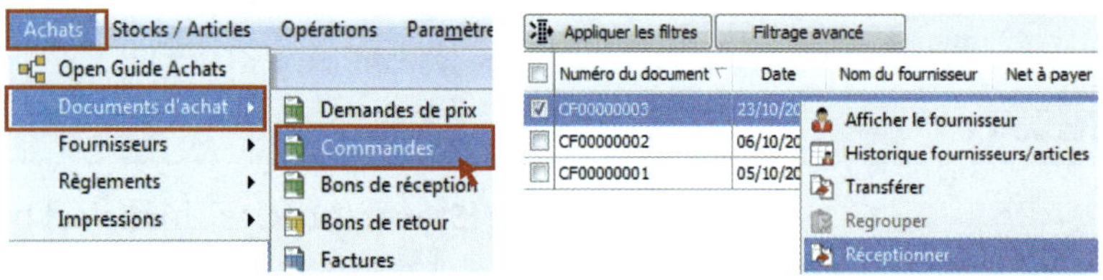

1. Cliquer sur le menu [Achats], [Documents d'achat] puis cliquer sur [Commandes].
2. Cliquer sur [✚ Ajouter].
3. Cliquer avec le bouton droit de la souris sur la commande à réceptionner.

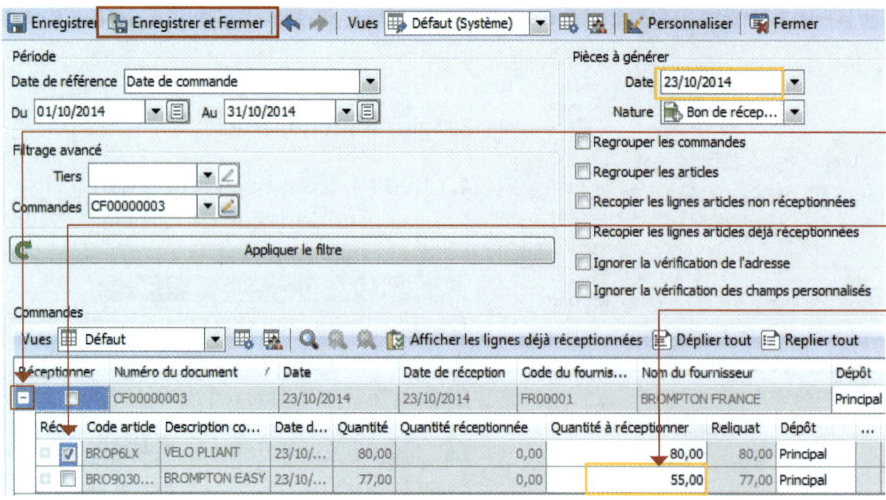

4. Saisir, si besoin, la [Date] de livraison.
5. Cliquer sur le bouton [+] pour développer les lignes de la commande.
6. Cocher la case de la ligne des articles **livrés totalement** [☑].
7. Saisir la [Quantité à réceptionner] pour les articles **livrés partiellement**.
8. Cliquer sur le bouton [Enregistrer et fermer] pour terminer.

Remarque :

Lorsqu'une livraison est conforme à la commande, le bon de réception peut être créé directement par un clic droit sur la ligne du bon de commande.

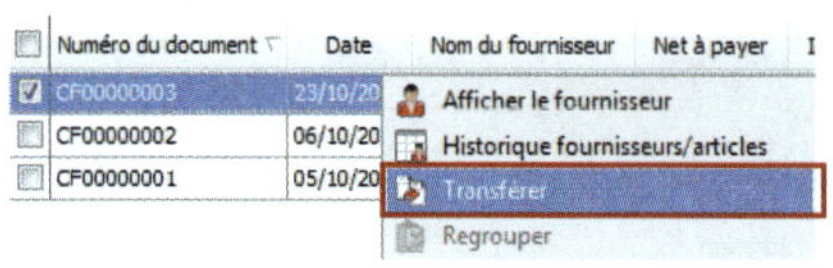

SCÉNARIO 2

Chapitres 9 à 16

RÉFÉRENTIEL	
Pôle	**Pôle 1 :** Gestion administrative des relations externes
Classe de situation	**1.2 Gestion administrative des relations avec les clients et les usagers**
Situations	**1.2.1** Participation à la gestion administrative de la prospection **1.2.2** Tenue des dossiers clients, donneurs d'ordre et usagers **1.2.3** Traitement des devis, des commandes **1.2.4** Traitement des livraisons et de la facturation
Compétences	– Assurer le suivi administratif d'opérations de prospection – Actualiser une base de données clients – Assurer le traitement de devis et de commandes – Assurer le traitement administratif des livraisons et la facturation
Résultats attendus	– Les tâches administratives liées à la recherche de prospects et à la réponse aux appels d'offres sont assurées – La collecte et la mise à jour de l'ensemble des informations relatives aux clients et usagers sont réalisées – La gestion administrative des devis et des commandes clients est assurée dans le respect des délais et des règles – Le traitement et le suivi des livraisons et de la facturation sont effectués, les anomalies sont rectifiées dans le respect de la relation avec les clients et les usagers
Complexité	*Aucune*

MISE EN SITUATION

Clip Clap diffusion

➔ *pages 197 - 198*

- Pour lancer sa nouvelle gamme, la société Clip Clap doit présenter à ses clients les nouveaux produits qu'elle propose. Il s'agit pour elle de communiquer efficacement pour recevoir rapidement de nouvelles commandes.
- Chaque jour, le service des ventes reçoit des commandes de ses clients. Elles doivent être traitées dans la journée pour assurer une livraison immédiate.
- Une gestion efficace oblige le chef d'entreprise à un suivi précis de l'activité de la société. Les états calculés permettent d'avoir une vue globale des résultats.

La création et la diffusion d'un support de prospection

La mise à jour des dossiers clients, le traitement des commandes et des livraisons

La production de calculs liés aux ventes

ORGANISATION DU TRAVAIL EN ÎLOTS

Ventes
Poste : Responsable des ventes
Nom : Christelle Mottiez
E-mail : ventes+vos initiales@gmail.comcom
OpenERP
Identifiant : vienne *Mot de passe :* ventes-cm

Direction
Poste : Assistant administratif
Nom : Mélissa Bricky
E-mail : assist+vos initiales@gmail.com
OpenERP
Identifiant : bricky *Mot de passe :* assist-mb

Modalités de travail

Clip Clap utilise un système de codification pour nommer chaque document reçu ou créé.
Pour conserver une trace numérique des documents créés dans le PGI, ils seront enregistrés au format PDF sous un nom significatif dans l'espace privé de chaque élève en reprenant cette codification.

Exemples :

- OpenERP

PO00002.PDF *(***P***(urchase)* **O***(rder))* pour commande d'achat n° PO00002, sera enregistré sous **C_HA_AB-01-03_02.PDF**

- ebp

CF00000002 *(***C***(ommande)* **F***(ournisseur))* pour commande fournisseur n° FC00000002, sera enregistré sous **CF_AB-01-03_02.PDF**

Comptabilité finances
Poste : Responsable comptabilité finances
Nom : William Payage
E-mail : compta+vos initiales@gmail.com
OpenERP
Identifiant : payage *Mot de passe :* compta-wp

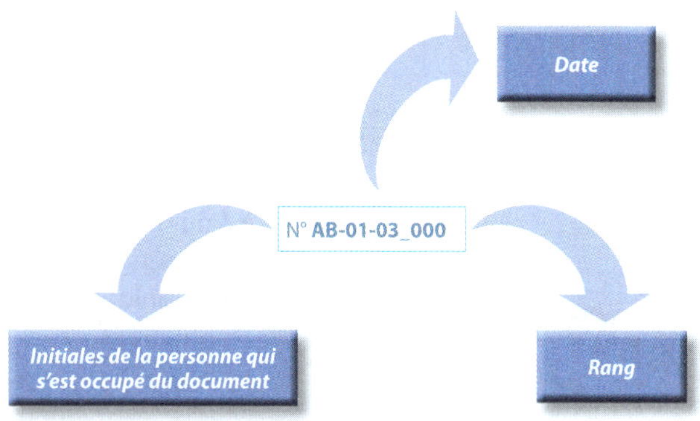

Constitution des îlots et gestion de la base de données

Pour s'approcher de la réalité professionnelle, la façon de travailler est la constitution d'îlots de 3 élèves.
Chaque élève se verra attribuer un rôle. Lorsque le scénario est terminé par tous les élèves d'un même îlot, les rôles sont échangés entre eux jusqu'à ce que chaque élève ait fait le scénario dans son ensemble.

Dans le cas d'une configuration avec le PGI et un NAS ou un serveur	Dans le cas d'une installation du PGI en local
Il y a autant d'entreprises que d'îlots et la base de départ est dupliquée.	La base de départ est restaurée sur chaque poste informatique.
Lorsque le scénario est terminé par tous les élèves d'un même îlot, il est nécessaire de supprimer la base et la restaurer aux changements de rôles.	

Le rôle du gérant sera tenu par le professeur qui pourra ainsi réceptionner et valider les travaux.

PLANIFICATION DES ACTIVITÉS

Étape 1 **10 avril**

M. Bricky Assistant administratif **La création et la diffusion d'un support de prospection**	**1.** Prenez connaissance de l'appel de M. Saudemont (doc. 1). **2.** Poursuivez la mise en forme de la plaquette commerciale destinée à la promotion de la gamme Veloscoot (doc. 2) (**SC02_plaquette_Veloscoot.doc**). **3.** Imprimez le document obtenu. **4.** Rendez compte de votre travail à M. Saudemont par courriel.	
C. Mottiez Responsable des ventes **La mise à jour des dossiers clients et le traitement de commandes**	**1.** Prenez connaissance du courriel de M. Saudemont (doc. 3). **2.** À l'aide des informations fournies par le site web du groupe CLC Loisirs, mettez à jour le dossier des clients dans le PGI (doc. 4). **3.** Rendez compte de votre travail à M. Saudemont par courriel.	OpenERP ou ebp
W. Payage Responsable comptabilité **La production de calculs liés aux ventes**	**1.** Prenez connaissance de l'appel téléphonique de Mme Bricky (doc. 5). **2.** Poursuivez la construction de la feuille de calcul demandée (doc. 6) (**SC02_etude_des_ventes.xls**). Vous imprimerez le document et les formules de calcul. **3.** Rendez compte de votre travail à M. Saudemont par courriel.	

Activités réalisées par l'assistante administrative Mélissa Bricky

DOC 1 Appel de M. Saudemont

Julien SAUDEMONT
DIRECTION

Mélissa BRICKY
ASSISTANTE

Bonjour Mélissa.

Bonjour !

Nous avions vu ensemble le projet de plaquette commerciale pour la promotion de nos nouveaux produits...

Oui, la maquette est prête. Il reste à placer le texte et à terminer la mise en forme.

D'accord...

Je termine ça dans la journée et je vous dépose un exemplaire.

Merci, à tout à l'heure.

DOC 2 Plaquette commerciale

Présentation de l'Urban
Je suis le Plios Urban SAD2.
Je suis le chouchou des camping-caristes et des gens de mer.
Je suis tout équipé et roule comme un grand.
Plié en 30 s, je me fais tout petit.

Présentation du City
Je suis Plios City SAD2.
Les dames aiment bien mon cadre bas.
Je suis tout équipé et roule comme un grand.
Plié en 30 s, je me fais tout petit.

Promotion de la gamme :
Clip Clap présente la gamme de vélos électriques Plios, parfaitement adaptés aux routes des vacances et aux déplacements quotidiens et urbains.
Cette gamme de vélos pliants adopte un format compact pour se glisser facilement dans les soutes des camping-cars ou dans le coffre d'une voiture. Équipés d'un écran tactile, d'une connexion USB et d'un moteur aluminium étanche, les deux modèles adoptent une batterie lithium de 11 à 17 Ah et revendiquent une autonomie de 40 à 130 km selon le modèle de batterie retenu.
Un badge (sans pile) permet de protéger la batterie contre le vol. Plusieurs badges peuvent être enregistrés. En cas de vol, la batterie se désactive.

En haut de la plaquette, texte de promotion de la gamme, police taille 11, paragraphes justifiés.

Face à chaque image, nom du modèle en titre, gras, taille 12, centré, texte de présentation maigre taille 11 justifié.

Coordonnées Clip Clap en pied de page taille 9, paragraphe centré.

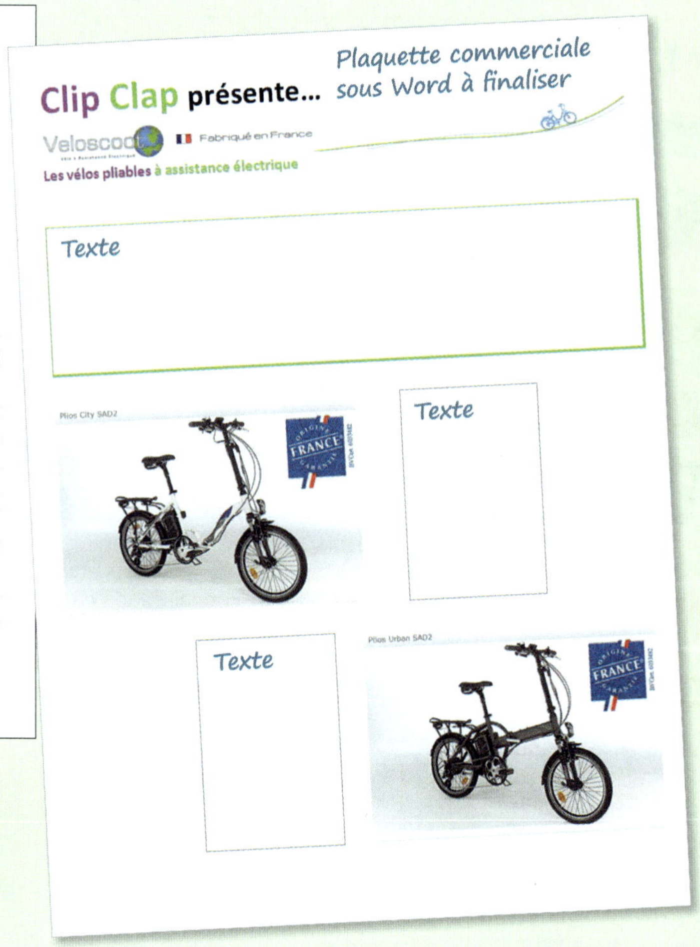

Activités réalisées par la responsable des ventes Christelle Mottiez

DOC 3 Courriel de M. Saudemont

Message | Adobe PDF

De : Julien SAUDEMONT **Date :** 10/04/20N
À : Christelle MOTTIEZ
Cc :
Objet : Accord CLC Loisirs

Christelle,

Comme vous le savez, j'ai rencontré hier après-midi M. Renoncourt, Directeur général du groupe CLC loisirs.

J'ai obtenu un accord de principe pour un travail avec l'ensemble des concessions du groupe. Les 7 concessionnaires sont maintenant nos partenaires à part entière.

Vous pouvez dès à présent mettre à jour notre système informatique.

Merci.

Julien Saudemont

DOC 4 Site web www.CLC-Loisirs.com : réseau de concessionnaires

CLC VALENCIENNES
168, Avenue de Denain
59300 VALENCIENNES
Tél : 03 27 49 74 63
clcvalenciennes@clc-loisirs.com

CLC METZ
171, route de Thionville
57140 Woippy St-Rémy
Tél : 03 87 31 05 85
clcmetz@clc-loisirs.com

CLC SAINT-DIZIER
Route de Villiers en lieu
52100 SAINT-DIZIER
Tél : 03 25 05 10 48
commercial@clc-loisirs.com

CLC ILE-DE-FRANCE
RN 16 - RANTIGNY
60290 CAUFFRY
Tél : 03 44 73 33 86
clcidf@clc-loisirs.com

CLC NANCY
35 route de Toul
54840 VELAINE EN HAYE
Tél : 03 83 23 31 44
clcNancy@clc-loisirs.com

CLC TROYES
ZAC des Mercières, 6 Rue des Vignes
10410 VILLECHETIF
Tél : 03 25 82 56 30
clctroyes@clc-loisirs.com

CLC ALSACE
Parc d'activités des Nations-RN 83
67230 BENFELD
Tél : 03 88 74 07 30
clcalsace@clc-loisirs.com

CLC VOSGES
13 allée n°4 - Zone INOVA 3000
88150 Thaon-les-Vosges
Tél : 03 29 39 30 30
clcvosges@clc-loisirs.com

CLC ORLEANS
Route d'Orléans - RN 152
45130 MEUNG SUR LOIRE
Tél : 02 38 44 41 17
clcorleans@clc-loisirs.com

La base de données du PGI doit être mise à jour. Nous pouvons enregistrer ces 9 nouveaux partenaires.
Chaque concession pourra commander directement selon ses besoins aux conditions suivantes :
– franco de port et d'emballage,
– règlement à 30 jours fin de mois.

Activités réalisées par le responsable comptable et financier William Payage

DOC 5 Appel de M. Bricky

Bonjour William.

Julien rencontre son conseiller financier en fin de semaine. Il a besoin d'un état des ventes pour les deux derniers exercices comptables. Il m'a remis les chiffres hier matin.
J'ai commencé une feuille de calcul mais je n'aurai pas le temps de la finir aujourd'hui.
Peux-tu t'en occuper et lui transmettre le fichier ?

Merci, c'est sympa !

Mélissa BRICKY
ASSISTANTE ADMINISTRATIVE

William PAYAGE
COMPTABILITÉ FINANCES

Bonjour Mélissa.

Ok, je fais ça dès que possible.

À tout à l'heure.

DOC 6 Étude des ventes

Chiffres d'affaires réalisés

Chiffres d'affaires HT 20N-2 en euros

Vélos Bompton	135 420
Accessoires Bompton	14 314
Vélos Mobiky	94 414
Accessoires Mobiky	9 444
Vélos Strida	102 596
Accessoires Strida	4 598

Chiffres d'affaires HT 20N-1 en euros

Vélos Bompton	149 955
Accessoires Bompton	15 510
Vélos Mobiky	102 477
Accessoires Mobiky	10 055
Vélos Strida	113 988
Accessoires Strida	4 933

Prévisions

Évolution prévisionnelle pour l'année 20N

Vélos pliants (pour chaque marque)	+12 %
Accessoires (pour chaque marque)	+ 8 %
VAE [(*)] Veloscoot (d'après étude de marché)	55 000 € HT

[(*)] *Vélo à assistance électrique*

Clip Clap
155 avenue Laennec
93380 PIERREFITTE-SUR-SEINE
Tél. : +33 (0)1 55.25.23.23
Fax : +33 (0)1 55.25.10.00
Courriel : contact@clipclap.com

Feuille de calcul sous Excel à terminer

Étude des ventes

Vélos pliants

Modèles	Chiffre d'affaires 20n-2	Chiffre d'affaires 20n-1	Évolution en %	Prévision 20nn
Vélos Bompton				
Vélos Mobiky				
Vélos Strida				
Vélos Veloscoot				
Total				

Accessoires

Marques	Chiffre d'affaires 20n-2	Chiffre d'affaires 20n-1	Évolution en %	Prévision 20nn
Accessoires Bompton				
Accessoires Mobiky				
Accessoires Strida				
Accessoires Veloscoot				
Total				

Feuille de calcul conçue sur tableur à terminer.
Les chiffres sont à saisir, les formules de calcul sont à poser, la feuille de calcul doit être mise en forme et imprimée.

PLANIFICATION DES ACTIVITÉS

Étape 1 **22 avril**

Acteur	Tâches	Outils
M. Bricky Assistant administratif La création et la diffusion d'un support de prospection	**1.** Prenez connaissance des notes prises par Mélissa Bricky chez M. Saudemont (doc. 7). **2.** Préparez le courriel destiné aux clients pour promouvoir la gamme Veloscoot (annexe 1). **3.** Saisissez et imprimez le document dans Word. **4.** Envoyez le document au format PDF à M. Saudemont pour validation.	W
C. Mottiez Responsable des ventes La mise à jour des dossiers clients et le traitement de commandes	**1.** Prenez connaissance du courriel de Mélissa Bricky (doc. 8). **2.** Saisissez les commandes dans le PGI. **3.** Préparez les bons de livraison destinés au magasin. **4.** Imprimez les pièces commerciales obtenues. **5.** Complétez le bordereau de suivi des commandes (annexe 2). **6.** Prévenez par courriel Mickaël Jourel pour qu'il prépare les commandes.	OpenERP Ou ebp
W. Payage Responsable comptabilité La production de calculs liés aux ventes	**1.** Prenez connaissance du courriel de M. Saudemont (doc. 9). **2.** Créez et imprimez le graphique demandé (annexe 3). **3.** Envoyez par courriel le document obtenu à M. Saudemont.	X

Activités réalisées par l'assistante administrative Mélissa Bricky

DOC 7 **Notes prises le 22 avril par Mélissa Bricky chez M. Saudemont**

Le 22/04/N

Plaquette promo Veloscoot vue - OK

→ Préparer courriel pour envoi plaquette Veloscoot aux clients LCL Loisirs.

→ Envoyer texte courriel à Julien pour contrôle.

→ Prévoir plaquette format PDF pour envoi en PJ.

À faire dans la journée.

ANNEXE 1 Préparation du courriel

De : ....

Date : ....

Objet : ....

Pièce(s) jointe(s) : ....

Message

....

Activités réalisées par la responsable des ventes Christelle Mottiez

DOC 8 Courriel de M. Bricky

Message | Adobe PDF

De : Mélissa BRICKY **Date :** 22/04/20N

À : Christelle MOTTIEZ

Cc :

Objet : Commandes clients

Christelle,

je te fais suivre les 2 courriels que j'ai reçus hier soir pour que tu puisses traiter les commandes dans la journée.
À tout à l'heure,

Mélissa.

De : rando.cycles@rando.cycles.fr
Date : 20nn-04-18-15:48
À : contact@clipclap.com
Objet : COMMANDE

Madame,

Merci de me faire parvenir les articles suivants :
- 5 PNEUS STRIDA INNOVA 18 POUCES
- 5 ANTIVOLS STRIDA PLIABLES
- 1 SAC DE TRANSPORT STRIDA

Cordialement,
J. Faillard

De : contact@amplitudebike.fr
Date : 20nn-04-18-10:25
À : contact@clipclap.com
Objet : COMMANDE

Madame,

Veuillez me faire parvenir les articles suivants aux conditions habituelles :
- 2 BROMPTON 6 vitesses réf. BROS6LBK
- 2 MOBIKY 16 STEVE 8 vitesses réf. MB16S

Cordialement,
B. Desoindre - Amplitude

ANNEXE 2 Bordereau de mise à jour

Clip Clap diffusion

155 avenue Laennec
93380 PIERREFITTE-SUR-SEINE
Téléphone : 01 55 25 23 23

Bordereau de suivi des commandes

SEMAINE N° 17

☐ Commande(s) client(s)
☐ Commande(s) fournisseur(s)

Date	Partenaire	Réf. cde	Réf. livr.	Livraison	Livré le
				☐ Totale ☐ Partielle	
				☐ Totale ☐ Partielle	
				☐ Totale ☐ Partielle	
				☐ Totale ☐ Partielle	
				☐ Totale ☐ Partielle	

Opérateur : Le Signature

Activités réalisées par le responsable comptable et financier William Payage

DOC 9 Demande de M. Saudemont

Message Adobe PDF

De : Julien SAUDEMONT **Date :** 05/02/20nn
À : William PAYAGE
Cc :
Objet : État des ventes

William,

J'ai reçu la feuille de calcul des ventes réalisées ces deux dernières années avec une projection sur l'exercice suivant.
J'aimerais aussi disposer d'une représentation graphique du total des ventes en euros par famille de produits, pour chaque année écoulée. Placez ces graphiques dans le classeur Excel et faites-moi parvenir dès que possible les documents.

Merci.
Julien Saudemont

Reprendre le fichier Excel déjà créé et insérer le graphique sur une des feuilles du classeur.

Le graphique doit permettre de comparer les ventes totales en euros de chaque famille de produits pour les deux dernières années.

Le graphique doit être envoyé au format PDF à M. Saudemont.

ANNEXE 3 Création d'un graphique

Choix du graphique	☐ Histogramme ☐ Barres ☐ Secteurs ☐ Courbe
Titre du graphique	
Titre de l'axe des abscisses	
Titre de l'axe des ordonnées	

Saisir un nouveau client
Saisir une commande client et traiter la livraison

3. 1. Saisir un nouveau client

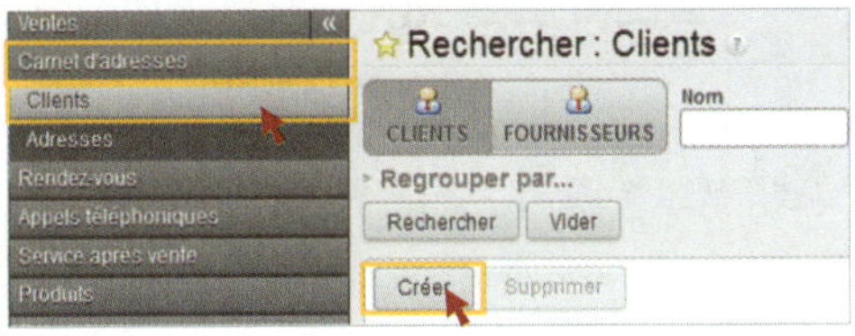

1. Cliquer sur le bouton [Ventes] .
2. Cliquer sur le menu [Carnet d'adresses].
3. Cliquer sur le menu [Clients].
4. Cliquer sur le bouton [Créer].

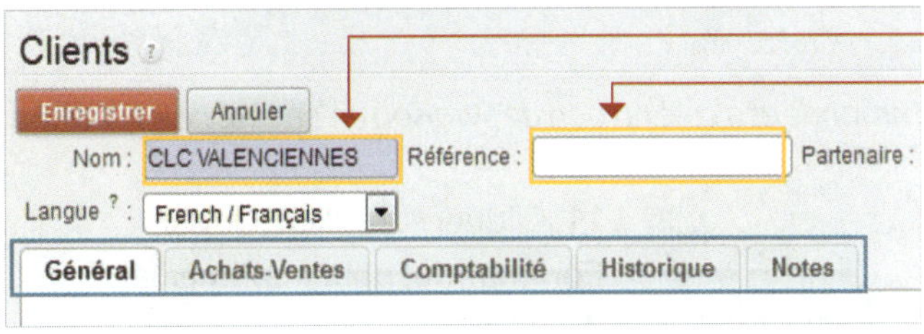

5. Saisir le [Nom] du fournisseur.
6. Saisir la [Référence] du fournisseur (code).

Onglet Général

Saisir l'adresse postale [Rue, Code postal, Ville, Pays].
Saisir les informations de communication [Tél., Fax, Courriel].

Onglet Achats-Ventes

Saisir l'adresse du site Web [Site Web].

Onglet Comptabilité

Saisir la condition de règlement [Condition de règlement].

3. 2. Saisir une commande client

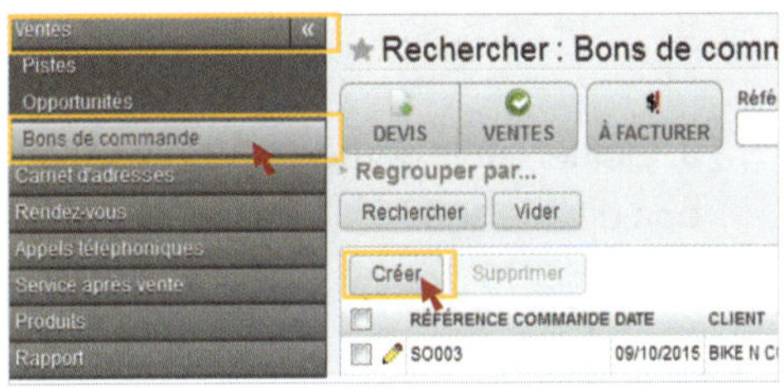

1. Cliquer sur le bouton [Ventes].
2. Cliquer sur le menu [Bons de commande].
3. Cliquer sur le bouton [Créer].

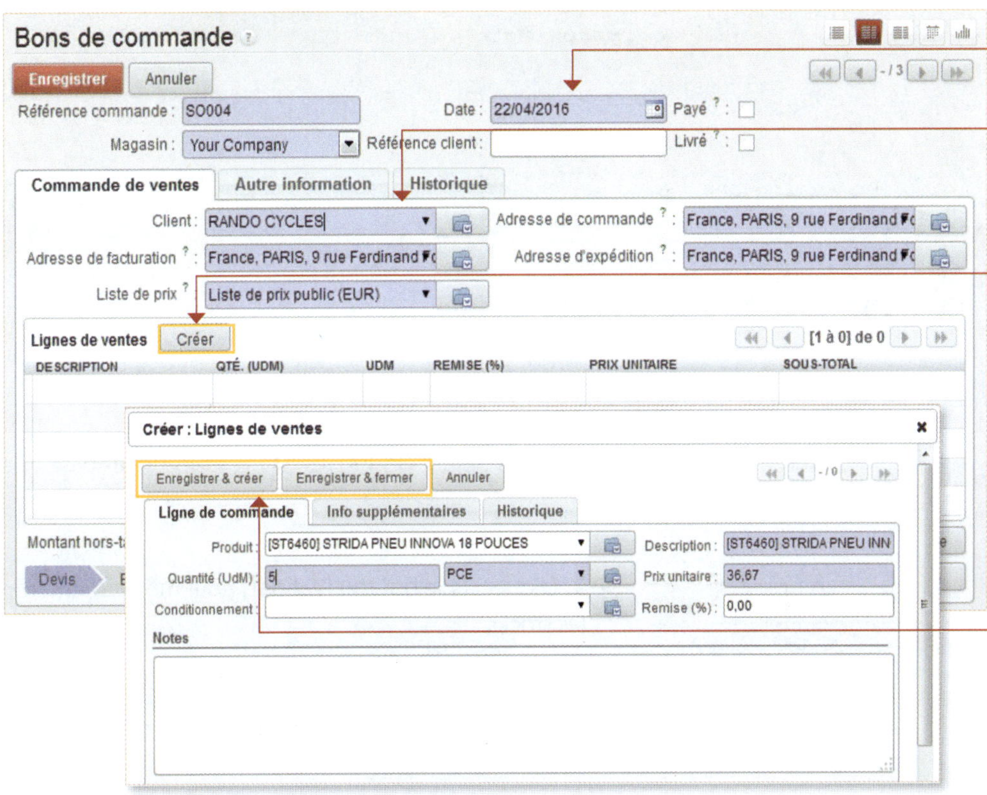

4. Saisir la [Date] de commande.
5. Choisir le [Client] dans la liste.
6. Cliquer sur le bouton [Créer] pour saisir les lignes de commande.
7. Choisir le [Produit] dans la liste.
8. Saisir la [Quantité] commandée.
9. Cliquer sur le bouton [Enregitrer et créer] pour saisir une seconde ligne ou sur [Enregistrer et fermer] pour terminer.

FICHE MICRO 3

PGI | OpenERP

Saisir un nouveau client
Saisir une commande client et traiter la livraison

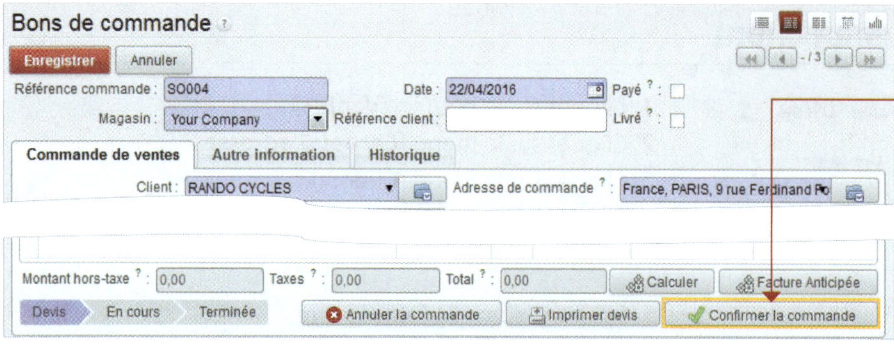

10. Cliquer sur le bouton [**Confirmer la commande**].

OpenERP a transformé le devis en commande et a créé un bon de livraison en attente de validation.

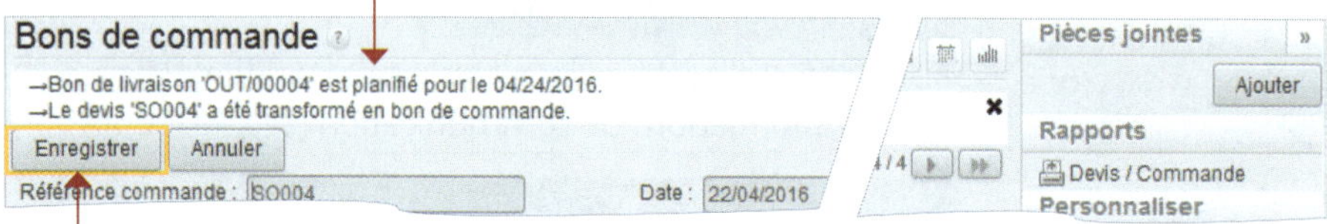

11. Cliquer sur le lien [**Devis/ Commande**] pour imprimer le document.

12. Cliquer sur le bouton [**Enregistrer**] pour terminer.

3. 3. Traiter la livraison

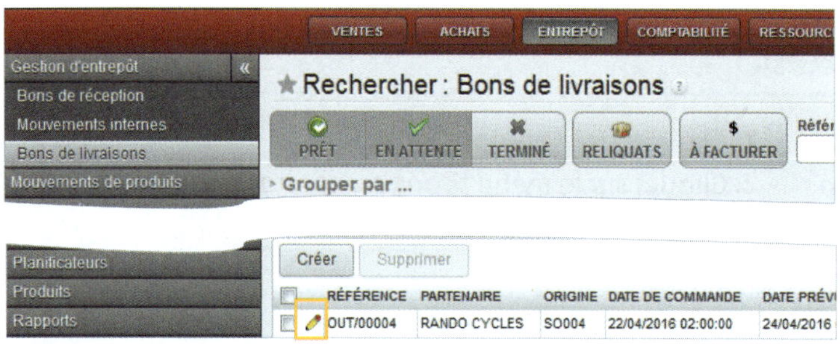

1. Cliquer sur le bouton [**Entrepôt**].

2. Cliquer sur [**Bons de livraison**].

3. Cliquer sur le bouton [**Crayon**] pour accéder au bon de livraison.

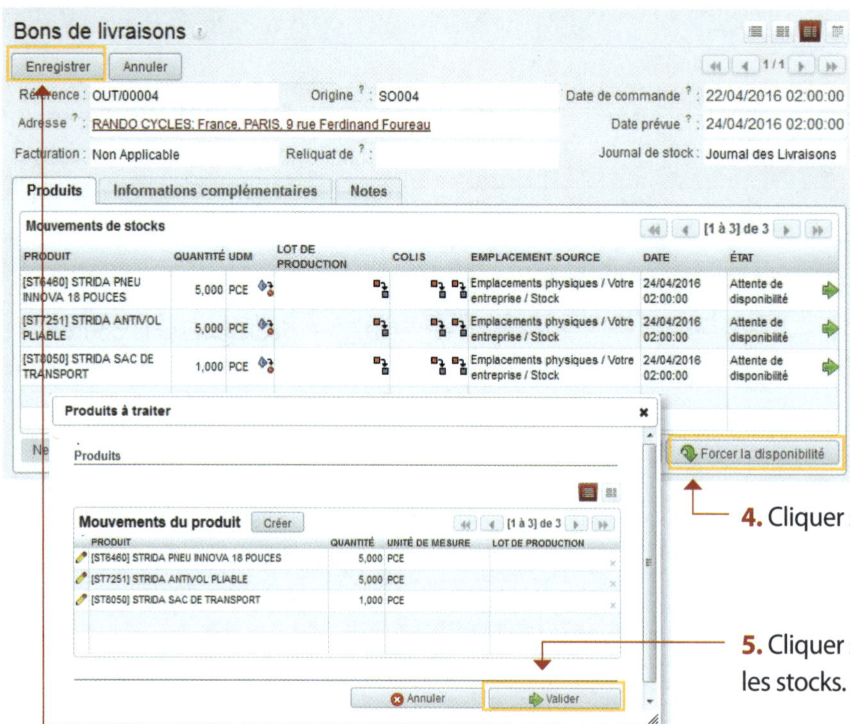

4. Cliquer sur le bouton [**Forcer la disponibilité**].

5. Cliquer sur le bouton [**Valider**] pour mouvementer les stocks.

6. Cliquer sur le bouton [**Valider**] pour terminer.

PGI | ebp

FICHE MICRO 3

Saisir un nouveau client
Saisir une commande client et traiter la livraison

3. 1. Saisir un nouveau client

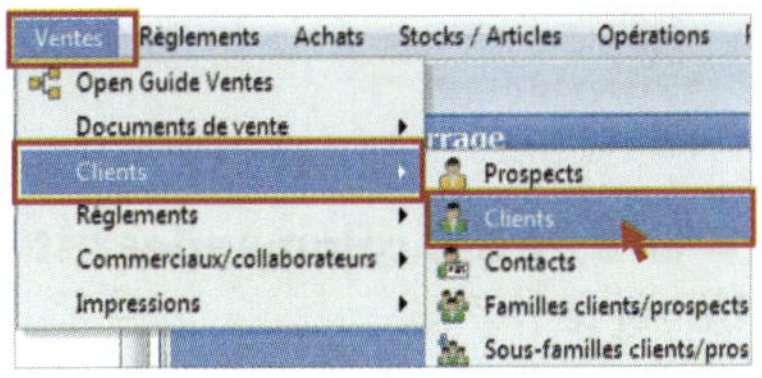

1. Cliquer sur le menu [Ventes], [Clients] puis cliquer sur [Clients].
Ou, cliquer sur le bouton [Clients]
2. Cliquer sur [✚ Ajouter] puis sur [Clients].

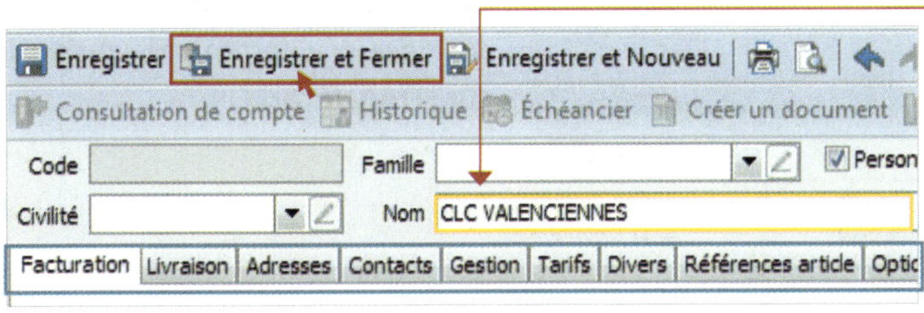

3. Saisir le nom du fournisseur [Nom].

Onglet Facturation

Saisir l'adresse de facturation [Adresse, Code postal, Ville, Département, Pays, Site web].
Saisir le contact de facturation [Téléphone fixe, Fax, e-mail].

Onglet Divers

Choisir le [Mode de règlement].

4. Cliquer sur le bouton [Enregistrer et fermer] pour terminer.

3. 2. Saisir une commande client

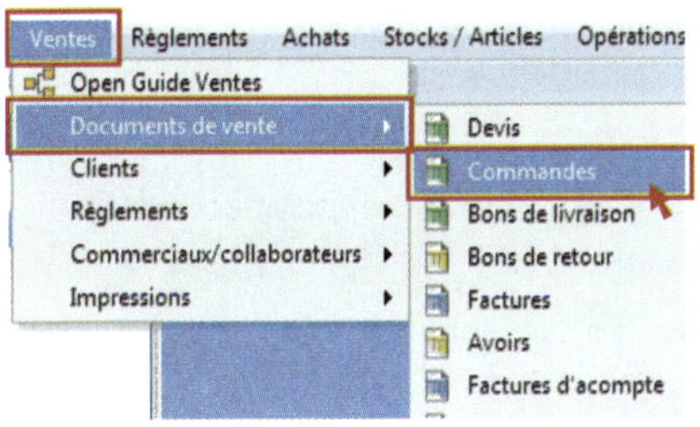

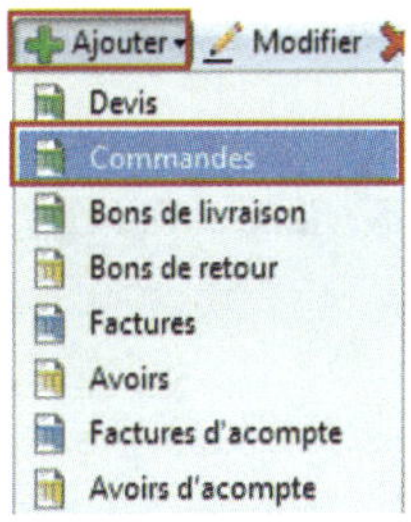

1. Cliquer sur le menu [Ventes], [Documents de vente] puis cliquer sur [Commandes].
2. Cliquer sur [✚ Ajouter].
3. Choisir [Commandes] dans la liste.

4. Choisir le [Code tiers] ou le [Nom] du client.

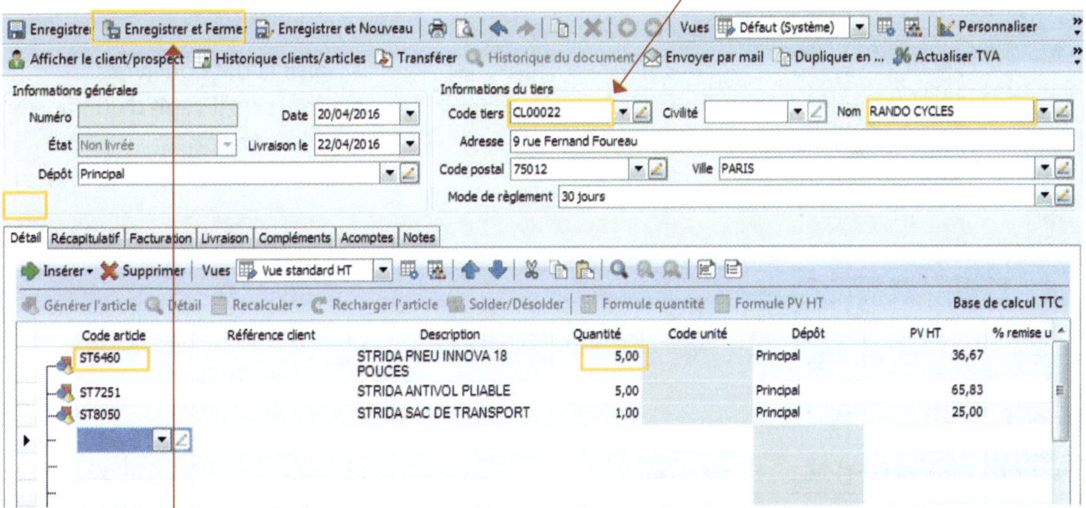

Onglet Détail

Saisir le [Code article].
Saisir la [Quantité] commandée.
Poursuivre sur la seconde ligne si nécessaire.

5. Cliquer sur le bouton [Enregistrer et fermer] pour terminer.

Saisir un nouveau client
Saisir une commande client et traiter la livraison

3. 3. Traiter la livraison

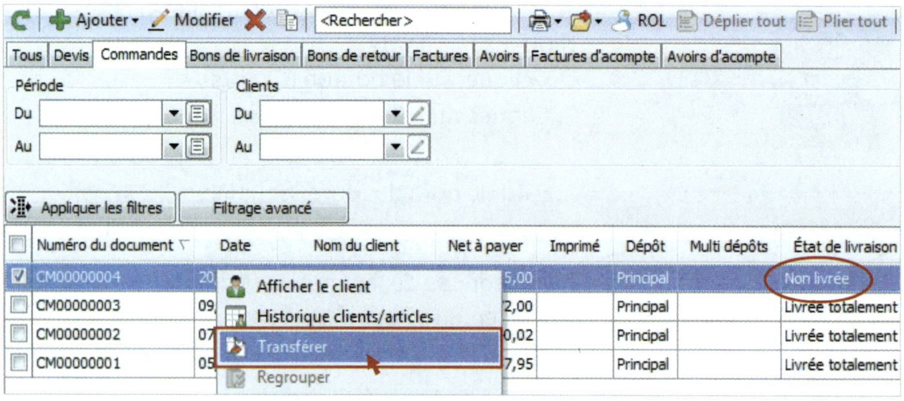

■ **La liste des commandes est ouverte :**

1. Cliquer avec la bouton droit de la souris sur la commande puis cliquer sur [Transférer].

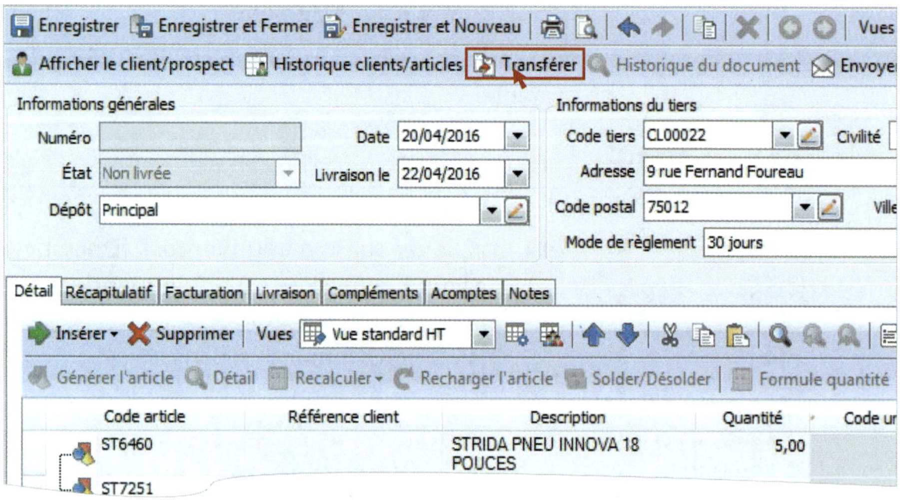

■ **Le bon de commande est ouvert :**

1. Cliquer sur [Transférer].

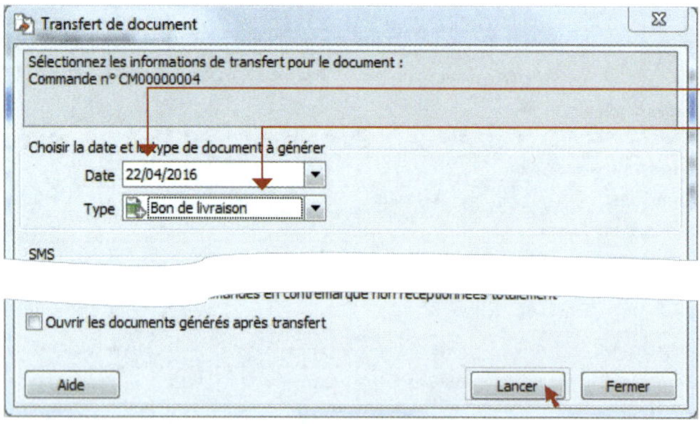

2. Saisir la date de livraison.

3. Vérifier qu'il s'agit d'un transfert en bon de livraison

4. Cliquer sur le bouton [Lancer].

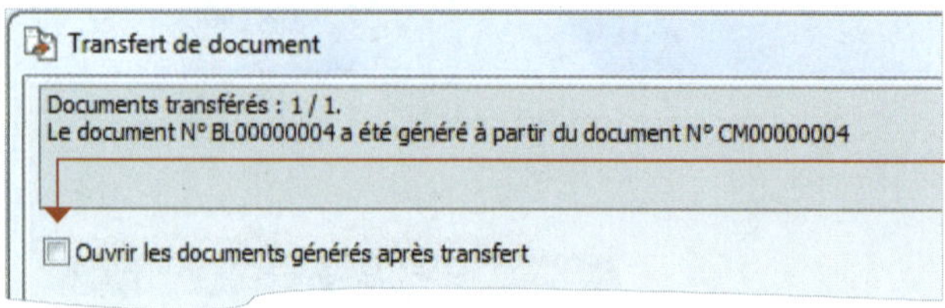

Le bon de livraison est créé. Il peut être ouvert pour être imprimé.

CONCEPTION GRAPHIQUE : MARC HENRY
MISE EN PAGE : PAO AUTEURS
CRÉDITS ICONOGRAPHIQUES : AGENCE PHOVOIR

FOUCHER s'engage pour l'environnement en réduisant l'empreinte carbone de ses livres. Celle de cet exemplaire est de : 1,7 kg éq. CO_2
Rendez-vous sur www.editions-foucher-durable.fr

PAPIER À BASE DE FIBRES CERTIFIÉES

PARIS – JUIN 2016 - 03 – DL/BA – EP
IMPRIMÉ EN ITALIE PAR LEGO